삶이 허기질 때
나는 교양을 읽는다

하루 5분 지적인 나를 만드는 최고의 인문학 만찬

삶이 허기질 때
나는 교양을 읽는다

지식 브런치 지음

서스테인

살다 보면 자연스럽게 알게 되는 것들이 있습니다. 그 이
상의 것을 알려면 따로 시간과 노력을 들여야 하죠. 하지
만 많은 사람이 그렇듯 현실은 바쁘기만 하니 저 역시 오
랫동안 외면하며 살아왔습니다. 그럴수록 마음속에 해소
되지 않은 찌꺼기가 남은 듯해 늘 불편했습니다. 그러다
기회가 생겼습니다. 갑작스러운 코로나 시대로 생각지 않
은 시간이 주어진 덕입니다.

　우선 그동안 궁금했지만 해소되지 않았던 질문들을 목
록으로 만들어 보았습니다. 스페인 여행 중 에어비앤비에
서 묵직한 열쇠 꾸러미를 받았을 때 '유럽은 왜 아직도 열
쇠뭉치를 들고 다닐까?'가 궁금했고, 로마를 배경으로 한
영화를 볼 때 '로마인들은 왜 그토록 불편하게 누워서 음
식을 먹었을까?'가 궁금했으며, 동네 중국집에서 식사하
면서 '중국에서 기름진 음식이 발달한 이유'가 궁금했습
니다. 순식간에 묵혀둔 궁금증들이 수북이 쌓이더니 금세
수백 개가 되었습니다.

자료를 찾아보고, 요약해가며 미션 클리어하듯 하나둘씩 궁금증을 해결한 주제들이 늘어나자 이 내용을 담을 그릇이 필요했습니다. 언제든 꺼내 보기 좋고, 기왕이면 그럴듯해 보이고, 무엇보다 안 해본 일이었으면 싶었습니다. 그렇게 유튜브 채널 '지식 브런치'가 시작되었습니다.

역사·문화·사회·상식 등 다양한 주제를 다루고 있지만, 이 모든 주제를 관통하는 일관된 주제는 '현상과 변화의 인과 관계'입니다. 사람은 좀처럼 변하지 않으니 사람들의 집합체인 사회와 문화는 말할 것도 없습니다. 그러니 무언가가 변화해 굳어진 현상 속에는 분명 수많은 사람의 에너지와 오랜 기간 쌓인 어마어마한 이야기들이 숨어 있겠지요. 이런 이야기들을 큰 틀에서 이해해보고자 했습니다.

시간이 지날수록 저와 같은 궁금증을 가진 사람들, 지적 욕구를 채우고 싶은 사람들이 하나둘씩 모이기 시작했습니다. 구독자가 많아질수록 관련 분야의 전문가, 숨은 고수들, 또 경험 많은 분들이 '지식 브런치'에 모여 함께 지식을 공유하고 있습니다. 지식을 교류하는 또 하나의 장이 열린 셈입니다. 그래서 요즘은 지식 전달보다는 우리 모두가 한번쯤 생각해볼 만한 화두를 제시하는 게 저의 역할이 아닌가 생각합니다. 그런 생각들이 이어져 더 많은 이에게 생각할 거리를 제시하고, 또 왠지 모르게 허기졌던 마음들이 지적 즐거움으로 채워지기를 바라는 마음에 '지식 브런치' 콘텐츠들을 정리해 책으로 내게 되었습니다.

《삶이 허기질 때 나는 교양을 읽는다》는 그동안 구독자들에게 가장 많은 사랑을 받았던 콘텐츠들을 추리고, 흩어져 있던 주제들을 한눈에 보기 쉽도록 새로 정리했습니다. 부담 없이 시간 날 때 잠깐씩 허기를 채울 수 있도록 짧지만 깊이 음미해볼 수 있는 교양지식들을 정리해 담았습니다.

이 책을 통해 공허했던 오늘 하루가 재미와 교양으로 가득 채워질 수 있기를, 해소되지 않았던 마음속 궁금증들이 말끔히 해소될 수 있기를, 나아가 어제보다 지적인 삶을 살 수 있도록 하는 데 조금이나마 도움이 되기를 바랍니다.

| 차례 |

식탁 위
대화가 풍성해지는
식문화 속 세계사   **2**

교양인이라면
꼭 알아야 할

이토록 불편한 진실 **3**

충격과
반전을 넘나드는

뜻밖의 역사 **4**

1퍼센트 부족했던
지적 허기를 채워줄

인물 뒤에 숨은 진짜 이야기   **5**

세상을 보는
감각이 달라지는

다정한 교양 수업

1

인도에서
불교가
사라진 이유

한 나라에서 종교가 통째로 사라진다는 것은 상상하기 어렵다. 로마의 온갖 박해를 받았던 기독교나, 조선 500년간 유교의 억압을 받았던 우리의 불교만 봐도 알 수 있다. 심지어 미신이라고 수천 년간 욕을 먹어온 무속 신앙도 아직 살아 있다. 이렇듯 믿는 자를 죽일 수는 있어도 그 종교를 없앨 수는 없다. 더구나 1,800년간이나 뿌리내린 지배 종교라면 말할 것도 없다. 그런데 그 어려운 일이 인도에서 실제로 일어났다. 그것도 오늘날 세계 3대 종교 중 하나인 불교가 발상지에서 사라진 것이다. 이게 어떻게 가능했을까?

불교는 기원전 6세기, 인도 카필라 왕국의 왕자였던 싯다르타의 깨달음에서 시작되었다. 힌두교의 뿌리인 브라만교가 지배적이었던 당시 인도에서 불교의 등장은 혁명에 가까웠다. 브라흐마의 천지창조는 물론이고, 무엇보다 카스트 제도를 부정하는 인간 평등 사상에 인도인들은 열광했다.

불교 인구가 늘어나면서 왕들과 귀족, 상인들이 후원에 나섰다. 특히 인도를 통일한 아쇼카Ashoka 왕 때 불교는 인도 전역은 물론 인근 나라에까지 전파되면서 국제 종교가 되었다. 인도에서 불교의 최전성기는 바로 이때였다. 하지만 불행히도 불교의 멸망도 이때부터 시작되었다.

우선 불교 교단이 너무 부자가 된 게 문제였다. 지배층의 넉넉한 후원으로 막대한 부를 축적한 승려들은 더 이상 탁발을 다니려 하지 않았다. 석가모니만 해도 열반에 들기 전 40년간 전국 각 지역에서 설법을 하며 불교를 알렸다. 하지만 게을러진 승려들은 안전하고 먹을 것조차 넘치는 사원에서 나오려 하지 않았다. 불교를 대중에 전파할 사람이 없어진 것이다. 대신 승려들은 사원에 틀어박혀 온갖 형이상학적인 이론을 만들어냈다. 더구나 일반 대중들의 언어를 써야 한다는 석가모니의 가르침과 달리 극히 일부의 지식인들만 아는 산스크리스트어로 경전을 만들고 의식을 행했다. 그러니 일반인들은 도무지 불교를 이해할 수 없었다.

사실 불교는 처음부터 위험성이 있었다. 당시 대중들이 이해하기에 불교는 너무 철학적이고 학문적이었다. "존재에는 반드시 그것이 일어난 인연이 있다"는 연기緣起나 불교의 핵심 교리인 사성제四聖諦, 깨달음을 얻기 위한 수행법인 팔정도八正道 등 불교의 가르침은 하나같이 지식인들이나 이해할 수 있는 것들이었다. 또 깨달음을 얻기 위한 참선이나 고행 같은 불교의 수행법 역시 먹고살기 바쁜 사람들이 할 수 있는 일이 아니었다. 이렇게 불교는 처음부터 일반 대중들의 접근이 어려운, 지식계급적인 한계가 있었다. 더욱이 불교는 관혼상제 같은 가정 의식이나 종교의례를 전혀 강제하지 않았기 때문에 인도인들의 일상에 뿌리내릴 수 없었다. 일반인으로서는 사찰에 가지 않는 이상 불교를 접할 기회 자체가 없었던 셈이다.

대중들에게는 불교의 어려운 이론보다는 당장 눈에 보이는 신상을 모시고, 그 신에게 복을 비는 것이 훨씬 마음 편하고 쉬운 일이었다. 불교의 무소유 역시 당장의 생존을 위해 세속적 욕망을 가질 수밖에 없는 사람들에게는 거리가 멀어도 한참 멀었다. 그렇다 보니 인도의 대중들은 계속해서 불교에 등을 돌리고 이해하기 쉬운 힌두교로 속속 넘어갔다.

한편 불교의 등장으로 인해 잠시 밀려났던 브라만교는 대혁신에 나섰다. 7~8세기경부터 불교의 교리와 의식을 받아들이면서 우리가 익히 아는 힌두교로 탈바꿈한 것이다. 힌두교는 불교의 명상 수행법과 열반 개념 그리고 불교의 불살생不殺生도 받아들였다. 또 원래 브라만교는 다량의 소를 제물로 바치는 의식으로 악명높았다. 하지만

"생명이 있는 것은 함부로 죽이지 않는다"라는 불교의 가르침을 힌두화하면서 오늘날 인도에서 소를 숭배하는 풍습으로까지 이어졌다.

힌두교는 한발 더 나아가 부처를 아예 힌두의 신으로 편입해버렸다. 힌두 최고의 신 중 하나인 비슈누의 환생이라는 것이다. 위기에 빠진 불교는 이 대목에서 대악수를 두었다. 인도에서 불교의 쇠퇴를 거론할 때 반드시 등장하는 이른바 '불교의 힌두화'다.

힌두교의 우위가 점차 뚜렷해지자 인도의 왕국들도 불교에 대한 지원을 줄이기 시작했다. 불교보다는 카스트 제도와 윤회에 의한 운명론을 뼈대로 하는 힌두교가 자신들의 통치에 훨씬 유리하다고 판단했기 때문이다. 왕족과 귀족의 후원에 의존하던 사원 경제는 급속히 악화될 수밖에 없었다. 상황이 다급해지자 불교는 신자들을 끌어들이기 위해 힌두교를 대폭 받아들였다. 불교는 힌두의 신들과 다를 바 없는 여러 보살을 만들어 신격화한 다음 이들에게 소원을 빌도록 했다. 관세음보살상은 힌두신들처럼 팔이 여러 개 달리기도 했다. 석가모니가 살아생전 그토록 비판했던 주술주의와 신에게 복을 비는 기복신앙이 불교에 도입된 것이다. 이렇게 되자 9~10세기경부터 불교는 힌두교와 구분조차 할 수 없게 되었다. 불교의 정체성을 완전히 잃어버린 것이다.

그 결과는 불교의 기대와는 정반대로 나타났다. 신도

가 늘기는커녕 오히려 불교 인구의 이탈이 가속화되었다. 어차피 불교와 힌두교가 별 차이 없으니 불교 신도들조차 사찰 대신 집에서 가까운 힌두 신전을 찾게 된 것이다. 그래서 오늘날에도 인도에서 불교는 힌두교의 아류나 지류 정도의 대접을 받고 있다.

이렇듯 총체적인 난국에 빠진 불교에 이슬람이 결정타를 날렸다. 7세기 아라비아 사막에서 시작된 이슬람은 아프가니스탄이 이슬람화된 8세기부터 본격적으로 인도에 영향을 미치기 시작했다. 우선 이슬람의 출현으로 유럽으로 향하던 인도의 무역로가 모두 막히게 되었다. 이는 당연히 인도의 왕족과 상인들의 몰락을 가져왔다. 그들은 불교의 막대한 재정적 후원자들이었다. 다수의 신자가 아닌 한정된 지배층의 후원에 의존하던 불교가 졸지에 궁핍해지는 것은 뻔한 수순이었다. 이 상황을 타개하기 위해 불교가 힌두를 받아들일 수밖에 없던 근본적인 원인이 바로 이슬람의 무역로 장악이었던 것이다.

이후 이슬람은 끊임없이 인도를 침입해 크고 작은 왕국을 만들었다. 이때마다 수없이 많은 불교사원이 파괴되고, 승려들이 살해되었다. 살아남은 승려들은 경전을 수레에 실어 대거 네팔과 티베트 등지로 탈출했다.

앞에서 이야기한 것처럼 이렇게 한다고 해서 종교가 완전히 없어지지는 않는다. 하지만 인도에서 불교는 실제로 사라졌다. 이제 가장 중요한 요인만이 남았다.

아주 오랜 세월, 인도의 종교는 힌두교와 불교의 양자 대립 구도였다. 인도에서 불교는 힌두교의 카스트 제도를 부정하는 인간 평등 사상 덕에 빠른 시간 내에 거대 종교로 성장할 수 있었다. 7~8세기 이후 불교가 위축되면서도 그나마 세력을 유지했던 것은 불교가 형식상이나마 평등주의를 버리지 않았기 때문이다. 즉, 불교의 존재 이유는 '평등'이라는 정치·사회적 이데올로기였던 것이다.

그런데 어느 날 불쑥 이슬람이 이 양자구도 사이에 끼어들었다. 불교와 이슬람은 묘하게도 공통점이 많았다. 상업 세력이 기반이라는 것도 그렇고, 반反카스트와 인간의 평등을 주장하는 것도 같았다. 다른 점도 있었다. 불교는 반카스트적인 평등주의를 실현할 힘이 없었던 반면 이슬람은 이를 실천할 무력도 있었고, 경제력도 있었다. 그러니 이제 불교를 옹호할 이유가 사라진 것이다. 즉, 이슬람은 인도에서 힌두에 대항할 불교의 완벽한 대체재였다. 힌두와 불교의 대립 구도가 힌두와 이슬람의 구도로 바뀐 것이다.

이 바람에 인도에서 불교도들이 대거 이슬람으로 개종하는 일이 실제로 벌어졌다. 불교도가 가장 많았던 아프가니스탄, 파키스탄, 방글라데시가 모두 이 과정에서 이슬람의 땅이 되어 버렸다. 물론 일부 이슬람의 강압도 있었고, 힌두교로 개종할 경우 불가촉천민이 된다는 현실적인 이유도 있었지만 말이다.

이렇게 해서 인도에서 불교는 13세기 초 거짓말처럼 완전히 사라지고 말았다. 거기에는 불교의 지식계급적인 한계와 불교의 힌두화라는 그릇된 판단 등 여러 요인이 있다. 하지만 인도에서 불교가 사라진 결정적인 이유는 불교가 인도 사회에서 담당하던 역할을 이슬람에게 빼앗기면서 존재 이유 자체가 없어졌기 때문이다.

　아무리 역사가 오래된 종교라 할지라도 올바른 정치·사회적인 역할을 하지 못하면 그 나라에서 도태될 수도 있음을 불교 발상지인 인도가 경고하고 있다고 해야 할 것이다.

유럽의 귀족들은
왜
밀가루 가발을 썼을까?

유럽의 옛 왕이나 귀족들의 초상화를 보면 치렁치렁한 가
발을 늘어뜨린 모습을 자주 볼 수 있다. 1800년대 런던의
사교계를 배경으로 한 미국 드라마 〈브리저튼〉이나 음악
영화의 최고 걸작 중 하나인 〈아마데우스〉에서도 수많은
등장인물이 긴 가발을 뒤집어쓰고 나온다. 지금도 영국에
서는 판사들과 상·하원 의장들이 여전히 가발을 쓰고 재
판하거나 회의를 진행한다. 우아해 보이기도 하지만 한편
으론 약간 희극적으로 보이기도 하는 이 가발을 이들은
왜 쓰게 된 걸까? 그리고 그 의미는 무엇일까?

가발의 원조는 고대 이집트다. 지금도 여러 유적지에서
가발을 쓴 미라가 출토되고 있다. 그중 가장 오래된 것은
기원전 3400년경 고대 도시 히에라콘 폴리스Hierakon polis
에서 나온 여성 미라다. 고대 이집트인들은 유럽인과는 비

교할 수 없을 정도로 위생적이었다. 특히 머릿니를 막기 위해 남녀 가릴 것 없이 머리를 짧게 깎거나 면도로 밀어 버렸다. 하지만 뜨거운 햇볕이 문제였다. 강렬한 태양으로부터 두피를 보호해야 할 그 무언가가 필요했다. 그게 바로 가발이다.

고도의 문명을 일궈낸 고대 이집트인들은 가발을 만드는 데도 무척 뛰어났다. 이들은 머리와 가발 사이에 공간을 만들어 그 사이로 열이 빠져나가고 바람이 들어오도록 했다. 그래서 가발은 모든 이집트인이 2~3개씩은 갖고 있는 필수품이었다.

가발은 곧 신분에 따라 차별화되어갔다. 권력과 돈이 있는 자들은 사람의 머리카락을, 보통 사람들은 양털이나 종려나무 잎 등으로 만든 짧은 가발을 썼다. 사후세계에도 가발이 필요하다고 생각해 특히 왕족이나 귀족, 제사장들의 화려한 가발은 죽은 사람과 함께 묻었다. 신분이 가장 낮은 노예와 하인들은 머리를 미는 것도, 가발을 쓰는 것도 법적으로 허용되지 않았다.

이집트의 가발은 로마로 이어졌다. 하지만 그 목적은 확연히 달랐다. 이집트가 위생과 권력의 상징물로 가발을 사용했다면 로마는 주로 탈모를 감추기 위한 용도였다. 그 유명한 카이사르도 대머리를 감추기 위해 가발을 썼다. 하지만 역시 실용적인 나라답게 로마의 가발은 장식적인 이집트와 달리 짧은 게 대부분이었다. 잦은 전쟁에서 긴 가발은 거추장스러웠기 때문이다.

로마 시대에도 사람의 진짜 머리카락으로 만든 가발은 무척 비쌌다. 그래서 부자들은 가발용 노예를 사들이기도 했다. 그중 빨간 머리를 한 노예가 가장 비쌌다. 물론 빨간 색 가발이 희귀했기 때문이다. 지금 로마 시대의 가발은 전해지는 게 거의 없다. 이집트와 달리 이탈리아는 비교적 습해 땅속에서 쉽게 썩기 때문이다.

5세기 서로마가 멸망한 후 유럽에서 가발은 사실상 사라졌다. 중세가 시작되면서 교회가 가발 착용을 간음보다 더 큰 죄라고 선언했기 때문이다. 심지어 교회는 가발이 악마의 상징이라 교회가 아무리 축복을 내려도 그 가발에 막혀 은혜를 받을 수 없다고 했다. 그리고 이때부터 교회에서 미사를 볼 때면 특히 기혼 여성들은 머리를 천으로 가려야 했다.

가발은 1,000년이나 계속된 중세가 끝나고 난 뒤에야 부활할 수 있었다. 그런데 그 배경에는 매독梅毒이 있었다. 14세기의 유럽은 흑사병이 인류를 휩쓴 시기였다. 3명 중 1명이 죽었다. 신의 권위도, 교회의 권위도 모두 땅에 떨어졌다. 교회가 인류를 구원할 것이라는 믿음이 흔들리면서 중세는 끝났다. 그리고 역사는 신보다 인간 중심의 르네상스 시대를 열게 되었다.

중세 말의 이런 분위기는 두 가지의 중요한 사조를 만들어냈다. 하나는 허탈함에서 오는 염세주의이고, 또 하나는 카르페디엠, 즉 '현재를 즐기자'라는 쾌락주의다. 전자는 그간 정신세계를 지탱해온 교회 권위의 실추에서, 후자는 언제 죽을지 모르는 흑사병의 만연에서 비롯되었을 것이다.

이 두 가지가 합쳐져 나타난 게 성적인 문란함이다. 르네상스 내내 유럽인들은 남녀 가릴 것 없이 성적 탐닉에 빠져 살았다. 1,000년이라는 중세 동안의 도덕적 억눌림에 대한 반발도 있을 것이다. 이런 분위기로 인해 군대에 의한 전쟁 성범죄가 특히 심각했다. 이 중 15세기 말부터 16세기 중반까지 이탈리아를 침공한 프랑스군은 그야말로 최악이었다. 이들이 저지른 집단 강간으로 유럽 전역에 매독이 퍼지기 시작했다. '프랑스 병'이라고 이름 붙은 이 시기의 매독으로 6명 중 1명이 죽었다.

그런데 이게 가발과 무슨 상관이 있을까? 매독에 걸리면 피부 발진과 반점, 탈모가 생긴다. 당시 풍성한 머리카락은 건강과 권위의 상징이었다. 그러니 특히 왕에게 탈모는 심각한 문제였다. 게다가 성병에 걸렸다는 의심만으로도 이미지에 큰 타격을 받았다. 그래서 16~17세기부터 가발이 다시 부활한 것이다. 긴 가발은 치욕스러운 탈모는 물론 피부 발진도 숨겨주었고, 당시 골칫거리였던 머릿니 문제도 해결해주었다.

이를 세계적인 유행으로 만든 게 프랑스 왕실이다. 17세기 중반의 프랑스 왕이었던 루이 13세는 20대 초반부터 머리카락이 빠지기 시작했다. 국정 부담과 바람기 많은 왕비 탓에 생긴 스트레스 때문이라고 하지만 매독일 가능성이 크다.

또 태양왕 루이 14세는 30대 중반부터 머리가 빠졌다. 역시 매독이 의심되긴 하지만 루이 14세는 가발의 열렬 애호가였다. 그는 아예 48명의 가발 장인을 따로 궁전에 두었다. 그리고 다양하게 디자인된 가발을 때와 장소에 따라 하루에도 여러 번 바꿔 쓰며 한껏 멋을 부렸다.

왕이 좋아한다는데 신하들이 따라 하지 않을 도리가 없다. 졸지에 프랑스 궁전은 가발을 쓴 사람들로 가득했다. 가발이 워낙 비쌌기 때문에 가난한 하급관리들은 가발처럼 보이기 위해 머리를 묶고 다니기도 했다. 이렇게 되자 가발은 프랑스의 모든 귀족이 따라 하게 되었고, 머지않아 전 유럽의 상류층에도 빠르게 퍼져나갔다.

유행하면 할수록 가발은 점차 지위와 부를 과시하는 수단이 되어 갔다. 인기가 절정에 달했던 18세기 중엽의 여성 가발은 상상을 초월한다. 가발에 진짜 새가 든 새장을 얹는가 하면, 가발에 철심을 박아 어떻게 하든 최대한 높게 만들었다. 이 무게를 견디지 못해 부상을 당하기도 하고, 번개가 칠 때마다 두려움에 떨어야 했지만 결코 과시를 막을 순 없었다.

남자의 가발은 뒤로 갈수록 점차 흰색이 대세가 되었다. 흰색이 권위와 지성을 상징한다고 여겼기 때문이다.

오늘날 영국의 판사와 상·하원 의장이 쓰는 가발이 흰색인 것도 이런 이유에서다. 이를 '퍼루크Peruke'라고 하는데 흰색을 내기 위해 주로 하얀 밀가루를 뿌렸다. 그리고 부유한 귀족 집에서는 가발에 밀가루 뿌리는 방을 따로 두었는데 여기서 오늘날 화장하는 공간을 뜻하는 '파우더룸'이 나왔다.

밀가루를 뿌린 퍼루크는 가격이 무척 비쌌다. '빅 위그'라고 불린 긴 퍼루크는 요즘으로 치면 무려 1,200만 원 정도에 달했다. 이렇게 엄청난 고가임에도 대귀족 집안은 체면 때문에 마부와 집사도 퍼루크를 쓰게 했다. 모차르트 같은 음악가들도 궁전과 귀족 집안에서 주로 음악회가 열렸기 때문에 밀가루를 뿌린 가발이 필수였다.

하지만 일반 국민은 먹을 빵도 부족해 유럽 곳곳에서 굶주림으로 죽어가고 있었다. 그런 상황에서 밀가루로 가발을 염색한다는 건 민중을 분노케 하고도 남았다. 그러다 급기야 1789년 프랑스 대혁명이 일어났다. 가발은 이제 위험한 물건이 되었다. 가발을 쓰고 돌아다니는 귀족은 성난 민중들로부터 우선적인 보복의 대상이 되었기 때문이다. 그래서 혁명 후 가발은 프랑스에서 급속히 자취를 감추었다.

영국은 비슷한 시기에 왕실이나 성직자 등 일정한 자격을 갖춘 사람만 퍼루크 가발을 쓸 수 있도록 했다. 그 외의 사람이 가발 파우더용 밀가루를 사려면 별도의 세금을 내야 했다.

그 이후 새로 부유층이 된 부르주아지들도 가발에 돈을 많이 들이는 것은 어리석은 짓이라며 왕족과 귀족들의 '우스꽝스러운 전유물'로 멸시했다. 사실 가발을 쓰려면 누구든 큰 불편을 감수해야만 했다. 퍼루크 가발은 냄새도 고약했고, 해충이 들끓었으며, 때론 굶주린 쥐들의 습격을 받아야 했다. 부르주아지들로서는 단두대에서 사라져간 귀족들을 연상시키는 가발과 조금도 연관되고 싶지 않았고, 이런 불편함은 더더구나 감수하고 싶지도 않았다.

부유층과 지배층의 관심이 멀어지자 약 200년간 신분과 권위, 지성을 상징하며 강력한 문화 코드로 군림하던 가발은 이렇게 순식간에 역사 속으로 퇴조해갔다.

인도 영화는
왜 시도 때도 없이
춤을 출까?

'영화' 하면 할리우드Hollywood가 있는 미국을 가장 먼저 떠올리기 마련이다. 하지만 세계 최고의 영화 대국은 따로 있다. 바로 발리우드Bollywood가 있는 인도다. 미국의 연간 영화 개봉작은 대략 500~600편 정도다. 반면 인도는 보통 1,000편 이상, 많을 때는 2,000편 가까이 개봉한다. 최근 국제 영화계의 블루칩으로 떠오른 한국 영화의 1년 개봉작이 200편 정도인 것을 보면 엄청난 숫자다. 사실 제작 편수만 따진다면 놀리우드Nollywood가 있는 나이지리아가 1위지만 이곳은 극장이 거의 없어 CD나 DVD용 영화가 대부분이다.

또 인도에는 전국에 영화관만 1만 3,000개 이상이고, 매일 1,400만 명 정도의 인도인들이 영화를 볼 정도로 영화를 즐기는 인구수도 엄청나다. 그들은 어떤 영화를 볼까?

바로 인도 영화다. 인도는 할리우드 영화가 맥을 못 추는 유일한 나라다. 미국 영화는 전 세계 영화 시장의 90퍼센트 정도를 차지한다. 하지만 인도에서만큼은 인도 영화가 90퍼센트다. 역대 흥행 1, 2위를 다툰 〈아바타〉나 〈어벤져스〉도 인도에서는 아무 소용이 없다. 도대체 인도 영화의 매력이 뭐길래 인도인들은 이렇게 자국 영화에 열광하는 걸까?

사실 인도 영화에는 수십 년째 절대 변하지 않는 정형화된 특징이 있다. 첫째, 인도 영화는 온갖 장르가 다 섞여 있다. 로맨스로 시작하다가 갑자기 액션이 펼쳐지고, 다시 코미디로 이어지다가 어느 순간 스릴러가 펼쳐지는 식이다. 이 모든 장르가 하나의 영화 안에서 다 펼쳐지다 보니 러닝타임은 기본 3시간이다. 이처럼 여러 가지 맛이 섞여 있는 인도 영화를 인도의 모든 음식에 들어가는 향신료 이름에 빗대 '마살라Masala 영화'라고도 한다. 마살라 영화를 처음 보는 사람은 장르가 순식간에 바뀌다 보니 혼란스러울 수밖에 없다. 하지만 인도인들은 다양한 언어, 다양한 인종, 다양한 신과 종교 속에서 오래 살다 보니 장르의 융합도 익숙하고 자연스럽게 받아들인다.

둘째, 인도 영화에는 비범한 인물이 반드시 등장한다. 아이큐가 200 가까이 되는 천재, 혹은 엄청난 부자나 능력자가 갑자기 나타나 모든 문제를 단숨에 해결해주는 식이다. 인도 관객들은 마치 자신이 슈퍼맨이 된 것처럼 그 비범한 인물에 감정 이입하며 대리만족하는 걸 좋아한다.

셋째, 인도 영화는 대부분의 결말이 권선징악과 해피엔 딩이다. 빈곤층이 대부분인 인도인들에게는 악한 권력자 가 응징당하는 것을 보며 카타르시스를 느끼고, 현실에서 는 꿈꿀 수 없는 행복을 누릴 수 있는 유일한 장소가 극장 이다. 그래서 영화가 비극으로 끝나면 극장에는 관객들의 야유가 쏟아진다.

뭐니 뭐니 해도 마살라 영화의 가장 큰 특징은 시도 때 도 없이 노래와 춤판이 벌어진다는 것이다. 원수와 목숨 걸고 싸우다가 갑자기 적들과 함께 춤추는가 하면, 집안 의 반대로 연인과 헤어지는 슬픈 장면 뒤에 느닷없이 양 쪽 집안 사람들이 모두 모여 아주 흥겹게 칼군무를 추기 도 한다. 도시를 배경으로 이야기가 흘러가다가 갑자기 초 원이나 중국의 만리장성으로, 이집트의 피라미드로, 춤판 이 벌어지는 장소도 아무 맥락 없이 바뀌기 일쑤다.

이처럼 인도 영화를 설명할 때 춤은 빼놓을 수 없는 요 소다. 이를 입증하듯 인도에서는 한 명의 스타 배우, 세 가 지의 춤, 여섯 곡의 노래, 이렇게 세 가지를 영화의 흥행 요소로 꼽는다. 이중 춤을 가장 중요하게 생각해서 연기를 못하는 건 괜찮지만 춤을 못 추면 배우가 되기 어렵다. 영 화 속에 등장하는 노래가 보통 5분 이상이니 여섯 곡이면 최소한 30분 동안은 오직 춤추고 노래하는 장면만 이어지 는 셈이다.

이는 인도 영화가 대부분 내수용에 그치는 이유이기도 하다. 인도 문화에 익숙지 않은 외국인들에게는 맥락 없이 긴 시간 춤과 노래만 나오는 장면이 생뚱맞게 느껴지기 때문이다. 그럼에도 왜 인도 영화에는 전개와 아무 관련 없어 보이는 춤 장면이 꼭 들어가는 걸까?

우선 인도인들의 삶을 오랫동안 지배해온 종교 및 사회 문화와 연관이 있다. 힌두교에서 가장 중요한 창조신인 '브라흐마'도, 유지의 신인 '비슈누'도, 파괴의 신인 '시바'도 모두 춤과 노래를 관장하는 신이다. 그러니 이들을 모시는 힌두 의식에서도 춤과 노래는 빠질 수 없다. 우리로 치면 추석 같은 축제인 자트라Jatra나 오랜 세월 인도인들의 희로애락을 담아 온 전통 연극 나티야Natya도 온통 춤과 노래로 이루어져 있다. 이렇듯 인도인에게는 춤과 노래가 삶의 일부와 다름없다 보니 영화에서도 자연스럽게 받아들일 수 있는 것이다.

마살라 영화에 춤 장면이 길게 등장하는 것은 인도가 처한 언어적 특성도 큰 몫을 한다. 인도에는 헌법으로 지정된 공용어가 22개다. 각각의 언어들은 사투리 수준이 아니라 외국어나 다름없다. 그 외에도 10만 명 이상 사용하는 언어가 200여 개, 방언까지 합하면 3,000여 개가 넘는다. 게다가 전체 문맹률은 40퍼센트, 여성들만 따지면 70퍼센트에 가깝다. 이 때문에 인도에서 영화를 개봉할 때는 각종 언어로 더빙하거나 자막을 달지만, 이 역시 한계가 있을 수밖에 없다. 실제로 인도 영화는 1930년대 무렵까지 무성영화로 1차 황금기를 누렸으나, 발성영화 시대가 되면서 언어 문제로 침체기를 맞기도 했다. 이 문제를 해결하기 위해 등장한 게 바로 춤이다. 언어에 상관없이 모두가 공감할 수 있는 춤과 노래에 큰 비중을 두었고, 그 덕에 인도 영화는 크게 부흥할 수 있었다.

물론 춤과 노래가 큰 수익을 가져다준다는 현실적인 이유도 빼놓을 수 없다. 인도에서는 영화 개봉 두 달 전쯤 음악을 먼저 발표한다. 사전에 음악을 공개함으로써 인도인들이 영화를 볼 때는 이미 영화 속 노래를 모두 알고 있는 상태다. 그래서 우리의 정숙한 관람 분위기와 달리 인도 영화관에서는 마치 마당놀이에 온 관객들처럼 모두 열정적으로 영화에 동참한다. 극장 안에서 떼창을 하기도 하고, 춤 장면을 보며 같이 따라 추기도 하는 등 시끌벅적하게 영화를 즐긴다. 이렇게 함께 즐기면서 영화를 관람하는 분위기는 인도에서는 굉장히 자연스러운 일이다. 영화 시작 전 나오는 안내 문구에 "조용히 보는 사람은 내쫓는다"라는 경고까지 버젓이 나올 정도이니 말이다. 그래서 인도에서는 극장 안의 열기만으로 흥행 여부를 가늠하기도 한다.

또한 인도 영화에 등장하는 춤은 대개 스토리와 상관없이 수십 명의 여성이 등장해 군무를 추는데 이들을 '아이템걸'이라고 한다. 또 노래는 전문 가수가 배우의 목소리를 대신하는데 이들을 '플레이백 싱어'라고 한다. 아이템 걸과 플레이백 싱어 역시 영화 흥행에 따라 인도 전역에서 엄청난 인기를 누린다. 이렇듯 춤과 노래는 영화 흥행을 위한 분위기 조성에 매우 강력한 요소로 작용한다. 인도의 음악 산업 역시 영화 음악 비중이 압도적으로 높다 보니 어떤 경우에는 영화보다 음원이 더 큰 수익이 되기도 한다.

마지막으로 인도 영화에 등장하는 춤은 억압받는 대중들의 슬픈 욕구가 반영된 결과이기도 하다. 사실 마살라 영화 속 춤 장면은 판타지와 다름없다. 댄서들의 의상은 눈부실 정도로 화려하고, 영화 내내 심각하게 싸우던 원수들도 춤 장면에서만큼은 경쾌하기 짝이 없다. 부자에게 연인을 빼앗긴 주인공이 절망에 빠져 있으면 길 가던 행인들이 갑자기 코믹한 춤을 추며 위로한다. 또 춤추는 장소도 누구나 한 번쯤 가고 싶어 하는 유명 도시나 관광지로 휙휙 바뀐다. 그저 행복하게 춤출 수만 있다면 지금까지의 이야기 전개는 상관없다는 듯 말이다. 그래서 인도 영화를 'Any Body Can Dance(누구나 춤출 수 있다)'를 줄여 'ABCD 영화'라고 부르기도 한다.

이 모든 것들은 인도의 빈곤, 실업, 부패, 카스트 등 매일 같이 마주하는 막막한 현실에서 도피하고 싶은 대중의 욕구를 충족시켜주기 위한 장치라 볼 수 있다. 외국인들에게는 맥락 없고 생뚱맞게 느껴지는 춤 장면이 인도인들에게는 오히려 잠시나마 현실을 잊게 해주는 시간이 되니 마살라 영화에 이토록 열광하는 것이다. 현실에 대한 좌절이 허구성 짙은 그들만의 독특한 스타일의 영화를 만들어 내는 것이다.

하지만 이제 인도 영화는 조금씩 달라지고 있다. 젊은 세대와 급격히 증가하는 중산층은 더 이상 스토리 전개가 뻔한 마살라 영화에 흥미를 느끼지 않는다. 그래서 요즘에는 마살라 영화의 비중이 점차 줄고 있다. 대신 빈곤, 여성 인권, 범죄 등 인도가 직면한 사회 문제를 다룬 이른바 '뉴 시네마'가 더 많아지는 추세다. 그러나 인도 영화의 미래가 어떻든 지금까지 마살라 영화가 인도인들의 삶의 애환을 치유하는 거의 유일한 치료제 역할을 해왔다는 것만은 분명하다.

세계에서 유일하게
한국에서만
여우가 사라진 이유

여우는 환경에 대한 적응력이 매우 뛰어나 거의 모든 나라에 서식하고 있다. 옛날에는 우리나라에도 고을마다 여우고개가 하나씩 있을 정도로 여우가 무척 많았다. 지금의 사당동과 과천을 연결하는 남태령도 여우가 많이 출몰한다고 해서 '여우고개'라 불렸다. 그런데 그렇게나 많던 여우가 어느 날 우리나라에서 모두 사라지고 말았다. 무슨 일이 있었던 걸까?

사실 야생동물 중 여우만큼 우리와 친숙한 동물도 없다. 호랑이의 권세를 빌려 여우가 위세를 부린다는 호가호위狐假虎威나, 여우는 죽을 때 구릉을 향해 머리를 두고 초심으로 돌아간다는 수구초심首丘初心은 아주 오래전부터 쓰던 사자성어다. "토끼 같은 자식과 여우 같은 마누라", "여우가 시집가는 날"과 같이 생활 속 여러 표현에서도 여우는 수시로 등장한다. 어릴 때 즐겨 했던 "여우야, 여우야 뭐하니?" 놀이도 다들 익숙할 것이다. 이렇듯 아이들의 놀이에도 등장할 정도로 여우는 사람과 아주 가까이에서 살아온 동물이다.

그게 가능했던 이유는 여우가 좋아하는 먹이가 주로 사람 근처에 있기 때문이다. 여우는 물고기를 잡아먹기도 하고, 개구리나 도마뱀으로 배를 채우기도 한다. 그게 쉽지 않을 때는 곤충을 잡아먹거나, 그마저 없으면 과일이나 나무 열매도 먹는 잡식파다. 하지만 뭐니 뭐니 해도 여우가 가장 좋아하는 먹이는 사람과 가까이에 사는 쥐와 닭, 토끼 같은 작은 동물이다. 그래서 닭과 토끼를 키우는 농촌에서는 매일 밤 여우와 전쟁을 해야 했다. 여우가 들어오지 못하도록 닭장과 토끼장을 단단히 막아두면 그에 질세라 어떻게든 방법을 찾아내 몇 마리씩 훔쳐 가는 여우의 약삭빠른 모습에서 '여우 같은 놈'이라는 말이 생겨나기도 했다.

그런가 하면 여우는 주로 햇볕 잘 드는 곳에 굴을 파고, 그곳에서 새끼를 키우는데 직접 굴을 파지는 않는다. 주로 오소리가 파놓은 굴을 빼앗았는데 그 방법이 아주 영악하다. 여우는 지저분한 것을 참지 못하는 오소리의 결벽증을 이용한다. 오소리가 열심히 굴을 파놓은 뒤 잠시 자리를 비우면 그 틈에 들어가 오줌도 싸고, 똥도 싸며 그곳을 아주 난장판으로 만들어 버리는 것이다. 이를 견디지 못한 오소리가 자신이 파놓은 굴을 포기하고 떠나면 그때 여우가 잽싸게 새끼를 데리고 당당히 입주한다.

이렇게 오소리 굴을 차지하고 나면 여우는 그때부터 굴을 개보수하기 시작한다. 굴이 무너지거나 침입자가 있을 경우를 대비해 굴의 출입구를 많게는 10개씩 만들어 두고, 이 출입구들을 이용해 신출귀몰하게 숨거나 나타났기 때문에 여우를 잡는 건 무척 어려운 일이었다. 여우로서는 생존을 위한 방법이지만 이러한 '여우 같은' 행동으로 여우는 교활하고 사악한 동물의 상징이 되었다.

다시 본론으로 돌아가, 이렇든 저렇든 이제 우리에겐 "여우야, 여우야 뭐하니?"라고 물어볼 여우가 없다. 1970년대 지리산에서 포획한 여우를 마지막으로 갑자기 이 땅에서 모두 사라진 것이다. 여러 가지 이유로 개체수가 줄어들 수는 있지만 이렇게 여우가 완벽하게 자취를 감춘 건 다른 나라에서는 유례없는 일이다.

한국의 여우는 일제강점기 때부터 서서히 줄어들었다. 당시 여우 목도리가 크게 유행한 것이 여우에게는 재앙의 시작이었다. 여우 한 마리를 통째로 사용해 만든 여우 목도리는 당시 부의 상징으로 여겨져 신여성의 필수품이나 다름없었다. 일본 여성들에게도 여우 목도리는 부의 상징으로 여겨져 그때 수없이 많은 여우가 남획되었다. 1953년 휴전 직후 창경궁(당시 창경원)의 동물원을 복원하기 위해 여우를 포획했더니 생각만큼 여우가 잘 발견되지 않아 애를 먹었다는 기록이 있다. 일제강점기를 거치면서 이미 여우가 줄어들기 시작했다는 방증이다. 그 후로도 오랫동안 여우 목도리는 우리나라에서 유행했는데 1960~1970년대에는 외화벌이를 위해 많은 여우 가죽이 수출되기도 했다.

또 다른 원인으로는 여우의 서식 공간이 줄어든 점을 꼽을 수 있다. 6·25전쟁 후 1950년대 중반부터 베이비붐으로 인한 인구 증가와 1960년대부터 급속히 진행된 산업화로 많은 면적의 산림이 훼손되었다. 이로 인해 여우가 살 만한 공간도, 여우의 먹잇감도 급속히 줄어든 것이다.

이렇게 위기를 맞은 여우에게 1960~1970년대 전국적으로 벌어진 '쥐잡기 운동'이 결정타를 날렸다. 당시 전국의 쥐는 약 6,000만 마리로, 쥐가 갉아먹는 곡식이 무려 전주 시민 전체 인구의 1년 치 식량에 맞먹는 수준이었다. 워낙 먹고살기 어려웠던 시절이라 곡식을 아끼기 위해서라도 쥐를 잡아야만 했다. 그래서 당시 정부는 마치 군사작전 펼치듯 같은 날, 같은 시간에 전국에 쥐약을 놓게 했다. 구호도 "간첩 때려잡듯 쥐를 때려잡자"로 비장하고 살벌했다. 요즘 아이들에게는 기절초풍할 일이지만 당시 아이들은 집에서 잡은 쥐의 꼬리를 잘라 학교에 가져가면 학용품을 선물 받기도 했다.

이러한 전국적인 쥐잡기 운동으로 많은 쥐를 잡았지만, 그만큼 많은 여우가 사라지고 말았다. 쥐약을 먹은 쥐를 잡아먹는 바람에 수많은 여우가 죽게 된 것이다. 물론 당시에는 쥐가 여우의 식량인 것도, 그래서 쥐가 사라지면 여우도 사라진다는 것도 알지 못했다. 알았다고 하더라도 상관하지 않았을 테지만 말이다.

이러한 흐름 속에서 어느 순간 여우는 우리나라에서 찾아볼 수 없게 되었다. 이대로 가다가는 얼마 가지 않아 곧 멸종할 것이라는 예측이 잇따라 나오면서 2012년부터 현재까지, 10년간 소백산 일대에서는 여우 복원사업을 꾸준히 이어오고 있다. 다른 산에 비해 소백산에 여우가 좋아하는 쥐와 파충류, 견과류 등이 많기 때문이다.

우리 문화 곳곳에 함께 자리하던 여우의 멸종 위기, 혹시 우리가 모르는 사이에 또 다른 종의 멸종도 진행되고 있는 것은 아닐까?

유럽은
왜 아직도
열쇠뭉치를 들고 다닐까?

10여 년 전만 해도 해외여행을 가면 열쇠고리를 기념품으로 사 오는 사람이 많았다. 하지만 지금은 거의 드문 일이다. 2010년 이후 디지털 도어락이 대중화되면서 열쇠를 거의 사용하지 않기 때문이다. 하지만 한국을 제외하고 대부분의 나라에서는 여전히 열쇠를 사용하고 있다.

특히 유럽에서 에어비앤비를 이용한 적 있는 사람이라면 적어도 서너 개의 열쇠가 달린 묵직한 열쇠뭉치를 건네받은 경험이 있을 것이다. 공동 출입문 열쇠, 현관 열쇠, 각 방의 열쇠는 기본이고, 어떤 곳에서는 엘리베이터 열쇠까지 따로 주기도 한다. 문이 자동으로 닫히고 나면 밖에서는 절대 열 수 없기 때문에 집밖을 한 발자국이라도 나가려면 이 열쇠들을 모두 챙겨가야 한다. 열쇠를 오른쪽으로 두 바퀴, 왼쪽으로 한 바퀴, 다시 오른쪽으로 반 바퀴…

이런 식으로 문을 여는 방식도 제각각 달라 적응하는 데도 한참 걸린다. 만약 여행 중 이 열쇠를 잃어버리면 그건 정말 재난에 가까운 일이다. 수리공을 불러도 쉽게 오지도 않을뿐더러 수리공이 온다 해도 워낙 인건비가 비싸 최소 200유로는 날린다고 생각해야 하기 때문이다. 게다가 주말까지 겹치면 할증도 붙고, 만에 하나 그게 특수 열쇠라면 문을 부숴야 할지도 모를 일이다. 그렇게 되면 무조건 1,000유로 이상의 비용이 발생한다.

여기까지만 해도 아직 최악의 상황은 아니다. 최악의 상황은 공동 출입문 열쇠를 잃어버렸을 때다. 그럼 건물 내 모든 집의 열쇠를 다 바꿔줘야 하고, 그 비용은 잃어버린 사람이 모두 배상해야 한다. 그래서 유럽 사람들은 집을 계약할 때 열쇠 보험에 함께 가입하곤 한다. 유럽에서 열쇠가 금보다 비싸다고 말하는 게 바로 이런 이유에서다.

여행자들은 그나마 낫다. 유럽인들은 서너 개의 집 열쇠 외에도 우편함, 지하창고, 주차장, 자동차, 사무실 열쇠까지 합하면 그야말로 묵직한 열쇠뭉치를 늘 가지고 다녀야 하니 말이다. 우리처럼 디지털 도어락을 쓰면 이런 불편을 감수하지 않아도 될 텐데 도대체 왜 이들은 도어락을 쓰지 않는 걸까?

우선 주거환경이 우리와 다르다는 점을 생각해볼 수 있다. 유럽인들은 대부분 단독주택에 산다. 이 경우 도어락이 외부에 그대로 노출되기에 빗물이 들어가거나 혹은 다른 외부 요인들로 인한 고장 위험이 많아 사용을 꺼리는 것이다.

공동주택의 경우 회사가 소유한 아파트에서 월세로 사는 사람이 많은데 회사 입장에서는 굳이 값비싼 디지털 도어락을 설치할 이유가 없다. 자칫 작동이 안 되거나 도어락을 해킹해 강도라도 들면 거액의 소송을 당할 수도 있어 굳이 이런 부담을 안으려 하지도 않는다. 또 거주자 입장에서는 도어락을 설치하면 이사 갈 때 열쇠로 원상 복구하는 비용을 지불해야 하니 잘 교체하려 하지 않는다.

또 일부 도시에서는 도어락 설치가 아예 불법인 곳도 있다. 화재에 대비해서다. 공동주택의 경우 마스터키를 관리실에서 보관하거나 소방서에서 보관하기도 한다. 이런 곳은 처음 건물을 지을 때 만들어진 자물쇠와 열쇠 외에는 그 어떤 것도 개별 설치가 불가능하다.

열쇠를 고집하는 데에는 유럽인들의 보수적인 삶의 방식도 분명 한몫을 차지한다. 유럽인들은 오랫동안 전해져 내려온 것은 좀처럼 바꾸려고 하지 않는다. 좋게 얘기하면 전통을 중시한다고 할 수도 있지만 새로운 것에 대한 두려움으로 볼 수도 있다. 그래서인지 대체로 디지털 기기를 잘 신뢰하지 않는다. 화재 발생 시 디지털 도어락이 제대로 작동하지 않을 것이라는 불안감도 있고, 비밀번호 노출에 대한 걱정도 크다. 그래서 불편하더라도 열쇠가 디지털 기기보다 방범에 더 좋다는 믿음이 잘 깨지지 않는 것이다.

유럽인들에게 열쇠가 갖는 역사적인 의미도 무시할 수
없다. 자물쇠와 열쇠는 기원전 4,000년경 메소포타미아
지역에서 발명돼 이집트로 건너갔다가 그리스, 로마로 전
해졌다. 당시 로마에서는 열쇠가 곧 부의 상징이었다. 아
무것도 없는 일반 백성들과 달리 열쇠가 있다는 건 지켜
야 할 물건도 많다는 뜻이기 때문이다.

로마 이후 유럽 각국으로 퍼진 자물쇠와 열쇠는 지금으
로 치면 첨단 보안 산업과 같았다. 당시 제작자들은 품질
의 우수함을 과시하기 위해 정품 키 외에 다른 열쇠로 자
물쇠를 여는 사람에게 상금을 주기도 했다. 오늘날 디지털
기업에서 자신들이 만든 보안 프로그램을 뚫는 해커들에
게 상금을 주는 것과 비슷하다.

이렇게 발전한 유럽의 열쇠는 점차 행운을 상징하게
되었다. 열쇠가 마녀를 쫓는 부적으로 쓰이거나, 순산을
기원하며 산모에게 쥐여주거나, 심지어 불을 빨리 끄기
위한 주술의 용도로도 사용되었다. 이러한 상징성은 외국
에서 귀빈이 오면 '행운의 열쇠'를 선물하는 것에서도 알
수 있다.

그 외에도 열쇠는 지배권도 상징한다. 이는 가톨릭의
총본산인 로마교회를 만든 베드로가 천국의 열쇠를 가지
고 있다는 것에서 유래되었다. 바티칸 광장이 위에서 보면
열쇠 모양인 것도 바로 이런 이유에서다. 이 때문에 중세

피에트로 페루지노Pietro Perugino, 〈성 베드로에게 천국의 열쇠를 주는 예수〉, 1482, 프레스코화, 바티칸 시스티나 성당.

시대에는 성문의 열쇠를 바치는 게 공식적인 항복 의식이었다. 다시 말해 열쇠는 유럽인들에게는 행운을 가져다주는 부적인 동시에 집에 대한 소유권을 의미하기 때문에 열쇠를 포기하기가 쉽지 않은 것이다.

뭐니 뭐니 해도 유럽이나 미국이 디지털 도어락을 사용하지 않는 이유는 써보지 않아서다. 써보지 않았기 때문에 그 편리함을 실감하지 못하는 것이고, 그러니 필요성을 느끼지 못하는 것이다. 엄밀히 말하면 "유럽인들은 왜 디지털 도어락을 쓰지 않을까?"라는 질문 자체가 잘못된 것이다. 도어락을 사용하는 나라는 전 세계에서 한국과 중국뿐이기 때문이다. 미국은 유럽과 비슷한 이유이고, 일본과 대만은 잦은 지진으로 도어락 오작동에 대한 두려움이 있어서다. 그럼 질문을 바꿔 다른 나라와 달리 왜 한국은 거의 모든 곳에서 디지털 도어락을 사용할까?

사실 디지털 도어락을 맨 처음 만든 나라가 우리나라다. 1997년 한 기업이 일본의 디지털 잠금 기술을 배운 후 이를 응용해 도어락이라는 제품을 만들었다. 또 한국은 유럽이나 미국과 달리 아파트와 빌라 같은 공동주택에 사는 사람이 대다수다. 디지털 도어락이 설치되기에 딱 적합한 환경이다. 무엇보다 한국인들은 유럽인들과 달리 새로운 것에 대해 두려움보다는 호기심이 더 커 아날로그보다는 디지털, 하이테크를 무척 신뢰하기도 한다. 이러한 한국인의 기질이 반영돼 아파트 건설과 IT 벤처 붐이 동시에 일었던 2000년대 초부터 디지털 도어락이 본격화된 것이다.

이렇듯 이미 편리함을 경험한 한국인들은 유럽의 열쇠를 보면 답답하기부터 한 게 사실이다. 하지만 열쇠에는 분명 아날로그적인 감성, 오래된 것에 대한 정서적 안정감이 있다. 이제는 찾아보기 힘든 열쇠방, 열쇠를 두고 나가 문 앞에서 가족이 오기를 기다리던 시간들… 열쇠에는 우리의 추억과 낭만이 아직 그대로 남아 있어 가끔은 그립기도 하다.

미국은 왜 더 이상 전쟁에서 이기지 못하는 걸까?

"미국은 전쟁으로 커 온 나라다."

미국 역사가 제프리 페렛Geoffrey Perrett은 자신의 저서 《전쟁으로 만든 나라》에서 이렇게 단언했다. 한 통계에 의하면 미국은 1776년 독립한 이래 2021년까지 무려 224년 동안이나 전쟁을 해왔다. 미국이란 나라가 존재한 245년간 단 21년을 제외하고 세계 곳곳에서 크든 작든 계속 전쟁을 벌인 것이다. 왜 그럴까? 간단하다. 다른 건 몰라도 전쟁에서 이기는 것만큼은 자신 있기 때문이다.

"미국인들은 전쟁에서 져본 적도 없고 앞으로도 지지 않을 것이다. 진다는 생각 자체가 미국인들에게 혐오스럽기 때문이다."

2차대전의 영웅 조지 패튼 장군의 이 연설은 전쟁에 대한 미국의 자신감을 여실히 보여준다.

조금도 과장이 아니다. 실제로 미국은 2차대전까지 중요한 전쟁에서 단 한 번도 져본 적이 없다. 그러니 전쟁에 대한 오만이 하늘을 찌를 만도 하다. 신생국 미국은 2차대전을 승리로 이끌면서 명실상부한 세계 최강의 반열에 올랐다. 그런데 묘하게도 미국은 이때를 기점으로 좀처럼 전쟁에서 이기지 못하고 있다. 2021년에는 아프가니스탄 철군을 결정함으로써 미국 역사상 가장 오래 끌어온 전쟁에서 또 하나의 패배를 추가하게 되었다.

2차대전 후 미국이 싸운 5대 메이저 전쟁은 한국, 베트남, 걸프, 이라크, 아프가니스탄 전쟁 등이다. '미국 가는 길엔 승리뿐'이라는 자신감을 안고 출전한 한국 전쟁은 예상보다 훨씬 긴 3년이라는 시간이 걸렸다. 이 전쟁에서 미군은 3만 4,000여 명이나 사망했다. 전체 사망자가 137만여 명에 이르는 막대한 희생에도 공식적으로는 아직도 종전되지 않았다. 이 전쟁의 승패를 두고 견해가 엇갈리지만, 미국의 자존심에 큰 상처를 남긴 것은 누구도 부인할 수 없다.

하지만 1965년부터 10년간 계속된 베트남 전쟁은 누가 봐도 미국의 완벽한 패배였다. 미국은 당시 린든 존슨 대통령이 4류 국가라고 한 북베트남에 2차대전 때보다도 더 많은 폭탄을 쏟아부었다. 그럼에도 미국은 군사 대결에서 역사상 첫 패배라는 굴욕을 당했다. 5만 8,000명 이상의 미군이 사망했고, 베트남 추산 500만 명 이상이 이 전쟁에서 죽었다. 이 충격이 얼마나 컸던지 미국에서는 거대한 반전 운동이 일어났고, 결국 징병제가 폐지되었다.

1991년의 걸프전은 미국이 자존심을 회복한 전쟁이었다. 아버지 부시 대통령 때 이라크가 쿠웨이트를 침공하자 미국은 이라크가 석유 패권을 가져갈 것을 우려해 50만 병력을 동원했다. 그리고 마치 비디오 게임하듯 초정밀 미사일로 타격하며 6주 만에 완승을 거두었다. 2차대전 후 벌어진 5대 메이저 전쟁에서 유일하게 거둔 승리다.

아들 부시 대통령 때인 2003년에는 미국이 다시 이라크 본토를 공격했다. 명목은 이라크가 대량 살상무기를 숨기고 있다는 것이었다. 하지만 석유를 둘러싼 헤게모니 쟁탈전이라는 건 누구나 다 아는 사실이다. 미국은 단 21일 만에 이라크의 수도 바그다드를 점령했다. 역시 미국은 전쟁의 신 다워 보였다. 하지만 3,174일이 지난 후 미국은 패배를 선언하고 철수했다. 끈질긴 저항을 견딜 수 없었던 것이다. 미국은 4,000명 이상의 전사자를 남겼다. 이라크는 사망자와 난민을 합쳐 희생자가 최대 200만 명까지 거론되고 있다. 그리고 미국은 이 전쟁에서만 우리의 1년 예산보다 두 배나 많은 1,100조 원을 썼다.

그보다 조금 앞선 2001년에는 아프가니스탄을 침공했다. 역시 아들 부시 대통령 때다. 9·11테러의 주모자인 빈라덴을 내놓으라는 요구를 탈레반이 거부했기 때문이다. 미군은 역시 전투에 탁월했다. 겨우 두 달 만에 탈레반을 수도 카불에서 몰아냈다. 하지만 미국은 무려 20년간이나 아프가니스탄에 발목 잡혔다가 결국에는 이기지 못하고 2021년 8월 철수했다. 이미 아프가니스탄에서 뜨거운 맛을 봤던 영국의 "절대 아프가니스탄을 침공하지 말라"라는 경고를 무시한 탓이다. 아직 집계가 끝나지 않았지만, 미군은 2,400여 명이 전사했고, 무려 2,300조 원의 세금이 허공에 사라졌다. 아프가니스탄은 말할 것도 없이 산산조각이 나 약 17만여 명이 사망했고, 500만 명의 난민이 아무 희망도 없이 세계 각국을 떠돌고 있다.

그럼 도대체 세계 최강 미국은 전쟁에서 왜 자꾸만 지는 걸까? 그것도 그들의 말처럼 '4류 국가'들에게 말이다. 미국에서는 이를 두고 볼드모트형 논란이라고 한다. 함부로 말하기에는 껄끄러운 주제라는 뜻이다. 하지만 패전이 거듭되면서 많은 전문가가 요인 분석에 나서고 있다. 그중 몇 가지를 살펴보도록 하자.

우선 전쟁의 성격이 완전히 달라진 점이 가장 중요한 이유로 꼽히고 있다. 2차대전까지만 해도 전쟁은 국가와 국가 간의 싸움이었다. 즉, 양쪽 모두 군복을 입은 군인끼리만 싸우면 되었다. 하지만 냉전 시대가 끝나면서 이제 이런 전쟁은 거의 일어나지 않는다. 민주화된 국가가 많아지고, 무역으로 모두가 얽히면서 전쟁은 서로 손해가 되는 시대가 된 것이다. 이 때문에 이제 전쟁의 90퍼센트는 국내 갈등으로 빚어지는 내전이나 테러와의 싸움으로 바뀌었다.

내전이나 대테러전은 정규전과 달리 군인과 민간인이 뚜렷하게 구분되지 않는다. 일반 복장을 한 민간인이 갑자기 총을 쏘기도 하고, 부르카를 뒤집어쓴 여인이 자살폭탄 테러를 일으키기도 한다. 미국은 이제 이런 보이지 않는 적과 싸워야 하니 혼란스러울 수밖에 없다. 미군의 첨단무기는 적이 명확히 보일 때나 효과가 있다. 하지만 지금은 군과 민간인이 뒤섞이다 보니 미국의 첨단 미사일은 다수의 민간인 사망자가 나올 수밖에 없다. 그럴 때마다 미국에 대한 반감은 더 높아지니 진퇴양난이다.

그렇다 보니 내전이나 게릴라전, 대테러전에 걸맞은 전략과 무기 개발이 필요하지만 워싱턴의 고위 장성들은 이에 별 관심이 없어 보인다. 이보단 값비싼 첨단 미사일 개발이 자신들의 경력에도, 나중에 군수업체에 취직하는 데도 큰 도움이 된다는 걸 잘 알고 있는 것이다. 분석가들은 아프가니스탄에서 한 발에 수십억 원씩 하는 미사일을 마구 발사하는 전략을 두고 군수업체의 영향이 아닌가 의심하기도 한다. 산악지대가 대부분인 아프가니스탄에서는 이런 값비싼 미사일을 쏜들 바위나 몇 개 쪼갤 뿐 별 효과가 없다고 보기 때문이다.

미국은 아직도 베트남 전쟁 트라우마가 남아 있다. 전사자만 5만 8,000여 명에 부상자도 30만 명을 넘었다. 이후 미국 전쟁은 사망자 수를 최소화하는 데 초점이 맞추어져 있다. 미국이 미사일 공격과 고고도 폭격, 드론 공격에 치중하는 이유가 바로 이 때문이다.

하지만 전쟁을 매듭짓는 것은 결국 육군이다. 육군의 전투병들이 도시로 들어가 곳곳에 숨은 패잔병들을 처리하고 깃발을 꽂아야 전쟁이 끝난다. 하지만 이 과정에서 수많은 사상자가 나오는 것을 피할 수 없다. 그래서 육군 전투병의 투입을 줄이다 보니 전사자 수도 함께 줄었으나 전쟁에서 결정타를 날리기에는 더 어려워진 것이다. 더구나 미사일과 마찬가지로 고고도 폭격이나 드론 공격은 적군이나 테러 분자만 죽이는 게 아니라 민간인들의 희생도 피할 수가 없다. 그래서 이런 공격을 할 때마다 미국의 적도 계속 늘어만 간다.

사실 전쟁의 패배를 전적으로 군의 책임으로 보는 건 미군으로선 억울할 수도 있다. 워싱턴의 정치인들이 군대가 도저히 완수할 수 없는 미션을 자꾸만 주기 때문이다. 군은 싸우고 부수기 위해 존재하는 전투집단이다. 그 의미대로 미군은 아프가니스탄에서도, 이라크에서도 압도적인 전투력으로 적을 꺾는 데 성공했다. 하지만 문제는 그다음이다. 군의 임무가 이것으로 그치는 것이 아니라, 미국에 우호적이면서 현지인들에게도 그럴듯한 정부를 세우라는 워싱턴의 명령도 수행해야 하기 때문이다. 미국과 모든 것이 너무나 다른 아프가니스탄과 이라크에 민주적이고 자본주의적인 정부를 세우라는 것은 사실상 새로운 국가를 건설하라는 얘기나 다름없다. 군은 이런 훈련을 받아본 적도 없고, 그러라고 존재하는 집단도 아니니 결국 실패하는 건 당연한 일이다.

군의 이런 미숙함은 그들이 베트남과 이라크와 아프가니스탄에서 내세운 현지 민간 정부의 거듭된 실패에서도 알 수 있다. 이 정부들은 모두 미국에 우호적이었지만 현지인들에게는 조금의 신뢰도 받지 못했다. 신뢰는커녕 자국민들의 적대감만 키웠다는 게 더 정확한 얘기다. 그건 이 꼭두각시 정부들이 상상을 초월할 정도로 무능하고 부패했기 때문이다.

남베트남의 정부군에서는 병사가 사망했음에도 이를 감추고 미국이 지급하는 월급을 지휘관이 가로채는 일이 비일비재했다. 그리고 월급을 지휘관에게 뇌물로 바치고 전투 현장이 아닌 집에서 편히 지내는 군인들도 부지기수였다. 이라크에서도, 아프가니스탄에서도 마찬가지였다. 최소한 병력의 절반 이상은 이런 유령 군인들이었다. 무기나 탄알을 빼돌려 적에게 파는 건 너무나 흔한 일이라 새삼 거론할 것도 없다.

정부 역시 국민들에게는 폭압적으로 굴면서 돈 되는 일은 미국에 협력하는 일부 지배층들이 독점하니 이런 정부를 위해 국민들이 목숨 걸고 싸울 리 만무하다. 몇 해 전한 탈레반 종교학자 역시 서방과의 인터뷰에서 "정부군은 돈을 위해 싸우지만 우린 신념을 위해 싸운다. 그러니 승패는 이미 정해진 것"이라고 말한 바 있다. 결과는 말 그대로였다.

이렇듯 미국의 전쟁 실패 요인은 다양하고 복합적이지만, 최근에는 오만에서 오는 무지를 가장 중요한 원인으로 꼽고 있다. 미국은 아프가니스탄을 침공하면서 제대로 된 지도조차 갖고 있지 않았다. 영국과 소련이 아프가니스탄의 험한 산악지형 때문에 대실패를 했는데도 말이다. 이는 당시 국방장관이었던 도널드 럼스펠드가 회고록에서 "미국은 아주 오래된 대영제국의 지도에 의존했다"라고 고백하면서 밝혀졌다.

악의 축인 후세인을 제거하고 친미 정부를 세우려 했던 이라크에서도 미국은 여실히 준비 부족을 드러냈다. 미국의 장밋빛 계획과는 달리 당시 이라크 대사관에서 근무하던 1,000명의 직원 중 아랍어를 하는 사람이 고작 여섯 명에 불과했다는 것만 봐도 알 수 있다. 첨단무기의 힘을 과신해 오만하기만 했을 뿐 어처구니없게도 그 후의 면밀한 계획은 거의 없었던 셈이다.

미국은 2차대전 이후의 거의 모든 전쟁에서 승리한 뒤 친미 정부를 세운 후 철수한다는 목표가 있었다. 그러려면 전쟁에서도 이겨야 하지만, 그 나라 국민의 마음을 얻는 게 무척 중요하다. 하지만 미국은 베트남에서도, 이라크에서도, 아프가니스탄에서도 이 점에 대해 정말 무지했다. 아들 부시 정권 때 국방장관을 지냈던 로버트 게이츠도 나중에 "우리는 정부 전복은 쉽게 했지만, 그다음은 무슨 일을 해야 할지 몰랐다. 특히 각 나라의 민족 갈등이나 지역적 특성, 종교적 복잡성 등에 대해선 전혀 이해하지 못했다"라고 고백했다.

이러니 미국이 내세우는 현지 정부마다 실패하고, 결국 전쟁이 장기화되면서 미국도 패전하게 되는 일이 반복된 것이다. 토착 문화와 역사에 대한 깊은 이해를 바탕으로 마련한 정교한 계획이 없다면 미국은 앞으로도 전투에서는 이기고, 전쟁에서는 패하게 될 것이다.

명품이
비쌀 수밖에 없는
5가지 이유

가격이 오르면 소비는 줄고, 가격을 내리면 소비는 증가한다. 가장 기본적인 경제 법칙이다. 하지만 명품만큼은 이 '수요의 법칙'을 제멋대로 거스른다. 오히려 비쌀수록 잘 팔리는 특징이 있다. 그렇다면 명품은 왜 비싼 걸까?

첫째, 명품은 원래 사치품이다. 명품의 사전적 뜻은 '뛰어나거나 이름난 물건'이다. 그런데 이를 영어로 하면 '럭셔리Luxury'다. 한마디로 사치품이란 얘기다. 1990년 당시 해외 유명 브랜드가 쏟아져 들어오던 시기에 마케팅 전문가들은 '사치품'이라는 부정적 용어 대신 좀 더 신뢰감 가는 '명품'으로 네이밍을 했다. 우리나라에서 명품이 잘 팔리는 데에는 네이밍의 승리가 한몫하고 있다.

우리에겐 명품, 본토에선 럭셔리라 불리는 제품들은 원래부터 사치를 위해 탄생했다. 그 시조로는 보통 프랑스의 태양왕 루이 14세를 꼽지만 엄밀하게 얘기하자면 17세기 초 루이 13세의 재상 리슐리외까지 거슬러 올라간다. 그는 많은 이의 존경을 받기 위해 왕실의 사치는 반드시 필요한 것이라고 주장했다. 루이 13세가 아홉 살이라는 어린 나이로 왕위에 올랐기 때문에 당시 프랑스는 국내·외로 불안정한 상황이었다. 리슐리외는 이를 왕실의 화려함으로 극복하고자 했던 것이다.

그 뒤를 이은 루이 14세의 사치는 두말할 것도 없었다. 그는 역사상 최초의 셀럽이었다. 그가 착용하는 옷과 가발, 장신구들은 곧바로 전 유럽의 귀족과 왕실의 유행이 되었다. 루이 14세라는 셀럽을 이용해 프랑스의 사치품을 하나의 산업으로 발전시킨 인물이 재상 콜베르다. 이 부르봉 왕가의 사치가 나중에 프랑스 혁명을 일으키는 하나의 요인이 되기도 했지만, 오늘날 프랑스를 '패션과 명품의 나라'로 만들기도 했으니 이 또한 역사의 아이러니다.

이런 기류가 계속 이어지다가 19세기 나폴레옹 3세 때 상표 제도가 처음 도입되면서 왕실 납품 업체였던 겔랑, 까르띠에, 에르메스, 루이비통 등이 명품 브랜드로 자리 잡게 되었다. 이렇듯 명품은 왕실과 귀족들이 사용하던 사치품이었으니 태생부터 비싼 물건인 셈이다.

둘째, 생산 원가 자체가 비싸기 때문이다. '명품'이라고 하면 좋은 재료로 한 땀 한 땀 정성을 다해 만드는 장인들이 바로 연상된다. 최고의 가죽만을 사용하는 것으로 정평 난 에르메스는 가죽의 품질이 만족스럽지 않으면 몇 년이고 해당 제품을 아예 만들지 않는다고 한다. 그리고 가죽을 만지려면 에르메스에서 운영하는 가죽 전문학교에서 3년 동안 공부해야 하고, 도제 수업을 또 2년간 받아야 한다. 이렇게 어렵게 길러진 장인이 수작업으로 만들 수 있는 가방은 일주일에 2개가 고작이다. 그러니 안 비쌀 도리가 없다.

물론 모든 명품이 그런 것은 아니다. 명품계의 G2라 할 수 있는 프랑스와 이탈리아에선 요즘 힘든 일을 꺼리는 분위기 탓에 구인난이 심각하다. 게다가 가족끼리의 가내 수공업이 점차 기업화되면서 가격 경쟁을 위해 프랑스와 이탈리아 내의 중국인 공장에서 제품을 만드는 경우도 많다. 심지어는 인건비가 싼 루마니아, 터키, 인도, 베트남 등지에서 아예 노골적으로 완제품을 만들기도 한다. 이미 장인의 한 땀 한 땀 같은 건 없음에도 여전히 명품이 비싼 걸 보면 가격에 거품이 있음도 분명한 것 같다.

셋째, 예술적인 가치가 반영된 것이기 때문이다. 관련 전문가들의 분석에 의하면 명품 소비는 명품을 소유하면 상위계층에 속한다고 느끼는 '파노플리 효과Panoplie Effect', 과시욕과 허영심으로 인해 비싸면 비쌀수록 더 잘 팔리는 '베블런 효과Veblen Effect', 셀럽을 따라 소비하는 '밴드웨건 효과Bandwagon Effect', 대중화되면 더 이상 그 상품을 사지 않는 '스놉 효과Snob Effect' 등이 복합적으로 작용한다고 한다.

이를 요약하면 명품을 사는 이유는 크게 자기과시와 자기만족, 두 가지로 볼 수 있다. 자기과시는 '남들에게 보이기 위한 명품'이고, 자기만족은 '혼자만 봐도 아름다운 명품'이다. 자기만족의 경우 명품은 예술작품과 같다. 그런데 예술작품에는 정가라는 게 존재하지 않는다. 원가와 이윤, 그리고 값을 매기기 어려운 창작자의 열정과 독창성, 예술혼에 대한 가치 평가가 함께 반영되기 때문이다. 명품의 경우 여기에 앞서 말한 파노플리, 베블런, 밴드웨건 등의 심리적 효과가 더해지면서 아무리 가격이 비싸다 하더라도 대중들에게 정당화되는 것이다. 그렇지 않다면 사람들이 그렇게 많은 돈을 주고 페라리, 마세라티 같은 이탈리아 차를 사지는 않을 것이다. "문짝이 잘 맞으면 마세라티가 아니다"라는 말이 있듯이 이탈리아 제품은 기술적으로 여러 결함이 있다는 게 정설이다. 하지만 이탈리아 차에는 기술적으로 완벽한 독일 차에서는 보기 힘든 특유의 감성과 디자인이 있다. 마치 예술작품처럼 말이다. 그러니 사람들은 예술작품처럼 느껴지는 명품에 아낌없이 돈을 지불하는 것이다.

넷째, 명품은 위치재이기 때문이다. 미국 금융 경영가인 마이클 마이넬리Michael Mainelli의 저서 《무엇이 가격을 결정하는가?》를 보면 모든 물건에는 물적재Material Goods와 위치재Positional Goods가 있다. TV나 컴퓨터, 핸드폰 등 대부분의 물건은 물적재로 절대가치가 있다. 즉, 가격이 정해져 있기 때문에 세일을 하면 갑자기 잘 팔리는 것이다. 그런데 어떤 물건은 절대가치가 아니라 상대가치 혹은 사회적 가치를 갖기도 한다. 이것이 바로 위치재인데 명품이 그 대표적 예다. 위치재가 상대가치와 사회적 가치를 가지려면 절대 흔해서는 안 된다. 그래서 이 물건들은 구매 문턱을 높이기 위해 처음부터 가격을 아주 높게 책정하거나, 많이 팔릴수록 물건값을 계속 올리는 것이다.

이를 보여주는 예가 바로 많은 여성의 로망인 에르메스의 버킨백Birkin Bag이다. 수천만 원씩 하는 이 가방은 돈이 있다고 살 수 있는 물건이 아니다. 워낙 기다리는 사람이 많아 한때는 5~6년씩 예약을 걸어 놓아야 살 수 있을 정도였다. 장인의 손을 거쳐 일주일에 겨우 2개 정도 만드는 버킨백은 이제는 예약도 소용없고 그저 운이 좋은 사람만이 살 수 있다. 에르메스 매장을 부지런히 드나들다 우연히 버킨백이 들어오면 그 즉시 돈을 지불해야만 구입할 수 있는 위치재다.

명품 시계의 끝판왕인 스위스의 파텍필립Patek Philippe도 마찬가지다. 여기서는 손님이 물건을 고르는 게 아니라 회사가 손님을 고른다. 보통 수억 원대에 달하는 파텍필립의 고가품 라인을 사려면 그간 자신이 소유했던 시계의 이력서를 제출하고 면접까지 봐야 한다. 이 품위 있는 명품을 가질 자격이 있는지 심사를 통과해야만 그제야 비로소 내

돈을 내고 시계를 살 수 있는 것이다. 에르메스나 파텍필립의 이런 마케팅은 모두 위치재의 특성인 희귀성을 유지해 계속해서 상품의 가격을 높게 유지하려는 전략이다.

다섯째, 사람들의 소비 심리를 교묘하게 자극하는 '닻 내림 효과'라고도 하는 앵커링 효과Anchoring Effect 때문이다. 배는 일단 닻을 내리면 아무리 움직여봤자 닻 주변을 맴돌게 되어 있다. 그런데 가격의 닻을 내리면 어떻게 될까? 예를 들어 눈에 가장 잘 띄는 매장 가운데에 1억 원짜리 가방을 화려하게 전시해놓는다 치자. 그럼 이 1억 원짜리의 가방이 닻으로 작용한다. 즉, 자기도 모르게 1억 원을 중심으로 다른 물건의 가치를 평가하는 효과가 발생해 5,000만 원짜리 핸드백이 어느 순간 합리적인 가격처럼 느껴지는 것이다. 매장에서도 1억 원짜리 가방을 팔 생각은 애초부터 없다. 그저 미끼일 뿐이다. 이들이 정작 팔려는 물건은 1억 원짜리 닻 덕분에 갑자기 적당한 가격처럼 느껴지는 2,000~3,000만 원짜리 핸드백이다. 그리고 상대적으로 헐값으로 보이는 수백만 원짜리 지갑이나 벨트, 거저처럼 보이는 수십만 원짜리 스카프나 액세서리가 처음부터 판매하려던 물건이다.

사실 사람들은 명품의 가치가 정확히 얼마인지 따질 도리가 없다. 지갑 하나에 수백만 원, 핸드백 하나에 수천만 원의 가격표를 눈 하나 꿈쩍 않고 매기는 명품 업체에선 "비싸니까 명품인 거야"라고 끊임없이 말한다. 가격이 높을수록 가치도 높은 것이라고 고객을 믿게 만드는 것이다. 그리고 그 속에는 앵커링 효과를 이용해 높은 가격에 점점 무뎌지게 하는 일관된 전략이 숨어 있다.

명품이란, 생각해보면 인간이 지닌 여러 욕망의 결정체다. 과시, 차별, 인정, 소유, 자기만족 등 여러 욕망의 덩어리가 명품이다. 그런데 지금의 문명은 인간의 이러한 원초적인 욕망 위에 만들어져왔다. 명품을 두고 자본주의 사회에서 성공한 부자들의 전리품이라든지, 상대적 박탈감을 조장한다든지 등의 여러 비난이 있다. 하지만 이를 문명사적 관점으로 길게 본다면 좀 더 담담하게 바라볼 수 있지 않을까?

한국도
중립국이
될 수 있을까?

중립국이 되고자 하는 나라는 많다. 지금도 국제 사회가 인정하든 말든 스스로 중립국임을 주장하는 나라도 여럿이다. 멀리 갈 것도 없이 우리나라의 미래 모습으로 중립국을 그려보는 사람들도 꽤 있다. 하지만 원한다고 중립국이 되지는 않는다. 중립국이 되는 길은 생각보다 훨씬 까다롭고, 어렵다.

많은 나라가 중립국이 되려는 이유는 단 하나다. 그 어떤 편도 들지 않음으로써 전쟁으로부터 내 나라의 안전을 보장받자는 것이다. 하지만 중립국이 되려면 우선 기본 조건을 채워야 한다. 이는 1907년의 헤이그 제2차 국제평화회의를 비롯해 여러 국제회의에서 논의된 사항이다.

이에 따르면 중립국이 되기 위해선 첫째, 강대국에 둘러싸여 있어 잦은 침략을 겪은 역사가 있어야 한다. 둘째, 국민은 물론 지도자까지 확고한 중립국의 의지가 있어야 한다. 셋째, 지역의 세력 균형을 맞출 수 있도록 완충 역할을 할 수 있는 국가여야 한다. 넷째, 주변의 강대국들이 중립국을 침범하지 않는다는 국제 협정을 맺어야 한다 등이다.

'중립국' 하면 제일 먼저 떠오르는 스위스를 보면 이 네 가지 조건을 모두 충족하고 있음을 알 수 있다. 스위스는 국경을 맞대고 있는 독일, 프랑스, 이탈리아, 오스트리아로부터 오랜 기간 침입을 받아왔다. 동네북 신세였던 스위스는 16세기 초부터 전 국민이 힘을 합쳐 부단히 중립국을 추진해왔다. 그 결과 강대국 사이에 낀 스위스가 완충 역할을 함으로써 이 지역의 전쟁 위험을 낮추고 있다는 점이 인정되었고, 19세기 초 주변국들이 조약을 맺어 중립국임을 인정한 것이다. 이처럼 스위스는 중립국이 되기까지 무려 300년이 걸렸다. 이 점만 봐도 중립국이 되는 것이 얼마나 어려운 일인지 알 수 있다. 그런데 위 조건에서 보듯이 중립국이 된다는 것은 그 지역에서 가장 약한 나라라는 뜻이다. 그럼 과연 협정서 하나만으로 이 약소국의 안전이 보장될까? 역사를 보면 전혀 그렇지 않다.

2차대전 당시 이른바 '베네룩스 3국'이라 불리는 네덜란드, 벨기에, 룩셈부르크는 모두 중립국이었다. 영국, 프랑스, 독일 사이에 끼어 있는 이 나라들은 스위스 같은 완충지대 역할을 기대받으며 유럽 다수가 사인한 중립국이 되었다. 이 정도의 협정이면 평상시나 국지전 수준의 전쟁이라면 안전이 지켜졌을지도 모른다. 하지만 1, 2차대전과 같은 전쟁이 벌어지면 무슨 일이 벌어질지는 아무도 알 수 없다. 더구나 히틀러 같은, 그 누구도 제어할 수 없는 미치광이가 등장하면 말할 것도 없다. 실제로 히틀러는 협정서를 종잇장 취급하고 어린아이 손목 비틀듯 바로 베네룩스 3국을 점령해버렸다. 이런 뼈아픈 경험 때문에 이들 나라들은 더 이상 중립국을 추진하지 않고 있다.

전 유럽이 전쟁터가 되자 북유럽 4개국도 전쟁에 관여하지 않겠다며 급히 중립국을 선포했다. 모든 전쟁에서 영구적인 중립을 표방하는 스위스의 영세중립국永世中立國과 달리 이러한 일시적인 중립국이 존중받을 리가 없다. 더구나 베네룩스 3국과 달리 주변 강대국들의 승인을 받지도 않은 일방적인 중립 선언이라 그 결과는 뻔했다. 히틀러는 이 국가들을 가볍게 무시하고 손쉽게 점령해버렸다. 단, 히틀러에 적극 협력하며 전쟁에 필요한 물자인 철강과 구리를 몰래 지원했던 스웨덴만이 무사할 수 있었다.

그렇다면 스위스는 어떻게 살아남았던 걸까? 스위스의 악전고투를 보면 대규모 전쟁이 벌어졌을 때 실제로 중립국의 지위를 지키기 위해 협정서 말고 또 필요한 게 무엇인지 알 수 있다.

우선 물리력이다. 스위스는 중립국을 추구하면서도 꾸준히 군사력을 길러왔다. 2차대전이 터지자 스위스는 상비군과 예비군을 합해 43만 명의 병력으로 독일의 침공에 대비했다. 보통 침략의 시작은 '그 너머 나라를 치러가야 하니 길을 내달라'는 것이다. 일본이 그랬던 것처럼 말이다. 독일의 나치 역시 프랑스를 치거나 같은 추축국인 이탈리아를 연결하는 데 스위스의 길이 필요했다. 이 점을 간파한 스위스가 이를 역이용했다. 스위스는 산을 관통하는 터널과 계곡을 건너는 교각에 폭탄부터 설치했다. 그리고 독일이 한 발자국이라도 스위스 영토에 발을 들여놓으면 이 폭탄을 터뜨리는 것은 물론, 모든 병력이 요새화된 알프스 산속에서 게릴라전을 펼칠 것이라고 으름장을 놓았다.

이렇게 되자 히틀러의 참모들이 스위스 침략을 만류하고 나섰다. 예상되는 희생에 비해 얻을 게 적다는 것이다. 실제로 스위스가 터널과 다리를 파괴하면 게릴라들이 매복해 있을 알프스 고개를 대군이 넘는다는 것은 상당한 희생을 각오해야만 하는 일이었다.

반면 벨기에, 네덜란드, 룩셈부르크는 이 정도의 엄포를 놓을 군사력이 없었다. 산악이 아닌 평야라 침략도 쉬웠다. 북유럽 국가들도 별반 다를 것 없었다. 어쨌든 이는 스스로를 지킬 군사력이 없는 중립국은 실전에서는 아무 의미가 없다는 것을 말해준다.

하지만 이 정도로 충분할까? 사실 마음만 먹었다면 독일이 별다른 희생 없이 스위스를 삼킬 수도 있었을 것이다. 스위스는 산악국가라 많은 부분에서 자급자족이 안 되는 나라다. 특히 식량이나 석탄 같은 에너지는 원래부터 독일과 프랑스에 크게 의존하고 있었다. 만약 독일이 동맹인 이탈리아, 오스트리아, 비시 정권의 프랑스와 함께 포위만 하고 가만히 있어도 1년 이상 버티는 건 힘들었을 것이다. 하지만 독일은 그러지 않았다. 스위스를 그냥 놔두는 게 더 이득이라고 판단했다. 그건 바로 스위스 프랑 때문이다.

전쟁을 하려면 많은 물자가 필요하다. 특히 석유, 고무, 철강, 석탄 등은 전쟁의 필수품이다. 이를 전쟁과 동떨어진 제3국에서 모두 수입해와야 하는데 문제는 아무도 독일의 마르크를 받지 않으려 한다는 점이다. 패전국이 될 경우 그 돈은 휴지가 되기 때문이다. 그래서 독일은 유럽 점령지와 유대인에게서 빼앗은 금을 스위스에 팔고, 그 대신 받은 스위스 프랑으로 물건값을 지불했다. 만약 스위스가 없었다면 독일은 당장 전쟁 물자 조달에 큰 어려움을 겪었을 것이다. 스위스 역시 히틀러의 심기를 거스르지 않기 위해 어떤 일도 마다하지 않았다. 나중에 밝혀진 것이지만 스위스는 히틀러에게 대공포 등 각종 무기를 공급했고, 스위스 은행에 거금을 맡긴 유대인이 망명해오자 이들을 체포해 다시 독일로 넘겨주는 비정한 짓을 저지르기도 했다.

그런가 하면 스위스는 퇴각하기 위해 스위스 영토로 들어온 프랑스 부대를 억류하는가 하면 스위스 영공으로 들어온 영국과 미군기를 격추시키기도 했다. 격분한 연합군을 달래기 위해 때론 독일기도 격추시켰으니 스위스는 양측 사이에서 줄타기하느라 늘 살얼음판을 걸어야 했다.

스위스는 중립국의 모범사례로 불리는 나라다. 과정이야 어찌 됐든 스위스는 두 차례의 엄청난 전쟁 속에서 중립국을 지켜낸 유일무이한 성공사례다.

지금까지 이야기한 것처럼 중립국이 되는 것도, 중립국의 지위를 유지하는 것도 정말 어려운 일이다. 다시 정리하면, 중립국이 되기 위해서는 국민과 지도자 간에 일치된 의지가 있어야 하고, 주변국들을 포함한 다수국의 동의를 얻어야 하며, 스스로를 지킬 군사력도 있어야 하고, 이에 더해 주변국들에게 매력적인 이득도 있어야 한다. 이런 조건을 모두 동시에 충족시킬 수 있는 나라가 과연 몇이나 될까?

러시아와 중국 사이에 낀 몽골처럼 현재 자칭 중립국이라 부르는 나라는 여럿 있다. 하지만 국제적인 협정으로 중립국임을 인정받는 나라는 스위스를 포함해 6개국이다.

오스트리아는 2차대전 후 분할통치 국가들인 미국, 영국, 프랑스, 소련이 철수하는 과정에서 중립국이 되었지만 오랜 역사적 갈등으로 주변국의 감정이 좋지 않다.

바티칸의 협정대상국은 이탈리아뿐이지만 많은 나라가 암묵적으로 동의하는 중립국이다. 하지만 다른 종교를 믿는 국가들이 이를 인정할지는 알 수 없다.

태국, 프랑스, 베트남 등에 끊임없이 시달렸던 라오스는 1962년 14개국이 사인한 중립국이지만 공산화를 염려한 미국의 반대와 내분으로 사실상 중립국을 포기했다.

중앙아시아의 투르크메니스탄은 1991년 구소련에서 독립한 뒤 얼마 지나지 않아 유엔이 승인한 유일한 영세 중립국이 되었다.

중남미의 코스타리카는 특이하게도 평화를 위해 군대를 해산한 비무장 중립국이다.

이렇든 저렇든, 이 나라들이 정말 중립국으로서 안전을 보장받을 수 있는지 여부는 세계 대전과 같은 전쟁이 터지고 나서야 확인할 수 있을 것이다.

사실 우리나라도 중립국이 될 뻔했다. 1953년 휴전 협정 당시 미국의 아이젠하워 대통령과 닉슨 부통령, 덜레스 국무장관 등이 한반도의 중립화 방안을 만들어 유엔 총회의 승인을 얻으려 했다. 소련을 포함한 각국에 이 방안을 이미 회람시켰기 때문에 미합참과 이승만 정권의 반대가 아니었으면 성사되었을 수도 있었다. 그 후로도 미국의 정계와 학계에서는 꾸준히 4대 강국의 한반도 중립화 보장을 주장해왔다. 한반도가 해양 세력과 대륙 세력이 만나는 지점이고, 이들 사이에서 완충지대 역할을 충분히 해낼 수 있다는 것이다.

최근에는 국내의 일부 전문가들 사이에서 북한의 비핵화 문제를 해결하는 수단으로 한반도 중립화가 연구되고 있다. 중립국을 장기적인 목표로 하여 비핵화는 물론 군비축소에 먼저 나서자는 것이다. 북한의 김일성도 1987년 군비축소를 골자로 하는 한반도의 중립화 방안을 당시 레이건 미국 대통령에게 전한 바 있어 남북의 합의 가능성이 크다고 예측하는 것이다.

과연 한반도가 중립국이 될 수 있을지에 대해서는 회의적이긴 하지만 한반도의 영구 평화를 모색할 수 있는 길이라면 공론화를 마다할 이유는 없다. 집단 지성의 힘이 지금까지의 상식을 완전히 뒤집는, 그 어떤 신박한 아이디어를 도출해낼지는 알 수 없으니 말이다.

갠지스강은
어떻게
'신의 강'이 되었을까?

인류의 초기 문명은 대부분 강을 끼고 발전했다. 메소포
타미아, 인더스, 이집트, 황하 문명 등이 모두 그랬다. 이
는 강이 범람을 통해 비옥한 토지를 만들어내고, 도로가
없던 시절 사람과 물자의 왕래를 가능하게 하는 유일한
교통수단이었기 때문이다. 그렇다고 이 강들이 신성시되
지는 않았다. 그런데 신성을 넘어 그 자체를 아예 신으로
모시는 유일한 강이 있다. 10억 명이 넘는 힌두인들이 숭
배해 마지않는 인도의 갠지스강이다. 도대체 갠지스에 어
떤 특별함이 있길래 이렇게 신격화될 수 있었던 걸까?

이 대목에서 먼저 생각해봐야 할 게 왜 '인더스강'이 아
니라 '갠지스강'이냐는 것이다. 인더스강은 모헨조다로
Mohenjo-Daro와 하라파Harappa로 대표되는 세계 4대 문명
이자, 인도 최초의 문명을 만들어낸 곳이다. 한때 나일강

이나 유프라테스강, 티그리스강, 황하강처럼 풍부한 수량으로 비옥한 농지와 운송에 편리한 뱃길을 보장해주던 곳이었다.

하지만 지구 환경 변화가 이 모든 것을 바꾸어 놓았다. 처음엔 인더스강의 물줄기가 바뀌더니 점차 물까지 말라버린 것이다. 그래서 기원전 15세기 이 지역을 차지했던 아리아인들은 인더스강을 버리고 갠지스강이 있는 동쪽으로 이동했다. 인도와 인더스강의 인연이 사실상 여기서 끝난 것이다.

아리아인의 이동은 결과적으로 아주 현명한 선택이었다. 갠지스는 인도 북부에서는 매우 드물게도 1년 내내 물이 거의 일정하게 흘렀다. 건기와 우기에 따라 수량이 현격하게 달라지는 다른 강과는 차원이 달랐다.

갠지스는 인도 최북단의 히말라야 4,000미터 고지대인 강고트리Gangotri의 빙하가 녹으면서 시작된다. 그리고 약 2,500킬로미터를 굽이쳐 흐르다가 방글라데시를 거쳐 벵골만으로 빠져나간다. 그런데 강고트리에서 벵골만까지는 어마어마하게 드넓은 힌두스탄 대평원이다. 갠지스강이 만들어준 수백 미터 두께의 충적토 덕에 따로 비료를 줄 필요도 없는, 정말 비옥한 토지인 것이다. 게다가 개간하는 데 노동력을 낭비할 필요가 없는 평지라 힌두스탄 대평원의 70퍼센트가 농사를 지을 수 있고 이모작도 할 수 있다.

이 인도 북부 최대의 곡창지대를 가진 덕에 아리아인들은 기원전 8~7세기에 갠지스 문명을 만들어내고, 인도 전역을 차지하는 발판을 마련할 수 있었던 것이다. 그러니 갠지스강은 태곳적부터 그 무엇과도 비교할 수 없는 고마운 존재였다. 지금도 갠지스강은 인도의 총 수자원 중 25퍼센트 이상을 차지하고 있고, 물 생산량만 따진다면 세계에서 세 번째로 큰 강이다. 이 유역에만 인도 인구의 30퍼센트에 해당하는 4억 명 이상이 살고 있다. 카나우지, 칸푸르, 알라하바드, 바라나시, 파트나 등 인도의 중요한 대도시들도 연중 수량이 풍부한 갠지스강가에 자리하고 있다. 하지만 강이 신의 위치까지 오르려면 물질적 풍요만으로는 부족하다. 여기엔 반드시 종교가 결부되어야 하고, 그 전에 신화라는 밑 작업이 있어야 한다.

당시 인도의 아리아인들은 힌두교의 원조라 할 수 있는 브라만교를 믿고 있었다. 단순하게 말하면 자연숭배였다. 농경사회에서도 마찬가지이지만, 특히 아리아인들을 포함한 유목민들에게 흔히 나타나는 특성이다. 자신들의 삶을 절대적으로 지배하는 게 자연환경이기 때문이다.

어쨌든 자신들을 풍족하게 먹여 살린다고 하여 갠지스강은 점차 '어머니의 강'으로 숭배받게 되었다. 갠지스가 어머니의 젖줄인 것이다. 지금도 인도에서는 갠지스를 '강江의 여신'을 뜻하는 '강가Gang-ga'를 붙여 '어머니 강가'라고 부른다. 이렇게 갠지스가 숭배 대상이 되면서 점차 강에 대한 신화도 생겨났다.

힌두교에는 가장 중요한 3명의 신이 있다. 창조의 신인 브라흐마, 유지의 신인 비슈누, 파괴의 신인 시바이다. 이 중 브라흐마는 가장 높은 신이지만 어떤 계층에도 인기가 없다. 이미 창조가 끝난 마당이니 자신에게 미치는 영향이 없다고 생각하기 때문이다. 반면 비슈누는 지배계층이 주로 모셨다. 지배의 세계가 앞으로도 쭉 유지되길 바라서다. 그럼 시바신은 누가 주로 모실까? 당연히 일반 서민이다. 삶의 질곡을 파괴해주길 희망해서다.

갠지스강은 어머니가 되었고, 이어 강가라는 여신이 되었다가 곧 인도인들의 절대다수가 모시는 신인 시바의 상징이 되었다. 그에 얽힌 신화는 힌두교답게 여러 버전이 있지만, 이를 단순하게 요약하면 다음과 같다.

갠지스는 원래 하늘나라에서 흐르던 은하수였다. 그리고 한 브라만이 히말라야의 힌두신들에게 너무 가물어 살 수 없게 된 땅에 강을 내려달라고 정성스럽게 빌었다. 이에 감읍한 신들이 강가에게 땅으로 내려가 강이 되라고 명령했다. 하지만 이에 불만을 품은 강가가 심술을 부려 엄청난 대홍수가 나고, 이를 보다 못한 시바가 하늘의 물을 자신의 긴 머리카락을 통해 부드럽게 흘러내리게 했다. 이렇게 만들어진 강이 바로 갠지스강이다.

북에서 남동쪽으로 흐르던 갠지스강은 바라나시에서 급격히 방향을 틀어 한참 동안 다시 북쪽으로 향한다. 이

머리에 반달 모양의 상징을 한 시바의 모습.

렇게 북으로 흐르는 강은 갠지스뿐이다. 그런데 시바가 사는 수미산도 마침 북쪽이다. 그래서 힌두교도들은 시바의 머리에 있는 반달이 이 신기한 지형을 의미하는 것이라고 여겼다. 나아가 세상의 모든 강 중에서 오직 갠지스만이 시바가 사는 천국으로 흘러간다고 굳게 믿게 되었다.

갠지스 강가에서 수많은 화장이 이루어지는 이유도 바로 여기에서 비롯된 것이다. 이곳에서 화장한 뒤 남은 재를 갠지스에 뿌리면 이 강물이 신들이 사는 천상계로 죽은 이의 영혼을 데려다주고, 그렇게 되면 고뇌의 원천인 윤회를 완전히 끊게 되거나, 적어도 다음 생엔 더 좋은 신분으로 환생할 수 있다고 믿는 것이다. 그러니 신계의 관문 역할을 하는 바라나시는 인도에서 가장 성스러운 도시이고, 천국으로 인도하는 갠지스는 말할 것도 없이 가장 신성하고 거룩한 강이 된 것이다.

이 때문에 힌두교를 믿는 대다수 인도인은 어디에서 태어나든 바라나시에서 생을 마감하고 싶어 한다. 최소한 화장 후 재만이라도 이곳에 뿌리고 싶어 한다. 마하트마 간디 역시 갠지스 강가에 뿌려졌다. 바라나시에서 연간 화장하는 시신이 몇 구인지와 같은 통계는 인도에 없다. 다만 갠지스 전체를 통틀어 매년 수십만 구에 이를 것이란 건 분명하다. 매일 1만 구가 던져지거나 재로 뿌려진다는 추정도 있다. 그래서 바라나시의 화장터 주위는 죽음을 기다리는 사람들이 묵는 숙소로 가득하다. 이들의 주머니에는 자신의 몸을 태울 장작 값이 들어 있다. 만약 장작이 부족하면 타다 만 시신은 그대로 갠지스강에 버려진다.

오래전 바라나시를 여행할 때 꽤 충격적인 장면을 본적이 있다. 화장터 건너편의 모래톱에 갔더니 늑대만큼이나 큰 개 두 마리가 강가를 응시하고 있었다. 그러다가 쏜살같이 강으로 뛰어들어 뭔가를 낚아챘다. 타다 만 사람 팔뚝이었다. 일본 작가 후지와라 신야는 "무릇 갠지스에는 이 세상에 존재하는 것이라면 무엇이든, 제아무리 대단하고, 제아무리 하찮은 것이라도 모두 흘러간다"라고 했다. 그 말 그대로였다.

하지만 이 신성한 갠지스강은 지금 명백하게 죽어가고 있다. 인도 인구 중 절반은 화장실이 없는 곳에서 생활하기에 그들의 오물도, 공장에서 내뿜는 중금속을 품은 폐수도 별다른 정화 장치 없이 강으로 흘러든다. 여기에 숫자를 가늠하기 힘든 시신들이 던져지고, 종교의식에 사용된 800만 톤의 꽃도 갠지스강에 매년 버려진다. 최근에는 코로나19로 숨진 시신들의 무단 투기도 더해졌다.

바라나시의 화장터 옆으론 지금도 수많은 사람이 감격에 겨워 강물에 몸을 담그고, 그 물을 마신다. 이것만으로도 죄를 정화하고, 윤회를 끊을 수 있다고 믿기 때문이다. 하지만 바라나시를 흐르는 갠지스 강물의 대장균은 세계보건기구WHO의 기준치보다 최소 3,000배 이상 높다. 갠지스강 유역에 사는 사람들의 암 발병률 또한 비정상적으로 높다는 연구 결과도 있다.

환경 운동가들이 갠지스강에서 목욕하거나 물을 마시는 행위를 하지 말라고 권고하지만 아무 소용이 없다. "신성한 강가신과 시바신이 오염되었다는 것은 있을 수 없는 일이다"라며 오히려 화를 내곤 한다. 이게 갠지스강의 오염을 악화시키는 주요 원인 중 하나다.

그간 신이 인간을 구원해왔지만, 최소한 갠지스강에서만큼은 이제 인간이 신을 구원할 차례임은 분명하다.

달러는
어떻게
기축통화가 되었을까?

이게 뭘까? "달러"라고 답했다면 50점짜리다. 100점짜리
정답은 "종이 쪼가리"다. 미국에서 이걸 돈이라고 정했으
니 돈으로 쓰고 있을 뿐이다. 하지만 이 돈의 가치를 보장
해주는 건 아무것도 없다. 미국이 갑자기 없어진다거나
초인플레이션이 일어난다거나 갑자기 화폐개혁이 된다
고 상상해보자. 그럼 이 돈은 정말 휴지 조각에 불과하다.
그럼에도 달러는 전 세계 어디에서나 쓸 수 있다. 달러가
기축통화이기 때문이다. 미국이란 나라가 없어지지도, 인

플레이션이 일어나지도, 화폐개혁도 하지 않을 것이란 믿음이 있기 때문이다.

200년 전만 해도 국가 간 거래에는 금화를 써야 했다. 믿을 게 금뿐이었기 때문이다. 그런데 금화는 너무 무거웠다. 많이 갖고 다닐 수 없으니 교역도 제한적일 수밖에 없었다. 게다가 풍랑을 만나 배가 뒤집어지기라도 하면 금화도 함께 가라앉았다. 그럼 상인들은 완전 파산이었다.

그래서 고안해낸 게 '금 보관증'이다. 은행은 금을 맡긴 만큼 보관증을 써주었다. 어느 누구라도 이 보관증을 가져오면 금을 내주었다. 이 방법이 점차 신뢰가 쌓이자 사람들은 금 대신 보관증으로 물건을 거래하기 시작했다. 이것이 바로 지폐의 시작이다. 그리고 금의 양만큼만 보관증을 발행한다는 점에서 금본위제의 시작이기도 하다.

이 방식을 맨 처음 채택해 전 세계의 기축통화가 된 것은 영국의 파운드화다. 때마침 영국은 '해가 지지 않는 나라'라는 소리를 들을 만큼 세계 유일의 초강대국이었다. 하지만 영원할 것 같던 영국의 파운드화는 1, 2차대전을 거치면서 막을 내리게 되었다. 전쟁에 금을 너무 허비해 파운드화를 충분히 찍어낼 수 없었기 때문이다. 더구나 세계대공황으로 경제가 위축될 대로 위축돼 영국의 파운드는 더 이상 기축통화 역할을 할 수 없게 되었다.

그 자리를 대신 차지한 게 미국의 달러다. 미국은 1, 2차대전이 터질 때마다 군수물자를 팔아 엄청난 돈을 벌었다. 거기에 서부에서 발견된 금광이 대박을 터뜨리면서 전 세계 금의 70퍼센트 이상을 갖게 되었다. 군사력으로 보나 경제력으로 보나 미국이 세계 최강의 나라가 된 것이다.

2차대전으로 유럽의 경제는 승전국, 패전국 가릴 것 없이 모두 파산 직전이었다. 경제를 다시 살리려면 원활한 교역이 필수였다. 그러려면 물건을 사고팔 때 주고받을 믿을 만한 돈이 반드시 있어야 했다. 그래서 1944년 7월, 44개국 대표가 미국 뉴햄프셔주의 브레튼우즈에 모였다. 이 회의에서 달러를 새로운 기축통화로 쓰기로 결정했다. 단, 금 보유량만큼만 달러를 찍어내야 한다는 강력한 조건이 붙었다. 그렇지 않으면 달러가 언제든지 휴지 조각이 될 수 있으니 이를 사전에 방지하려는 것이었다.

미국도 '금 1온스=35달러'라는, 현대경제사에서 가장 중요한 등식에 동의하면서 브레튼우즈 체제가 시작되었다. 우리 식으로 하면 금 한 돈에 4.6달러(약 5,600원)로 계산한다는 것이다. 반대로 누군가 4.6달러를 가져오면 반드시 한 돈의 금으로 바꿔줘야 한다는 뜻이다.

사족이지만 지금 금 한 돈짜리 돌반지가 대략 180달러(약 19만 원) 정도이니 그동안의 인플레이션이 어느 정도였는지도 짐작할 수 있다. 어쨌든 달러가 금 보관증 역할을 하는 것이니 달러가 곧 금이 된 셈이다.

어느 한 통화가 세계의 기축통화가 되려면 모든 나라에서 그 돈을 쉽게 쓸 수 있을 만큼 통화량이 많아야 한다.

그래서 미국은 유럽 재건 프로그램인 '마셜 플랜'을 세워 엄청나게 많은 달러를 유럽에 공급했다. 그 덕에 유럽은 경제를 되살릴 수 있었고, 달러의 기축통화 지위는 한껏 굳건해졌다.

하지만 순조롭던 달러의 기축통화 지위에 심각한 위기가 찾아왔다. 베트남 전쟁이 미국 경제의 발목을 잡은 것이다. 1955년 시작된 베트남 전쟁은 무려 20년간이나 계속되었다. 금방 끝낼 것이라 장담하던 미국은 밑 빠진 독에 물 붓듯 전쟁 비용을 베트남에 쏟아부어야 했다. 미국은 기축통화의 이점을 살려 마구잡이로 달러를 찍어냈다. 누가 봐도 미국이 가진 금 보유량을 넘어서는 것이었다. 이에 유럽에서 실제로 달러를 금으로 바꿔 달라고 요구해 왔다. 물론 여기에는 미국의 독주를 막고 싶었던 유럽 각국의 정치적인 계산도 있었다.

하지만 미국은 너무나 당당했다. 1971년 리처드 닉슨 대통령이 '금태환 중단'을 일방적으로 선언해버렸다. '태환'은 바꾼다는 뜻이다. 즉, 금태환 중단은 4.6달러를 가져와도 금 한 돈을 주지 않겠다는 것이다. 철석같던 약속이 헌신짝처럼 버려졌지만, 미국은 단 한마디의 사과도 없었다.

이렇게 브레튼우즈 체제도, 금본위 제도도 완전히 끝장났다. 이제 달러가 금으로 보장되지 않으니 지폐는 경우에 따라서는 종이 쪼가리가 될 수도 있게 된 것이다. 전 세계 경제가 아수라장이 됐지만 이미 초강대국이 된 미국을 함부로 응징할 수도 없었다. 달러 외엔 다른 대안도 없었다. 어쩔 수 없이 각국은 미국 워싱턴의 스미소니언 박물관에서 회의를 열고 금이 없어도 달러를 계속 기축통화로 인정하기로 했다. 그리고 달러에 고정한 자국의 환율을 경제 상황에 따라 변동하기로 했다. 이 바람에 미국을 제외하고 세계 각국이 극심한 환율 변동과 외환위기를 반복적으로 겪게 된 것이다.

이렇게 큰 고비를 넘겼지만, 달러의 위기는 계속되었다. 엎친 데 덮친 격으로 1973년 오일쇼크가 일어났다. 중동전쟁에서 서방이 이스라엘을 지원하자 아랍 산유국들이 이에 대한 보복에 나섰다. 단기간에 석유 가격을 무려 네 배나 올린 것이다. 석유 가격이 오르자 모든 물가가 미친 듯이 올랐다. 세계는 2차대전 후 최악의 불황에 빠져들었다. 미국을 포함해 각국이 초인플레이션을 겪으며 달러 가치는 곤두박질쳤다.

기축통화의 생명인 안정성이 흔들리자 미국은 타개책을 모색했고, 외교 천재인 헨리 키신저가 묘안을 내놓았다. 그 묘안은 아랍의 맹주인 사우디아라비아를 설득해 모든 석유 대금 결제를 달러로만 하기로 한 것이다. 대신 석유수출국기구OPEC에 석유 가격 결정권을 주고, 사우디 왕가의 안전을 미국이 보장하기로 했다.

세계는 이미 석유 없이는 아무것도 할 수 없는 시대였기에 이 결정으로 달러의 가치는 급상승했다. 단 한 방울의 석유를 사려 해도 달러가 필요했기 때문에 세계는 달러 확보에 매달려야 했고, 그만큼 달러는 다시 귀하신 몸이 된 것이다. 그래서 지금의 달러를 '페트로 달러Petro dollar'라고 한다. 달러는 이제 금 보관증이 아니라 석유 보관증 역할을 하게 된 것이다.

이 바람에 수많은 나라의 경제가 폭망했다. 하지만 미국은 이 묘수 덕에 달러의 기축통화 지위를 지킬 수 있게 되었다.

일본에서
자민당이
압도적 지지를 받는 이유

일본 정치에는 "못 살겠다. 갈아엎어 보자" 같은 게 없다. 미우나 고우나, 오직 자민당만을 지지할 뿐이다. 일본의 자민당은 1955년 창당된 이후 올해까지 약 4년을 제외하고, 61년간을 집권해왔다. 일본의 이런 정치 상황을 볼 때마다 '과연 민주주의가 맞나?' 하는 의심도 든다. 실제로 수십 년간 일당이 지배하는 국가는 중국과 북한 공산당을 제외하곤 세계적으로 일본밖에 없다. 우리만 일본의 민주주의를 의심하는 게 아니다. 미국의 비교정치학자인 펨펠T. J. Pempel은《현대 일본의 체제 이행》이라는 저서에서 일본의 일당 지배를 '희한한uncommon 민주주의'라고 표현했다.

그렇다고 일본에서 부정투표 논란이 있었던 적은 없다. 국민의 자발적인 선택일 뿐이다. 그래서 일본 자민당은 장기 집권을 꿈꾸는 각 나라 정당들의 롤모델이다. 그 덕에 일본인들이 왜 줄기차게 자민당만을 지지하는지에 관한 많은 연구 결과가 있다. 다만 복잡할 뿐이다. 그래서 이해하기 쉽게 최대한 단순하게 정리해보고자 한다.

가장 폭넓게 받아들여지는 이유인 일본의 파벌 정치부터 살펴보자. 선뜻 이해하기 어렵지만 파벌 정치는 자민당의 장기 집권을 가능하게 하는 가장 중요한 이유 중 하나다. 자민당은 자유당과 민주당이라는 보수적인 두 파벌이 합쳐져서 만들어졌다. 1994년 〈뉴욕타임스〉 보도에 따르면 사회주의 정당의 득세를 걱정한 미국 CIA가 압력을 행사하고, 정치 자금도 댔다고 한다. 어쨌든 태생부터가 철학이나 이념이 아닌 파벌의 결합이다. 이후 자민당 안에는 수많은 파벌이 흥망성쇠를 거치면서 그 보스들의 합의로 총리를 만들어왔다.

보통 정치에서 파벌이라면 당이 갈라질 정도의 갈등을 연상하기 쉽지만, 일본의 파벌 정치는 매우 교묘하게 작동된다. 1972년 중국과의 수교 과정을 보면 그 작동방식을 이해할 수 있다.

당시 일본의 분위기는 온통 반중이었다. 그런데 갑자기 미국의 닉슨 대통령이 핑퐁외교를 펼치다 미중 수교를 맺었다. 일본도 태세 전환이 필요했다. 그래서 보스들의 합의로 한 파벌이 친중을 내세웠고, 그 파벌의 보스가 새 총리를 맡게 되었다. 우리가 봤을 때는 정당 내의 권력 교체에 불과하지만 일본인들은 이것을 정권 교체라고 생각한다.

이런 식으로 자민당은 국민건강보험, 국민연금, 최저임금, 환경 규제 등을 일본에 도입했다. 심지어 우리가 극우 정치인으로 꼽는 아베조차 기업을 압박해 임금을 인상하도록 하는 친노동 정책을 펼쳤다. 정권 유지에 필요하다면 좌파 정권이나 할 법한 진보 정책을 추진하는 데 조금도 주저하지 않았다. 물론 이럴 때마다 당의 얼굴인 총리는 계속 바뀌었다. 일본 스타일의 정권 교체를 한 것이다. 일본에 1년도 안 되는 단명 총리가 유독 많은 이유가 이것이다. 일부에서는 이를 '창조적인 보수주의'라고 평가하기도 한다. 그러면서 일본의 자민당은 '온라인 쇼핑몰인 아마존과 같은 존재'라고 분석한다. 원하는 모든 걸 살 수 있으니 굳이 다른 야당을 기웃거릴 필요가 없다는 것이다.

파벌의 수장은 겨울엔 떡값モチ代, 여름엔 얼음값氷代을 돌리며 소속 의원들을 관리하느라 여기서 정경유착에 따른 부패가 발생하곤 한다. 그럼에도 여전히 파벌 간의 견제와 균형, 분배가 자민당에서는 잘 작동하고 있다.

일본만의 독특한 사고방식과 문화도 자민당의 독식에 굉장히 유리한 환경이다. 그중 하나가 세습 정치다. 우리와 달리 일본인들은 세습 정치에 대한 거부감이 거의 없다. 자민당 의원의 40퍼센트 정도가 세습이다. 전 총리인 아베 신조만 해도 삼대에 걸친 정치 가문 출신이다.

오랫동안 일본인들은 '각자에게 정해진 일을 하는 것이 세상의 질서'라는 와 사상에 길들여진 삶을 살아왔다. 때문에 일본인들은 변화보다는 현상을 유지하는 것에 본능적인 안도감을 느낀다. 이들에게 익숙한 정치 질서는 자민당의 집권이다. 이런 현상은 보수 성향이 강한 시골로 갈수록 더 심하다. 이들에 의해 정치 가문이 내세우는 세습 의원들의 당선율은 무려 80퍼센트에 이르고 있다.

그 밖에도 소선거구제라는 투표제도도 자민당에 절대 유리한 제도다. 야권은 사분오열되었기 때문에 한 명만 당선되는 소선거구제에서는 자민당 공천자가 당선될 확률이 높을 수밖에 없다. 상대적으로 높은 일본의 자영업 비중도 자민당에 유리하다. 자그마한 경제 환경 변화에도 자영업자들은 도산할 수 있기 때문에 어느 나라건 자영업자들은 대개 변화보다는 안정을 선호하는 성향이 있다. 일본의 자영업 비중은 16퍼센트 정도고, 우리나라는 30퍼센트가 넘는다.

하지만 지금까지의 이 모든 이유는 부차적인 것들이다. 가장 중요한 이유는 따로 있다. 바로 경제다. 이건 따로 설명할 필요가 없는 간단한 문제다. 경제가 좋으면 정권이 유지되고, 경제가 나빠지면 정권이 교체되는 것이다. 미국에서도 오랜 역사를 통틀어 경제가 좋을 때는 대통령이 연임되고, 나쁠 때는 연임에 실패했다.

일본은 2차대전 패전국임에도 불구하고 미국과 소련이

양분하는 냉전시대 덕에 급속한 경제 발전을 이루어왔다. 미국 덕에 안보 비용을 경제 개발에 사용할 수 있었고, 한국전쟁과 베트남 전쟁으로 전쟁 특수를 누리면서 10퍼센트 대의 초고속 성장이 가능했다. 그리고 1980년대 거품 경제를 타고 세계 2위라는 경제 대국이 되었다. 그러니 정권이 바뀔 이유가 없었던 것이다. 하지만 1990년대부터 일본의 경제 거품은 꺼졌다. 여전히 세계적인 경제 대국이지만 모든 지표가 일본의 경제 수축을 보여주고 있다. 이러한 경제 수축에도 불구하고 2000년대에도 여전히 자민당이 지지받는 이유를 알아보는 게 일본의 정치를 이해하는 핵심 포인트다.

1990년부터 시작된 소위 '잃어버린 20년'의 장기 불황, 즉 일본의 경제가 나빠지자 일본 국민들 역시 야당인 민주당으로 2009년에 정권을 교체했다. 하지만 모든 것이 엉망이었다. 사실 민주당은 거의 모든 주요 공약을 지키지 못했다. 오키나와 미군기지 이전을 약속했다가 보수 언론에게 '반미'라고 융단 폭격을 당했고, 관료 정치를 개혁하려다 공무원들의 태업을 겪었다. 게다가 기득권의 압력을 이기지 못하고 소득세 대신, 국민 모두가 부담해야 하는 소비세를 인상하려다 지지층까지 모두 돌아서고 말았다. 토목 건설도, 신자유주의 경제 정책도 제대로 끊어내지 못했으니 민주당은 자민당과 다를 바 없었다.

그러다가 결정적으로 2011년 쓰나미와 지진, 후쿠시마원전 사고를 한꺼번에 겪으며 우왕좌왕하는 바람에 신임을 잃고 말았다. 게다가 겨우 3년여 만에 자민당의 아베에게 정권을 빼앗긴 후 분열을 거듭하다 이제 일본인들에게 야당은 투명 인간이나 다름없다.

또 하나 주목해야 할 게 '이익유도 정치'라고 불리는 일본 특유의 정치 구조다. 자민당은 오랜 세월 국가의 재원을 농민과 자영업자 그리고 특정 지역에 집중 투입해 정치적 지지를 이끌어내는 정치적 유착 관계를 만들어왔다. 이는 대개 지지를 약속받고, 도로 교량 공장 건설로 일자리나 사회 인프라를 제공해 표와 맞바꾼다는 의미로 이익유도 정치라고 한다.

2012년 총리에 오른 아베가 경제를 살린다며 재정적자를 무릅쓰고 전국 곳곳에서 벌인 토목 공사 역시 이익유도 정치의 일환이다. 이 때문에 일본의 정치학자들은 "큰 정치가 사라지고, 이익을 둘러싼 작은 정치만이 남았다"고 개탄하지만 이익을 매개로 한 탄탄한 지지층 관리는 자민당이 늘 집권 여당이 되는 데 결정적인 역할을 하고 있다.

그렇다면 일본인들의 자민당 지지는 앞으로도 계속될까? 그건 두고봐야 알겠지만, 일본인들의 자민당 지지율이 계속해서 떨어지고 있는 건 분명하다. 그보다 더 심각한 건 일본인들의 정치에 대한 관심이 바닥을 모르고 추락하고 있다는 것이다.

최근 일본인들의 투표율은 50퍼센트에도 미치지 못하고 있다. 세계 주요국 중에서 가장 낮은 수치다. 유권자 전체 대비 자민당 지지 비율은 25퍼센트에 불과하다. 자민당 외에 대안이 없는 일본 국민이 투표로 개혁하는 대신 정치에 아예 눈을 감는 쪽을 선택하고 있는 셈이다.

일본 국민이 다른 길을 선택하려면 두 가지 조건을 동시에 충족해야 한다. 야당이 다시 통합하고, 경제가 더 폭망하는 것이다. 하지만 그때는 이미 돌이키기에는 모든 것이 너무 늦을 것이다.

지구에
없어서는 안 될
생물 5가지는 무엇일까?

지구에는 당연히 인간만 살고 있지 않다. 인간은 지구를 함께 쓰는 1,500만 종 이상의 생물 중 하나일 뿐이다. 따지고 보면 이 모든 생명체는 서로 긴밀하게 연결되어 있다. 한 종의 생존은 다른 종의 생존과 직결된다. 이게 생태계다. 그러니 지구 생태계를 위해 각자 맡은 역할을 수행 중인 모든 종과 모든 생명체는 소중하다. 하지만 그중에서도 더 중요한 역할을 맡고 있는 녀석들이 존재하기 마련이다.

2008년 영국 런던의 왕립지리학회에서 이 분야의 권위자들이 모여 누가 가장 중요한 종인가를 토론했다. 하나라도 없으면 인류가 위태로워지는 대체 불가능한 생물 5가지는 바로 영장류, 균류, 박쥐, 플랑크톤, 꿀벌이다.

우선 지구 생태계를 위해 영장류가 맡고 있는 역할부

터 알아보자. 영장류는 원숭이를 비롯해, 침팬지, 고릴라, 오랑우탄, 긴팔원숭이 등 고도로 진화된 지능적인 유인원을 말한다. 이들은 주로 열대와 아열대숲에서 산다. 이곳에서 과일 등을 따 먹고 배설을 통해 씨를 퍼뜨림으로써 울창한 산림을 유지시켜 준다. 그리고 나뭇가지를 부러뜨려 빽빽한 밀림 안으로 햇볕이 들어오게도 한다. 한마디로 영장류는 '열대 숲의 정원사'다. 이들이 없다면 열대 숲도 없다. 그렇게 되면 산소도, 깨끗한 물도, 지구의 기후 조절 기능도 잃게 되니 지구의 모든 생명체는 즉각 생명의 위협을 받게 될 것이다.

그다음 중요 생물은 인간이 별로 좋아하지 않는 균류, 즉 곰팡이다. 이 보잘것없어 보이는 균류는 요즘 식물, 동물과 함께 '균물'이라고 불리며 3대 고등생물로 대접받고 있다. 곰팡이는 한마디로 '자연의 청소부'다. 웬만한 가로수 한 그루가 만들어내는 낙엽은 연간 100킬로그램 정도 된다고 한다. 만약 이 균류가 낙엽을 분해하지 않아 그대로 쌓이기만 한다면 순식간에 사람도 자동차도 다니기가 무척 불편할 것이다. 게다가 새똥이나 동물똥이 그대로 쌓이기만 한다면 어떻게 될까? 또 수백만 년간 동물과 인간의 사체가 썩지 않고 그대로 있다면 상상도 하기 싫을 정도로 끔찍할 것이다. 지구가 쓰레기장이 안 된 건 순전히 균류, 즉 곰팡이 덕이다. 곰팡이가 이들을 분해해 빈 공간을 만들어준 덕에 새로운 생명체가 그 자릴 대신하게 되는 것이다. 게다가 수많은 식품을 발효시키기까지 하니 곰팡이가 없다면 우린 된장이나 치즈, 초콜릿, 포도주, 커피도 즐길 수 없게 될 것이다.

그다음 박쥐는 그 생김새나 음습한 동굴에서 산다는 점때문에 원래부터 혐오스러운 존재로 취급받아왔다. 더욱이 최근에는 코로나19 바이러스를 퍼뜨려 완전 밉상으로 낙인찍혔다. 하지만 그렇다고 해서 박쥐를 없애 버리면 진짜 큰일이 난다. 특히 벌레나 곤충을 싫어하는 사람이라면 더욱이 박쥐에게 감사해야 한다. 박쥐가 바로 '천연 살충제'이기 때문이다. 박쥐는 하루에 약 3,000마리 정도의 벌레를 잡아먹으며 곤충의 개체수를 조절한다. 박쥐가 없다면 우리가 사는 도시는 모기떼와 나방떼로 뒤덮이는 끔찍한 광경을 맞게 될 것이다. 게다가 박쥐가 잡아먹는 곤충은 대부분 농작물에 피해를 주는 해충들이다. 그렇지 않아도 농작물의 20퍼센트가 매년 해충으로 사라지는데 박쥐까지 없다면 당장 식량 부족 사태가 벌어질 것이다.

또 박쥐가 일하지 않으면 우리는 망고나 코코넛, 바나나 같은 열대과일도 먹을 수 없다. 열대과일은 대부분 밤에 꽃이 핀다. 밤에 쉬는 벌을 대신해서 화분 매개체 역할을 하는 건 야행성 동물인 박쥐밖에 없다. 우리가 먹는 열대과일 또한 전적으로 박쥐 덕이다.

바이러스 때문에라도 박쥐는 이 지구상에 꼭 있어야 한다. 박쥐는 바이러스의 저수지다. 코로나19를 포함해 박쥐는 무려 130종이 넘는 바이러스를 갖고 있다. 그럼에도 바이러스에 아무 문제가 없도록 진화되어 왔다. 그럼 박쥐가 멸종되면 이 바이러스는 어떻게 될까? 다른 숙주를 찾아 나서게 될 것이다. 그리고 그게 인간일 가능성이 크다. 즉, 박쥐가 없어지면 인간은 더 많은 바이러스에 직면해야 하니 인간에게 훨씬 더 치명적이다.

지구에서 대체 불가능한 네 번째 생물은 플랑크톤이다. 바다를 떠다니는 부유생물로 '떠살이 생물'이라고도 한다. 누구나 다 아는 것처럼 플랑크톤은 수많은 바다 생명체의 기초적인 먹이다. 작은 새우에서부터 거대한 흰긴수염고래까지, 바다의 먹이 피라미드에서 그 하부를 든든히 받쳐주는 게 바로 플랑크톤이다. 만약 플랑크톤이 소멸한다면 바다 생태계는 바로 파괴될 것이고, 우리 식탁에 생선이 오르는 일은 없을 것이다.

이것 말고도 플랑크톤이 지구 생태계에 절대적으로 중요한 역할을 하는 게 하나 더 있다. 바로 지구상의 모든 생명체에 필요한 산소다. 대부분 산소는 나무가 만든다고 생각하지만 그렇지 않다. 우리가 쓰는 산소의 절반은 식물성 플랑크톤이 만든다. 바다 표면에 살면서 광합성 작용으로 막대한 산소를 뿜어내고, 이산화탄소의 절반을 없애준다. 나무 못지않게 식물성 플랑크톤은 지구의 허파 노릇을 톡톡히 하는 것이다. 굳이 한 가지 흠을 잡자면 오래전 해저에 가라앉아 축적된 어마어마한 양의 플랑크톤이다. 이들은 지금 석유가 되었다. 우리의 산업을 움직이고 있으니 인간에겐 고마운 일이지만 지구 생태계에는 본의 아닌 해를 끼치고 있는 셈이다.

마지막 남은 건 세계 최고의 꽃가루 매개자인 꿀벌이다. 참석자들의 투표를 통해 플랑크톤을 제치고 지구를 지키는 중요 생물 1위에 올랐다. 그만큼 꿀벌이 생태계에 끼치는 영향은 지대하다. 꿀벌의 중요성은 "벌이 사라지면 4년 안에 인간도 사라진다"라는 아인슈타인의 이 한마디에 모두 담겨 있다.

BBC의 한 보도에 따르면 "꿀벌이 없으면 마트의 식재료 절반이 사라질 것"이라고 한다. 또 유엔식량농업기구 FAO에서도 인간이 먹는 100대 농작물 중 70퍼센트가 꿀벌의 수분으로 생산되고 있다고 보고한 바 있다. 당근, 양파, 아몬드, 복숭아, 아보카도, 살구 등은 100퍼센트 꿀벌의 수분에 의존하니 이것부터 제일 먼저 없어질 것이다. 카놀라, 코코넛, 아몬드, 참깨에서 나오는 고소한 식용유와도 작별해야 한다. 식물이 주성분인 수많은 의약품 또한 마찬가지다. 이렇듯 꿀벌이 없으면 대다수의 식물이 열매를 맺지 못해 사라지게 될 것이고, 이는 초식동물의 대규모 멸종을 가져와 세계적인 기아 사태를 불러올 것이다. 이에 더해 지구 전역의 사막화 같은 생태계 붕괴를 가져와 결국에는 인간의 생존 자체를 장담할 수 없는, 어마어마한 재앙으로 이어질 것이다.

그런데 정말 심각한 건 머지않아 현실이 될지 모른다는 것이다. 유엔식량농업기구의 2017년 보고에 따르면 이미 야생벌 2만 종 가운데 40퍼센트인 8,000종이 멸종 위기다. 살충제, 매연, 전자파, 이상기후 등으로 꿀벌이 무더기로 사라지는 것은 우리나라를 포함한 전 세계적인 현상이다. 이 때문에 과학자들은 오는 2035년쯤이면 꿀벌이 완전 멸종할지 모른다고 우려하고 있다.

꿀벌 외에도 위에서 언급한 지구상 대체 불가능한 다른 종들도 사정은 비슷하다. 무분별한 사냥 등으로 영장류의 위기는 이미 오래전부터 시작되었다. 과학자들은 현 추세라면 50년 내에 60퍼센트가 멸종할 것으로 보고 있다. 박쥐 역시 지구상의 1,100종 가운데 20퍼센트가 멸종을 눈앞에 두고 있다. 흔해 빠진 것 같은 식물 플랑크톤도 〈네이처〉 발표에 따르면 1950년 이후 40퍼센트나 감소했다. 그 속도가 기후 변화에 의한 해수면 온도 상승 속도와 일치한다고 하니 이것 역시 인재人災이다.

그렇다면 과연 지구 생태계에 인간은 어떤 존재일까? 이 글을 쓰는 내내 머릿속을 맴돌던 의문이다. 그리고 이 글을 마무리할 때까지 끝내 인간이 생태계에 도움이 된다는 자료는 찾지 못했다.

식탁 위
대화가 풍성해지는

식문화 속 세계사

2

로마인들은
왜 그토록 불편하게
누워서 음식을 먹었을까?

로마 시대를 그린 영화를 보면 전통 의상인 흰 토가를 입은 남자들이 비스듬히 누워 질펀하게 연회를 즐기는 장면이 꼭 등장한다. 로마인들은 왜 이런 불편한 자세로 술과 음식을 먹었을까? 아무리 봐도 속이 거북할 것 같은데 말이다.

이렇게 누운 자세로 음식을 먹는 문화는 굉장히 오래되었다. 원조는 중동 메소포타미아에 자리 잡았던 고대국가 아시리아Assyria다. 영국의 대영박물관에는 기원전 7세기 고대 아시리아의 전성기를 이끌었던 아슈르바니팔Ashurbanipal 왕의 돋을새김 조각이 있다. 〈니네베의 가든 파티〉 혹은 〈아슈르바니팔의 연회Assurbanipal' banquet〉라고 불리는 이 조각을 보면 왕비는 의자에 앉아 있고, 왕은 왼팔을 베개에 기댄 채 비스듬히 누워 술을 마시고 있다.

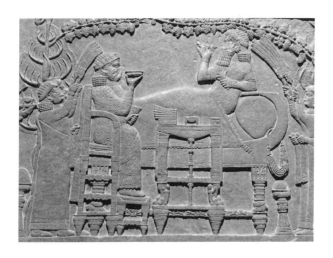

〈아슈르바니팔의 연회〉 조각 중 한 부분.

이 아시리아의 연회 방식을 여러 군데에서 해상무역을 하던 그리스가 수입했다. 고대 그리스의 도자기나 프레스코화를 보면 여러 남자가 술을 마시며 얘기 나누는 장면이 유독 많다. 이걸 심포지엄Symposium이라고 한다. 오늘날에는 전문가들의 토론 모임을 말하지만, 원래는 '함께 술을 마신다'라는 뜻의 그리스어로 '연회'를 뜻한다.

그런데 이 심포지엄에 참석한 고대 그리스 남자들은 한결같이 왼편으로 비스듬히 누워 있다. 아시리아의 아슈르바니팔 왕처럼 말이다. 나중의 로마인들도 마찬가지다. 그 이유는 좀 더 뒤에 얘기하기로 하고, 그리스에는 안드론Andron이라는 심포지엄 전문 식당이 있었다. 남자들만 들어

갈 수 있는 안드론에는 보통 7개에서 규모가 큰 곳은 15개의 싱글 침대가 놓여 있었다. 침대에 왼팔로 머리를 지탱하고 비스듬히 누워 밤새 웃고 떠들며 진탕 먹고 마시는 공간이다. 진짜 부자들은 집안에 별도로 안드론을 마련해두기도 했다.

이 문화는 에트루리아Etruria로 이어진다. 로마가 아직 변방의 작은 도시국가였던 시절 에트루리아는 이탈리아 반도의 최강자였다. 피자용 화덕과 회전꼬치, 로마의 전통의상이 된 6미터 길이의 긴 토가를 만든 사람들이기도 하다. 기원전 6세기경 유물인 〈부부 석관Sarcofago degli Sposi〉을 보면 한 에트루리아의 귀족 부부가 긴 의자에 비스듬히 누워 함께 음식을 먹고 있다. 아시리아, 그리스와 다른 점이라면 에트루리아에서는 여자도 남자와 동등하게 누울 수 있었다는 것이다. 그리고 이 문화는 에트루리아를 정복한 로마로 고스란히 전해졌다.

로마는 양치기 목동 로물루스Romulus가 이끌던 자그만 부족 집단이었다. 고작해야 치즈와 야채를 곁들인 '풀스Puls'라는 희멀건 죽으로 하루 세끼를 때웠던 사람들이다. 그러다가 점차 세력을 키워 에트루리아를 몰아냈고, 급기야 포에니 전쟁을 통해 한니발의 카르타고를 꺾음으로써 시칠리아와 북아프리카의 곡창지대를 손에 넣었다.

이때부터 로마의 식탁에 오른 음식들이 완전히 달라졌다. 모든 길은 로마로 통한다고 했다. 정복지가 늘어감에 따라 밀, 와인, 생굴, 바닷가재, 달팽이, 멧돼지, 향신료 등 풍성하고 진귀한 식재료들이 새로 건설한 길을 따라 로마로 쏟아져 들어왔다. 그러면서 지배층과 부유층 사이에서 비스듬히 누워 밤새 퍼마시는 연회가 로마에서 만개하게 된 것이다. 당시 그리스는 최고의 선진 문화였기에 '그리스 따라 하기'는 로마 지배층이라면 마땅히 해야 할 격조 높은 일이었다.

그리스에 안드론이 있다면 로마엔 트리클리늄Triclinium이 있었다. '3개의 긴 소파가 있는 방'이란 뜻이다. 로마 시대 영화에서 귀족들이 연회를 즐기던 화려한 홀이 바로 트리클리늄이다. 소파는 마치 평상처럼 등받이가 없지만 푹신한 쿠션을 깔아 누워서 먹기 편하도록 했다. 소파 하나당 3명이 넉넉하게 누울 수 있을 정도니 꽤 큰 크기다. 로마인들은 이 소파 3개를 U자형 혹은 ㄷ자형으로 배치했다. 즉, 9명이 동시에 연회를 즐긴다는 얘기다. 그리고 소파 한가운데에 원형이나 사각 식탁을 놓아 산해진미를 쌓아 놓았다. 로마의 부자들과 권력자들은 왼쪽으로 비스듬히 누워 오른손으로 음식을 집어 먹었다.

트리클리늄의 소파 배치가 ㅁ자형으로 완전히 닫힌 구조가 아닌, 한쪽 방향을 터놓은 ㄷ자형이었던 이유는 노예들이 끊임없이 식탁으로 음식을 날라야 하기 때문이다. 사실 누워서 음식을 먹는다는 것은 노예들의 도움 없이는 불가능하다. 노예들은 귀족이 쉽게 음식을 집어 먹을 수 있도록 작은 크기로 계속 음식을 잘랐다.

기본적으로 로마의 연회는 계란으로 시작해 고기를 메인으로 먹고, 사과로 마무리했다. 그래서 로마의 이런 풀코스 요리를 '계란에서 사과까지'라고 부르기도 했다. 계란을 의아해 할 수도 있지만 당시 닭과 계란은 굉장히 귀한 음식이었다. 그래서 웬만한 연회에선 삶은 계란을 통째로 주는 게 아니라 슬라이스를 해서 아주 조금씩 덜어주었다. 물론 요리 자체는 비싼 값을 주고 데려온 동방의 요리사들이 맡았다. 이들은 콕토르Coctor, 혹은 코쿠스Coquus라고 불렸는데, 오늘날 요리사를 뜻하는 쿡Cook은 여기서 유래된 단어다.

누워서 먹다 보니 아무래도 음식이 입가나 손에 묻는 경우가 많았다. 그래서 이때부터 냅킨이 만들어지기 시작했다. 연회 후 맛있는 음식을 싸갈 때도 냅킨을 자주 이용했다. 또 누워서 먹기에는 아무래도 불편했기 때문에 이탈리아에서는 중세가 될 때까지 수프 같은 국물 요리가 상대적으로 발전하지 못했다.

연회는 보통 밤 9시에 시작되었다. 그리고 짧으면 3시간, 보통은 6시간, 길면 9시간이나 계속되었다. 먹다가 피곤하면 코스 사이의 공백을 이용해 소파에서 잠깐 잠을 자기도 했다. 그리고 잘 알려진 것처럼 너무 배가 부르면 일부러 토해서 다음 코스를 먹기 위해 배를 비우기도 했다. 연회 참가자들은 화장실도 가지 않았다. 필요하면 노예가 병을 가져와 거기에 볼일을 보았다. 그리고 음식 찌꺼기는 그대로 바닥에 던져버렸다. 바닥에 떨어진 음식은 죽은 자를 위한 것이다. 초기 로마만 해도 죽은 가족을 마루 밑 지하에 묻었다. 바닥에 떨어진 음식을 주워 먹으면 귀신이 붙는다고 해서 노예들조차 이를 기피했다. 그래서 죽은 자의 영혼을 달래기 위해 음식 찌꺼기 모양의 모자이크로 바닥을 장식하기도 했다.

귀족들이 누워서 먹던 3개의 침대형 소파는 나중에 스티바듐Stibadium이라는 반원형 소파로 대체되었다. 그리고 이런 로마의 연회 문화는 5세기 서로마가 멸망하면서 사라졌지만, 동로마에서는 무려 11세기까지 지속되었다.

이제 다시 처음의 질문으로 돌아와 로마인들은 왜 이런 불편한 자세로 술과 음식을 먹었는지 알아보자. 우선 누워서 먹는다는 것은 곧 지위와 권력의 상징이었다. 기본적으로 이 정도의 연회를 즐길 수 있는 사람은 로마의 지배층이나 부유층뿐이었고, 남자들의 전유물이었다. 집안의 결혼식 연회에는 여성과 아이들도 참가할 수 있었는데 이때도 이들은 식탁에 똑바로 앉아 음식을 먹어야 했다. 로마 여성이 남성과 마찬가지로 비스듬한 자세로 연회에 참석한 것은 로마 중반기가 넘어서다.

소파의 배치에서도 상석과 하석을 엄격하게 구분했다. 가운데는 연회 참석자 중 가장 신분이 높은 사람들의 자리다. 그 왼쪽 소파는 연회를 마련한 호스트의 자리다. 그리고 오른쪽 자리는 지위가 가장 낮은 사람들 차지다. 때론 계급에 따라 음식을 달리할 정도로 로마의 연회는 신분과 권력 순서를 철저히 따랐다.

로마인들이 누워서 연회를 즐긴 것은 최대한, 그리고 오랫동안 음식을 먹기 위해서이기도 하다. 보통 누운 자세가 소화에 나쁜 것은 사실이지만 왼쪽으로 누우면 오히려 소화에 도움이 된다고 한다. 왼쪽으로 누우면 위의 위치상 더 많은 음식을 저장할 수 있는 공간이 만들어지고, 식도로 음식이 역류하는 것을 막을 수도 있으며, 음식이 위장을 천천히 통과하게 해 소화에 유리하다는 걸 로마인들이 알고 있었던 것이다. 물론 이마저도 소용이 없을 때 로마인들은 비상수단을 썼다. 바로 깃털로 목을 간질여 토하는 것 말이다.

이탈리아의 고대 철학 교수인 알베르토 요리Alberto Jori는 "먹는다는 것은 문명의 최고 행위이자 살아 있음에 대한 축하다"라고 말한 바 있다. 노예의 시중을 받으며 비스듬히 누워 밤새 먹고 마시는 로마의 연회는 세계 최고의 제국을 건설하고, 게다가 살아남기까지 한 자들의 자부심을 거침없이 드러내는 듯하다.

일본의
와和 사상이 만들어낸
노포 문화

일본에서는 "삼대가 하는 집이 아니면 요리도 아니다"라는 말이 있다. "요리 좀 한다"라는 얘기를 들으려면 적어도 100년의 전통은 있어야 한다는 것이다. 이런 오래된 가게를 일본에서는 시니세老舖, 즉 '노포'라고 한다. 100년 됐다고 특별한 대접을 받는 것도 아니다. 그냥 노포의 기본 자격이 된 정도다. 그보다 오래된 음식점이 부지기수이기 때문이다.

음식점만이 아니다. 떡집도, 반찬집도, 찻집도, 심지어는 도장 파는 가게도 대를 이어 수백 년씩 같은 자리에서 장사한다. 한 조사에 따르면 일본에 100년 이상 된 가게나 기업이 무려 2만 7,300개나 된다고 한다. 이 중 200년 이상 된 가게는 3,937개다. 아직 놀랄 단계가 아니다. 500년 이상 된 가게도 147개나 있다. 아직도 놀랄 단계가 아니다. 1,000년 이상 된 가게와 기업도 있다. 그것도 무려 21개나 된다.

일본에 곤고구미金剛組라는 기업이 있다. 578년에 창립된 고건축 전문 기업으로 무려 1,400년이 넘은 세계에서 가장 오래된 기업이다. 후지산 근처 야마나시현에 있는 '게이운칸慶雲館'이라는 여관은 705년에 지어졌으니 역사가 1,300년도 넘는다. 세계에서 가장 오래된 숙박업소로 기네스북에도 등재되어 있다. 무려 52대에 걸쳐 가업을 이어오고 있으니 이 가문은 마치 숙박업을 하라는 역사적 사명을 띠고 이 땅에 태어난 것 같다. 전 세계의 100년 이상 된 기업 중 40퍼센트, 세계 최장수 기업 10개 중 9개가 일본에 있으니 특별한 현상이라고 할 수 있다.

그럼 왜 이렇게 일본에는 상상을 초월할 정도로 오래된 가게가 많을까? 그리고 오랫동안 대를 이어가며 한 가지 일을 하는 것이 어떻게 가능할까? 이에 대해 한국에서는 일본인에게는 전통과 신의를 중시하는 기질이 있으며, 장인 정신과 기술을 높이 평가하기 때문이라고 분석한다. 그리고 이를 가족경영의 장점으로 연결하곤 한다.

일정 부분 맞는 말이다. 하지만 그 뿌리에는 1,400년간 일본을 지배해온 '와和'가 있다. 와는 일본의 오래된 가게뿐 아니라 대부분의 일본 문화를 이해할 수 있는 가장 중요한 열쇠다. 와의 한자는 '조화調和'나 '화목和睦' 등에 쓰이는 '화할 화和' 자다. 한국 음식은 한식韓食이라고 하는데 그럼 일본 음식은 뭐라고 할까? 일식日食? 아니다. 그건 우리나라에서나 쓰는 말이다. 일본에선 '화식和食, 와쇼쿠'이라고 한다. 우리 옷은 한복韓服이지만 일본 옷은 화복和服, 와푸쿠이다. 한국 과자는 한과韓菓라 하지만 일본 과자는 화과자和菓子, 와가시다.

이 단어들에서 보듯 화和, 즉 와가 일본이다. 일본의 와를 가장 쉽게 풀이하면 "사이좋게 지낸다"라는 뜻이다. 그럼 어떻게 하면 사이좋게 지내게 될까? 그건 각자의 자리에서 각자의 할 일을 하는 것이다.

일본에서는 세상의 중심에 일왕이 있다. 그 주위에는 일왕을 보좌하는 귀족이 있다. 귀족의 주위에는 사무라이가 있다. 그리고 그 둘레로 농공상農工商과 천민이 있다. 왕은 왕의 일을, 귀족은 귀족의 일을, 사무라이는 사무라이의 일을, 그리고 농공상과 천민은 그들의 일을 하면 세상은 자연스럽게 평화로워진다는 것이다. 이런 사회 구조가 작동하려면 우선 왕과 귀족이 일반 백성의 계급과 할 일을 정확히 정해줘야 했다. 여기에 개인의 개성이란 건 없다. 모두 같은 틀 속으로 집어넣고, 그 계급에 맞는 분수를 지키게 해야 한다. 그래서 일본인들은 자신의 계급에 따라 옷도, 음식도, 집도 달리해야 했다. 대문 앞에는 마치 문패처럼 왕과 귀족이 정해준 계급과 직업을 내걸어야 했다. 인도의 카스트 같은 지독한 신분제 사회가 만들어진 것이다.

이렇게 꽉 짜인 틀을 위험하게 만드는 존재는 공공의

안녕을 위해 즉시 제거되어야 했다. 그 일은 사무라이가 맡았다. 이렇듯 와 사상은 조금만 생각해봐도 왕과 귀족만 좋은, 철저한 계급사회라는 걸 알 수 있다. 그럼에도 일본 고대국가 시절 쇼토쿠태자가 만든 이 와 사상은 오늘날까지 이어지고 있다.

아주 오랫동안 일본인들은 이주의 자유가 없었다. 중앙에는 왕을 모시는 실권자인 쇼군將軍이 있고, 지방에는 각 지방을 다스리는 영주인 다이묘大名들이 있었다. 일본인들은 이 다이묘가 지배하는 일본의 옛 행정구역인 번藩에서 태어나고 번에서 죽어야 했다. 한정된 지역에서 살아야 했기 때문에 서로의 영역을 침범하지 않는 것이 무엇보다 중요했다. 남의 영역을 넘보면 다툼이 일어났고, 그건 곧 누군가의 목숨이 위험하다는 것을 의미했다.

만약 내가 일본에서 태어났고 아버지가 우동 가게를 하고 있다고 가정해보자. 나에게 주어진 역할은 아버지의 대를 이어 우동을 계속 만드는 것이다. 열심히 연구해서 더욱 맛있는 우동을 만들었더니 장사가 잘되어 옆 마을에 가게를 하나 더 내려고 한다. 그럼 어떤 일이 벌어질까? 그 즉시 남의 영역을 침범한 인물로 낙인찍히게 된다. 그리고 분수를 어기고 평화를 깼기 때문에 처벌은 불가피하다. 대개는 마을의 그 어떤 일에도 끼워주지 않아 가족 전체를 투명인간 취급하는 무라하치부村八分를 당하게 된다. 다른 마을로 갈 수도 없었기 때문에 사는 내내 괴로움을 겪어야 한다.

이 정도에서 끝나면 그나마 운이 좋은 것이다. 일이 커지면 사무라이가 나섰다. 질서를 깨뜨리는 백성을 죽이는 것쯤은 사무라이에게는 일도 아니었다. 그러니 맛있든, 맛없든 나는 주어진 자리에서만 우동을 만들어야 한다. 그 이상 확대하는 것은 꿈도 꿀 수 없다. 그건 분수를 넘는 일이다.

그런데 다음 세대인 내 아들은 불행히도 우동 만들기를 싫어한다. 대신 아들은 운동을 잘해서 사무라이가 되거나 만들기를 좋아해 대장장이가 되고 싶어 한다. 하지만 이것도 용납되기 어렵다. 마찬가지로 위치를 이탈하는 것이고, 남의 영역을 침범하는 것이기 때문이다. 이것 역시 고집하다가는 목숨이 날아가기 십상이다. 그러니 내 아들도 좋든 싫든 우동을 만들어야만 한다.

내게 주어진 위치에서, 내게 알맞다고 정해진 일을 하는 것만이 목숨 잃지 않고 사는, 그나마 안전한 길이었다. 확장하면 안 된다는 강박관념에 사로잡혀 있는 일본인들은 그래서 늘 작은 규모로 장사한다. 장사가 잘되면 좀 넓힐 만도 하련만 좀처럼 그런 일은 없다. 지금도 일본의 수백 년 된 음식점에 가보면 생각보다 규모가 너무 작아 대부분 놀라게 된다.

또 한곳에서 오래 장사하면 단골이 생겨 쉽게 망하지 않으니 100년도 하고, 200년도 하고 1,000년도 하는 것이다. 대가 끊이지만 않으면 말이다. 이것이 바로 일본에 오래된 가게가 유달리 많은 근본적인 이유다. 그렇게 하고 싶어서가 아니라 그래야만 살아남을 수 있었기 때문이다.

인류는 언제부터
'맛'을
즐기기 시작했을까?

프랑스 대혁명은 인류에게 자유와 평등만을 가져온 것이 아니다. 어쩌면 오늘날 인간이 누리는 최고의 즐거움 중 하나인 맛있는 음식을 먹는 일도 프랑스 대혁명이 없었다면 불가능했을지 모른다. 해고된 궁전과 귀족의 개인 요리사들이 먹고살기 위해 레스토랑을 만들고, 맛있는 요리들을 경쟁적으로 만든 덕이기 때문이다.

요리의 기원을 따지는 것은 불가능하다. 어쩌다 불에 구워진 고기를 먹어보니 생고기보다 먹기도 편하고, 풍미도 있다는 것을 알게 됐을 것이다. 그러다 프랑스 남부에서 축축한 잎에 음식을 싸서 익히는 방법을 알아냈고, 토기가 발명되면서 음식을 찌고, 삶고, 끓여서도 먹을 수 있게 되었다. 하지만 인류는 아주 오랜 세월 그저 배를 채우는 데 급급했을 뿐 맛과는 동떨어진 삶을 살아왔다. 그럼에도 요리사는 꽤 오래전부터 존재했다.

유럽 최초의 요리사에 대한 기록은 고대 아테네에서다. 이들은 대부분 노예였다. 귀족 집안의 음식을 담당한 이 노예들은 그래도 다른 노예들보다는 좋은 대우를 받았다. 로마 시대가 되면서 요리사는 사회에서 중요한 지위로 인식되기 시작했다. 그래서 전문요리사협회도 만들어지고, 최초의 요리학교도 로마 시대 때 처음 세워지게 되었다. 하지만 이탈리아 일부를 제외하고는 유럽 전역에서 요리라고 할 만한 음식이 사실상 없었다. 수도원의 수도사들 사이에서만 몇 가지 요리가 전해질 뿐 중세 시대까지 이런 상황은 계속 이어졌다.

중세 시대에도 먹을 것 자체가 절대적으로 부족했던 시기였기에 맛있는 요리가 발달하기 어려운 분위기였다. 거기에 교회까지 나서서 맛에 대한 욕구를 마치 인간의 성적인 욕구를 대하듯 죄악시하는 분위기였다. 음식 자체가 하느님이 주신 완벽한 은총이기 때문에 여기에 맛을 더한다는 것은 신의 영역 침범과 다를 바 없다는 것이다. 이 대목에서 주목해야 할 나라가 바로 프랑스다. 프랑스 요리가 서구 음식에 진정한 맛을 가져온 근원이기 때문이다.

14세기 후반 프랑스의 궁전 요리사였던 기욤 티렐Guill-aume Tirel이 《르 비앙디에Le Viandier》라는 프랑스 최초의 요리책을 펴냈다. 중세의 요리를 집대성한 이 책에 의하면 중세의 궁전 요리는 지금의 프랑스 요리와 완전히 달랐다. 요리연구가들에 의하면 오히려 중동의 음식에 더 가까웠다. 가장 풍요로운 왕실에서조차 이 당시는 질보다 양이었다. 아무래도 교회 눈치를 봐야 했기 때문에 맛보다는 양으로 자신의 권력을 드러낸 것이다. 그래서 큰 상에 모든 음식을 산더미처럼 쌓아 놓고 먹었다. 프랑스 왕들은 부를 과시하기 위해 이런 정찬을 하루에 6~7번씩 즐기기도 했다. 그래서 대식가가 아니면 왕 노릇 하기 힘들다는 얘기도 있었다.

이렇듯 지위와 권력을 드러내는 게 더 중요했던 프랑스 음식들은 당연히 맛과는 거리가 멀었다. 모든 고기는 엄청나게 비싼 향신료로 떡칠하기 일쑤였다. 그리고 음식을 화려하게 보이기 위해 많은 요리를 식용색소로 울긋불긋하게 만들었다. 게다가 오리나 학을 통으로 구워 갖가지 색을 칠한 다음 연회장 곳곳을 장식하기도 했다. 그러다 프랑스의 중세 요리에 큰 변혁이 일어난 계기가 있었다.

1553년 그 유명한 이탈리아 메디치 가문의 카트린 드메디시스Catherine de Médicis가 앙리 2세와 결혼하기 위해 프랑스에 온 것이다. 카트린은 피렌체의 메디치 가문에서 음식을 만들던 유명한 요리사들을 함께 데리고 왔다. 이들이 프랑스 궁중 요리사들에게 조리 비법을 전수하면서 프랑스는 드디어 음식의 '맛'에 눈을 뜨게 된 것이다. 게다가 프랑스는 이탈리아보다 훨씬 다양한 식재료가 있었기 때문에 이 무렵부터 프랑스 요리는 비약적으로 발전했다. 하지만 이는 상류층에 한한 일이었을 뿐 대중이 맛있는 음식을 먹기까지는 좀 더 긴 세월을 기다려야 했다.

중세 시대가 지나고 르네상스 시대가 되었지만, 파리에도, 런던에도 음식점은 아직 만들어지지 않았다. 기껏해야 상인들이나 여행자들이 묵는 숙소의 식당이 자기 집 외의 장소에서 음식을 먹을 수 있는 유일한 곳이었다. 그러나 음식의 종류는 가정에서 먹는 것과 다를 바가 없었다. 메뉴 선택의 여지가 없었다는 점에서도 지금 우리가 아는 음식점과는 차이가 있다.

파리에 지금과 같은 음식점이 처음 들어선 것은 18세기 후반이 되어서다. 1765년 불랑제Boulanger라는 사람이 루브르 박물관 근처에 양고기스튜 집을 열었다. 역사상 '레스토랑'이라는 명칭이 붙은 첫 음식점이다. 이 시기부터 1789년 프랑스 대혁명이 일어나기 전까지 약 50여 개의 레스토랑이 파리에 문을 열었다.

한편 프랑스의 궁중 요리는 발전을 거듭하다가 미식가였던 루이 14세와 루이 15세에 이르러 거의 완성되기에 이르렀다. 이 시기 프랑스 요리는 극적으로 변모해 이전의 향신료가 범벅된 무거운 맛에서 본연의 식재료 맛을 살리는 가볍고 건강을 중시하는 조리법으로 바뀌었다. 오늘날 요리의 큰 주류를 이루는 '누벨 퀴진Nouvelle Cuisine'의 원조가 바로 이것이다.

이렇게 프랑스 요리가 완성되어가는 시점에 프랑스 대

혁명이 일어났다. 왕도 죽고, 많은 왕족과 귀족이 몰락했다. 그 유탄을 맞은 게 요리사들이다. 궁전과 왕족, 귀족의 집에 고용돼 일하던 수많은 요리사가 졸지에 실업자가 되었다. 이들은 먹고살기 위해 대거 파리의 거리에서 포장 음식을 팔았다. 그리고 돈이 모이면 레스토랑을 차렸다. 왕족과 귀족의 전유물이던 맛있는 요리가 드디어 대중들에게 한 발짝 다가서게 된 것이다. 50개 정도에 그치던 파리의 레스토랑은 혁명 후 1814년까지 무려 3,000여 개 가까이 늘어났다. 맛있는 요리를 팔아 돈을 버는 '직업으로의 요리사'가 사실상 이때 탄생했다고 볼 수 있다.

이 시기에 마침 등장한 인물이 세계 최초의 스타 셰프, 마리 앙투안 카렘Marie-Antoine Carême이다. 그는 나폴레옹의 요리사였으나 나중에는 영국과 러시아 황실에서까지 모셔간 인물로 '요리사의 왕'이라고 불렸다. 한마디로 지금의 프랑스 요리를 만든 인물이다. 프랑스 요리가 세계 요리에 끼친 절대적인 영향을 생각했을 때 오늘날 맛있는 요리를 먹을 수 있는 데에는 카렘의 지분이 크다고 볼 수 있다.

'요리' 하면 빼놓을 수 없는 또 한 명의 인물은 오귀스트 에스코피에August Escoffier다. 그는 프랑스 요리는 물론 지금의 레스토랑 체계를 만든 사람이다. 앞에서도 얘기한 것처럼 프랑스뿐 아니라 유럽의 많은 나라가 당시에는 모든 음식을 테이블에 한꺼번에 쌓아 놓고 먹었다. 하지만 러시아는 날씨가 너무 추워 그렇게 먹으면 음식이 금방 식기 때문에 오래전부터 개별 접시를 사용해왔다. 에스코피에는 러시아의 이런 서빙 방식을 프랑스 요리에 들여와 오늘날의 코스 요리를 만들었다. 주문지를 세 장 받아 주방, 웨이터, 캐셔에게 각각 한 장씩 전달하는 방식을 고안해낸 것도 그였다. 거기에 요리사들이 주로 입는 복장인 더블브레스트 재킷을 만든 사람도 에스코피에다.

요리 발달에 따라 관련 용품도 속속 등장해 17세기 부엌칼과 식탁용 나이프에 이어 마침내 19세기 초 포크가 일반화되었다. 비로소 요리를 손에 묻히지 않고도 우아하게 먹을 수 있게 된 것이다. 이러한 과정을 거쳐 파리는 전 유럽 어디에서도 볼 수 없는 독특한 레스토랑 문화를 만들어냈다. 이 덕에 파리는 유럽 상류층들의 국제적인 사교 문화의 장이 되었고, 얼마 안 가 많은 지식인과 예술가까지 모이게 되면서 예술과 문화를 상징하는 도시가 되었다.

또 19세기에는 철도와 증기 기관 덕에 더 많은 사람이, 더 멀리 가는 것이 가능해졌다. 덕분에 파리의 격조 높은 레스토랑과 맛있는 프랑스 요리는 세계 전역으로 퍼져나갔다. 지구 곳곳에 맛의 신세계가 열린 것이다.

미국 역시 오랜 세월 음식은 먹기 위해 존재할 뿐 맛은 엄두도 내지 못했다. 그러다가 1830년경이 되어서야 처음으로 뉴욕에 '델모니코스Delmonico's'라는 레스토랑이 들어섰다.

파리에서 시작된 맛의 신세계를 맨 처음 주목한 사람들은 역시 돈 냄새를 잘 맡는 사업가들이었다. 특히 이들은 호텔과 접목한 레스토랑 사업에 매력을 느꼈다. 미국 역시 여행이 폭발하던 시점이었다. 도시 곳곳에 호텔이 들어섰고, 프랑스에서 스카우트한 요리사들이 미국인들에게 맛을 전도했다. 수천 년간 맛에 억눌린 삶을 살았던 인간들은 마침내 팝콘 터지듯 20세기 들어서는 맥도널드, 타코벨, KFC, 피자헛 같은, 예전이라면 상상도 못 할 세계적인 프랜차이즈까지 만들어냈다. 맛이 이제는 하나의 거대 산업이 된 것이다.

여기저기에 레스토랑이 우후죽순처럼 생기자 20세기 중반에는 맛 평론가라는 직업도 생겼다. 최초의 맛 칼럼니스트인 〈뉴욕타임스〉의 크레이그 클레이본Craig Claiborne 같은 사람들이다.

프랑스 대혁명이 맛의 대중화를 가져왔다면, 21세기가 되면서 스마트폰의 발달이 맛 평론의 대중화를 가져왔다. 누구라도 레스토랑의 음식 맛을 후기로 남길 수 있게 되었고, 이를 모두와 공유할 수 있게 된 것이다. 이에 따른 부작용도 일부 있지만 이 덕에 사람들은 이전보다 훨씬 더 쉽고 편하게 맛있는 음식을 즐길 수 있게 되었다.

석회질 물이
유럽에
끼치는 영향

유럽인들은 수돗물을 그냥 마신다. 그것도 끓이지도 않고 마시는 사람이 70퍼센트 가까이 된다. 반면 아리수를 그냥 마시는 사람은 5퍼센트 정도에 불과하다. 유럽의 물이 우리보다 더 좋은 걸까? 결코 그렇지 않다.

　유럽을 여행하다 보면 한 번쯤은 기겁하게 된다. 라면을 먹기 위해 수돗물을 받아 끓이면 그 위로 하얀 석회가 둥둥 떠다닌다. 설거지한 다음 물기가 마르고 나면 싱크대에도 접시에도 얼룩이 가득하다. 커피포트 바닥에도 예외 없이 하얀 얼룩이 덕지덕지 남아 있다. 아무리 닦아도 지워지지 않는다. 세수할 때 비누칠을 해도 거품이 잘 나지도 않는다. 그리고 시일이 지날수록 머리는 점점 더 뻣뻣해진다. 다 물에 있는 석회질 때문이다. 석회질 물을 한번 경험하고 나면 유럽에서 수돗물을 그냥 마셔도 정말 괜찮은 건지 의문이 든다.

한동안 유럽의 석회질 물을 오랫동안 마시면 체내에 쌓여 담석이나 신장결석 및 요로결석에 걸린다는 얘기가 있었다. 그리고 다리에 석회 성분이 축적돼 발목이 퉁퉁 붓는 '코끼리병'이 생긴다는 소문도 있었다. 하지만 이에 대해 영국, 프랑스, 독일 정부에서는 한결같이 근거 없는 얘기라고 일축하고 있다. 그 주장을 뒷받침하려면 담석이나 결석 환자가 다른 나라에 비해 유럽에 훨씬 많아야 하는데 전혀 그렇지 않다는 것이다. 유럽 정부에서는 오히려 한술 더 떠 석회질에 미네랄이 풍부하기 때문에 건강에 더 좋다고 주장하기도 한다. 심혈관 질환을 예방하고, 뼈와 근육이 더 튼튼해진다는 것이다.

석회질은 정확히 말하면 탄산칼슘이다. 웬만한 양으로는 인체에 해가 되지 않는다는 게 의학계의 대체적인 결론이기는 하다. 하지만 인체에 무해하다고 단정지을 수는 없다고 주장하는 학자들도 있다. 이들은 중국의 예를 들어 주장한다. 석회암이 빗물에 녹아 형성된 다양한 지형을 카르스트Karst라고 한다. 이런 곳에 기상천외한 절경이 만들어지는데 중국 사람들이 흔히 천하제일경이라 하는 계림이 대표적인 장소다. 그런데 이곳 사람들의 평균수명은 50세밖에 되지 않는다. 중국인 전체의 평균수명인 71.8세에 비해 현저히 낮은 수준이다. 석회질 물이 건강에 치명적인 악영향을 주는 증거라는 게 이들의 주장이다.

유럽의 물에 석회질이 많은 이유는 대륙의 지질 전반이 석회암으로 이루어져 있기 때문이다. 석회암은 주로 조개나 산호 같은 해양생물체가 오랜 시간 쌓이고 단단하게 굳어져서 생기는 암석이다. 이 말인즉슨 유럽 대륙이 아주 오랜 옛날에는 얕은 바다 밑에 있었다는 얘기다. 판게아 이론에 의하면 2억 3,000만 년 전 5대륙은 하나의 땅이었고, 유럽은 남부 지역을 제외하고는 모두 바다였다. 그러다가 빙하기와 간빙기를 거치면서 대략 1만 2,000년 전에 유럽 대륙이 육지를 드러냈다고 보고 있다.

석회암은 물에 잘 녹는 성질을 갖고 있다. 유럽 대륙은 지형이 평평하기 때문에 석회질이 지하수에 더 많이 고일 수밖에 없다. 그래서 중세 유럽에선 빗물을 가장 좋은 물로 여겼다. 땅에 스며들기 전이라 아직 석회 성분이 섞이지 않았기 때문이다. 반면 우리나라의 지질은 화강암 베이스다. 게다가 산이 많아 물이 빠르게 흐르기 때문에 석회질 성분이 물에 거의 없다.

유럽에서 와인이나 맥주가 발전한 이유도 따지고 보면 석회질 물 때문이다. 와인은 순수하게 포도로만 발효시켜 만든 술이기 때문에 석회질이 들어갈 여지가 없다. 맥주는 이뇨 작용으로 인해 석회질이 몸안에서 쉽게 배출될 수 있도록 도와준다. 즉, 와인과 맥주는 술이 아니라 석회수를 그냥 마실 수 없었기 때문에 만들어진 음료수 대용품인 셈이다.

유럽 마트에서 생수를 무심코 집어 들면 물맛이 묘한 탄산수이기 일쑤다. 이 탄산수 역시 석회질을 피하려고 만든 음료수다. 탄산수의 주성분인 이산화탄소가 석회질을 걸러내 주기 때문에 유럽인들은 탄산수를 무척 즐겨 마신다.

중국에서 차 문화가 발전한 이유도 역시 물에 많이 든 석회질 때문이다. 게다가 황토까지 섞인 물이 많아 물을 반드시 끓여 먹어야 했기 때문에 중국 전역에서 골고루 차 문화가 생긴 것이다.

유럽의 석회암 지질은 건축에도 절대적인 영향을 끼쳤다. 유럽의 건축물들은 하나 같이 지천에 깔린 석회암과 대리석으로 지어져 있다. 석회암이 땅 깊은 곳에서 높은 열과 압력을 받으면 대리석이 되는데 석회암과 대리석은 연해서 비교적 쉽게 자르거나 다듬을 수 있다. 유럽의 집들이 가장 구하기 쉬운 돌을 재료로 사용한 건 당연한 일이다. 석회암으로 만든 가장 거대한 건축물을 들자면 이집트의 피라미드와 중국의 만리장성을 꼽을 수 있다. 반면 우리나라의 지질 베이스인 화강암은 무척 단단한 돌이다. 옛날 기술로는 이를 자르거나 조각하는 게 어려웠다. 그래서 돌 대신 우리나라에서는 목조 건축이 발전하게 된 것이다.

앞서 이야기한 대로 유럽에서 주장하는 것처럼 석회수가 인체에 무해하다 하더라도 실생활에 끼치는 불편함은 이루 말할 수 없다. 유럽의 화장실에 가면 수도꼭지가 달린 구식 비데가 놓여 있다. 우리나라에서 주로 사용하는 전자식 비데의 편리함을 몰라서가 아니다. 물에 함유된 다량의 석회질이 전자식 비데의 섬세한 관을 틀어막기 때문에 이를 사용할 수 없는 것이다.

그런가 하면 유럽 식당에서는 반드시 물값을 따로 받는다. 우리나라와 달리 다량의 물을 정화시킬 정수기를 설치할 수 없기 때문에 미네랄워터를 별도로 판매하는 것이다. 이 역시 석회질이 정수기의 필터를 수시로 막기 때문에 유지가 거의 불가능하다. 또 석회수로 세수하고 나면 피부가 당기는 느낌이 무척 강하게 든다. 피부의 수분을 석회질이 빼앗아 건조하게 만들기 때문이다. 유럽인들이 나이에 비해 더 늙어 보이는 이유가 바로 이 때문이라는 얘기도 있다.

사실 유럽뿐 아니라 대부분의 나라들이 석회수로 고통받고 있다. 중국을 포함해 인도네시아, 캄보디아, 대만 등 아시아의 많은 국가와 미국의 많은 지역이 석회질이 다량 함유된 수돗물을 견뎌야 한다. 이런 걸 보면 우리나라는 수돗물 불신이 가장 높은 나라 중 하나이긴 하지만 뉴질랜드, 호주, 캐나다, 일본, 북유럽 국가들과 함께 석회질 문제에서 자유로운, 물에 관해선 축복받은 나라라고 할 수 있다.

중국에서 기름진 음식이 발달한 이유

중국을 나타내는 말 중에 지대물박地大物博이라는 말이 있다. "땅은 넓고, 산물은 많다"라는 뜻이다. 그중에는 온갖 식재료도 포함되어 있다. 이를 바탕으로 중국은 수천 년 간 정말 다양한 요리를 발전시켜왔다. 중국인들이 가장 좋아하는 돼지고기 요리만 해도 1,500종이 넘는다. 그중 송나라 시인 소동파가 만들었다는 동파육東坡肉과 모택동이 즐겼다는 홍소육紅燒肉은 우리나라에서도 인기가 많은 요리다.

그럼 중국 요리는 과연 몇 가지나 될까? 그건 아무도 모른다. 8,000가지라고 하는 사람이 있는가 하면, 누군가는 10만 가지는 될 거라고도 한다. 식재료와 조리 방법에 따라 수많은 변형이 가능하니 사실 이를 세는 것은 애초부터 불가능하다. 다만 "하늘에서는 비행기를 빼고, 땅에서는 식탁을 빼고, 바다에서는 배와 잠수함만 빼곤 다 먹는다"
라고 스스로 말하는 데서 그 무궁무진함을 짐작할 뿐이다.

이렇듯 중국은 요리 종류도 많고, 볶고, 굽고, 삶고, 찌
고, 끓이고, 데치는 등의 조리법도 무척이나 다양하다. 하
지만 그중에서도 단연 압도적인 건 역시 기름에 볶는 방
법이다. 우리가 흔히 먹는 한국식 중화요리인 짜장면이나
짬뽕, 탕수육도 기본은 기름이다. 중국에서 먹는 중국 요
리도 마찬가지여서 음식을 다 먹고 나면 십중팔구는 그릇
바닥에 기름이 흥건히 고인 걸 볼 수 있다. 생선 역시 튀김
요리가 대부분이다. 신선한 야채 역시 절대 날로 먹지 않
고, 일단 기름에 볶고 본다. 물론 중국인들은 야채는 기름
에 볶는 게 아니라 기름에 살짝 데치는 것이라고 말한다.

그럼 중국에서는 어쩌다가 이렇게 기름진 음식이 발달
하고, 또 좋아하게 된 것일까? 첫째, 가장 중요한 이유는
수질 문제 때문이다. 앞서 말했듯 중국의 물은 대부분 석
회 성분이 많은데다 무엇보다 누런 진흙이 잔뜩 섞여 있
다. 아무리 오래 흙 성분을 가라앉히고 끓여 봐야 물에서
나는 흙내를 완벽히 지울 수는 없다. 그래서 발전한 게 차
문화다. 향이 강한 찻잎이 중국 물 특유의 흙내를 제거해
주는 것이다. 이 물로 요리를 하면 어떻게 될까? 마찬가지
로 음식에서 역겨운 냄새가 나는 것은 물론 여러 미생물
로 인해 음식의 부패도 쉽게 진행된다. 그래서 중국에서는
오래전부터 최대한 물을 적게 쓰는 조리법을 발전시켜왔

다. 그중 하나가 찜 요리다. 증기를 이용해 쪄내는 만두와 같은 식이다. 지금도 찜 요리는 볶음 요리 다음으로 큰 비중을 차지하는 중국의 조리법이다.

그런가 하면 중국 요리에 자주 사용하는 육수도 수질 문제로 만들어졌다. 물론 육수는 음식의 맛을 더하기 위한 용도다. 하지만 중국에서는 물에서 나는 흙내를 없애기 위해 파와 생강, 고기나 뼈 등을 넣고 끓인 게 그 시작이다. 그렇다고 찜과 육수로 그 모든 음식을 다 만들 수는 없다. 중국인들은 다른 해결책을 찾아내야 했다. 그게 바로 물 대신 기름을 사용하는 것이다. 야채든, 고기든, 생선이든 아주 높은 온도의 기름은 표면에 붙은 흙이나 모래, 석회 등 그 어떤 이물질도 분리시켜 준다. 흙냄새 같은 잡내를 일거에 해결할 수 있는 것이다. 물론 지금이야 수도의 보급으로 물에서 흙냄새가 거의 나지 않지만, 식용 기름을 이용한 음식은 이미 중국인들의 입맛을 확고하게 길들여 놓았다.

둘째, 기후 및 환경 문제 때문이다. 중국의 문명은 지금의 서안 부근에 있는 황토지대에서 시작되었다는 게 가장 유력한 설이다. 황토의 퇴적으로 농사에는 최적이지만 대신 무척 건조한 곳이다. 이런 곳에서 살려면 몸에 기름기가 많아야 한다. 애초부터 기름기가 많은 음식이 필요한 환경이었던 것이다.

중국은 송나라 이후 원나라, 명나라, 청나라를 거치며 약 800년 간 3, 4차 한랭기를 맞았다. 이는 중국 북부의 나무 식생에 악영향을 끼쳤고, 장기적으로는 전국적인 땔감 부족을 야기했다. 난방도 못할 판이니 요리는 말할 것도 없었다. 특히나 굽고, 찌는 요리를 하려면 많은 연료가 필요했다. 하지만 기름은 가열시간이 상대적으로 훨씬 짧아도 많은 요리를 해낼 수 있었다. 이렇듯 수백 년간 기름을 이용해 볶는 조리법은 그들에게는 가장 경제적인 요리였다.

셋째, 오랜 농경문화 때문이다. 농경사회에서는 부지런한 게 최고의 미덕이다. 노동 시간이 길면 길수록 생산량도 덩달아 늘어났다. 그러니 음식을 만들어 먹는 시간도 최대한 줄이는 게 당연히 유리했다. 이 문제라면 역시나 식용유가 최고였다. 센 불에 식용유로 볶거나 튀기면 2~3분 만에 요리 하나씩 뚝딱 만들 수 있으니 말이다. 게다가 찌거나 구운 요리에 비해 볶은 요리는 보관 기간도 더 길었고, 남은 음식도 기름에 볶으면 다시 맛있게 먹을 수 있었다. 또 기름은 힘든 육체노동을 견디게 해줄 칼로리까지 높았으니 늘 시간에 쫓기는 농민으로서는 마다할 이유가 조금도 없었다.

넷째, 오래전부터 식용유가 발달한 덕이다. 기름에 볶거나 튀기는 요리가 발전하려면 식용유가 싸고 흔해야 한다. 식용유는 크게 식물성 기름과 동물성 기름으로 나뉜다. 다른 나라들처럼 중국 역시 아주 오래전부터 동물성 기름을 사용해왔다. 하지만 동물성 기름은 대중화되기에는 구하기도 힘들고, 값도 비쌌다. 그러다가 기원 전후 무렵의 한나라 시대에 식물 열매에 기름이 있다는 사실을 알게 되었고, 그때 처음 식물성 기름이 등장했다. 이 시기에 콩기름과 유채기름, 참기름 등 다채로운 식물성 기름이 개발되었는데 그중 가장 많이 사용된 건 깨에서 짜낸 참기름이었다.

뭐니 뭐니 해도 볶는 요리가 대중화된 건 땅콩기름 덕이다. 4세기 동진 시대에 전래된 땅콩은 중국 전역으로 퍼지다가 10세기경 송나라 시대에 이르러서는 일반 백성들도 쉽게 먹을 수 있을 정도로 흔한 기름이 되었다. 더구나 땅콩기름은 100도 이상 넘어가면 증발해 버리는 물과 달리 300도 이상이 되어도 타지 않았기 때문에 볶음 요리에는 정말 최적의 식용유였다. 여기에 중국 특유의 프라이팬인 웍의 대중화까지 이루어져 송나라 이후 시작된 기름에 볶거나 튀긴 요리는 지금까지도 줄곧 중국 요리를 상징하고 있다. 웍은 마치 가마솥 같아서 온도를 짧은 시간에 높은 온도에 오르게 하고, 열의 전달을 고르게 해 볶음 요리에 최적화된 도구였다.

마지막으로는 맛있기 때문이다. 아무리 식용유가 물의 흙냄새도 없애고, 노동 시간을 벌어 주는 등의 여러 장점이 있다 하더라도 맛이 없었다면 중국인들은 분명 다른 대체수단을 찾았을 것이다. 강한 불에 식재료를 재빨리 볶아내면 영양소를 거의 파괴하지 않고 재료 본연의 맛을 고스란히 살릴 수 있다고 한다. 야채를 볶는다면 마치 야채에 보호필름을 붙이듯 기름으로 살짝 코팅해놓은 효과를 본다는 것이다. 여기에 중국인들이 지금도 가장 많이 사용하는 땅콩기름 외에도 파기름, 고추기름에서 보듯 중국에서 기름은 단순히 음식을 익히는 게 아니라 맛의 풍미를 극적으로 높여주는 조미료의 역할까지 한다.

어쨌든 지금도 중국인들의 식용유 사랑은 아무도 못 말린다. 3년 전 모두 철수했지만 한때 롯데마트가 중국의 대도시마다 진출한 적이 있었다. 가장 많이 팔린 상품은 무엇이었을까? 바로 식용유다. 여전히 중국 마트에 가면 식용유 4~6개를 한 묶음으로 파는 걸 자주 볼 수 있다. 심지어 휴대폰 살 때 5리터짜리 식용유를 경품으로 끼워주기도 한다. 그래서 중국인들 사이에서는 "휘발유 값이 오르는 건 참아도, 식용유 값이 오르는 건 참을 수 없다"라는 얘기도 있다.

일찌감치 생선회를 즐기던 미식가인 공자는 "음식을 안 먹는 사람은 없지만, 진정 맛을 아는 사람은 드물다"라고 했다. 하지만 공자가 지금의 시대에 부활해 웍으로 만들어내는 튀김과 볶음 요리를 모든 중국인이 즐기는 모습을 보면 어떤 생각을 할까? 지글지글 끓어오르는 기름에 넣기만 하면 심지어 신발도 맛있어지는 마법이 일어나니 말이다.

후추에 대한 열망,
대항해 시대를 열다

크기가 불과 4~5밀리미터밖에 안 되는 검은 알갱이인 후추. 이 후추가 지금의 세계를 만들었다고 하면 믿기 어렵겠지만 사실이다. 음식을 오래 보존하는 것은 인류의 가장 큰 숙제 중 하나였다. 그래서 찾아낸 방법이 소금에 절이는 염장이었다. 특히 육식을 주로 하는 유럽에서는 겨울이 오기 전 사육하는 동물을 모두 잡아 소금을 잔뜩 넣어 소시지와 햄으로 만들어 보관했다. 소시지Sausage라는 단어도 '소금을 친'이라는 뜻의 라틴어 'Salsus'에서 나온 말이다.

그런데 문제는 염장을 하면 할수록 누린내가 심하다는 것이다. 이 문제를 해결해준 게 바로 후추다. 후추는 고기의 누린내도 없앴고, 방부제 효능도 있어서 고기가 쉽게 변질되는 것도 막아 주었다. 더구나 고기의 맛도 훨씬 좋게 해주었다. 이러니 한번 고기에 후추를 뿌려서 맛을 본 사람은 그다음부터는 후추 없이는 고기를 먹지 못하게 되었다. 그야말로 유럽인들에게 후추는 일대 혁명이자 맛의 신세계였다.

후추가 유럽에 전해진 것은 대략 기원전 4세기경이다. 아라비아 상인들이 이른바 '스파이스 루트Spice Route'를 통해 동방의 비밀스러운 장소에서 이집트의 알렉산드리아나 레바논의 베이루트에 후추를 가져다 놓았다. 그러면 지중해 무역을 장악했던 이탈리아의 베네치아가 전 유럽에 공급하는 역할을 맡았다. 아라비아 상인들은 무역 독점을 위해 그들이 후추를 어디에서 구해 오는지 극비리에 부쳤다. 당연히 후추는 어마어마하게 비쌌다. 원산지에 비해 유럽의 후추는 100배 이상의 가격에 거래되었다. 너무 비싼 가격에 쓸 엄두도 내지 못한 평민들은 대신 바질이나 로즈마리 같은 유럽의 토종 향신료를 썼다. 이때만 해도 후추는 왕실과 귀족들의 전유물이었다.

12~13세기에 십자군 전쟁이 터지자 후추의 가격은 더 올랐다. 전쟁 통이라 후추의 공급이 제대로 되지 않았기 때문이다. 유럽 각국에서 십자군을 모아 오면 대개 그 운송은 베네치아 상인들이 맡았다. 엄청난 이익을 가져다주는 후추의 원활한 조달을 위해선 십자군이 동방을 차지하는 게 절대 유리했다.

결정적으로 유럽에서 후추의 가격이 폭발한 것은 15세

기 오스만투르크 제국이 들어서면서부터다. 알렉산드리아와 베이루트 등 후추의 모든 통로를 거머쥔 오스만투르크 제국은 후추에 엄청난 세금을 매겼다. 때론 후추 교역을 아예 중단하기도 했다. 지금으로 치면 아랍 전체가 전세계에 석유 공급을 끊어 버린 것과 같다. 이러니 후추 가격은 금과 다름없어서 '검은 황금'이라고 불렸다. 후추 한줌 가격은 신발 장인의 1년 치 임금과 같았고, 농노도 한명 살 수 있을 정도의 가격이었다. 때론 낱알 단위로도 거래되었는데 소작료나 집세 대신 후추 몇 알로 지불하기도 했다.

유럽에서 후추 가격이 미친 듯이 치솟았던 데에는 과시욕도 큰 몫을 했다. 후추가 신분을 상징하는 사치품이 된 것이다. 유럽의 왕실과 귀족들은 후추를 금항아리에 보관했다. 그러다가 연회를 열면 식탁에 후추를 산더미처럼 쌓아 놓고 자랑했다. 어떤 귀족들은 아무 음식에나 후추를 처발라 내놓기도 했고, 후추를 섞은 포도주를 마시기도 했다. 이 모든 게 자신의 부와 지위를 과시하기 위한 것이었다. 지금도 유럽에 가면 모든 레스토랑의 식탁에 소금과 후추가 세트로 올려져 있다. 후추가 과시의 수단이었던 시절에 만들어진 문화로 자신의 레스토랑이 고급이라는 점을 내세우기 위한 것이다.

14세기부터 유럽에 퍼지기 시작한 페스트도 후추 가격을 올리는 데 한몫했다. 페스트로 인해 유럽 인구의 거의 절반 가까이 목숨을 잃었고, 살아남은 사람들의 생활 수준은 오히려 더 높아졌다. 씁쓸하지만 그래서 육식을 즐기는 인구가 더 늘어났고, 그만큼 후추의 소비량도 늘어났다.

후추 가격이 천정부지로 치솟자 향신료의 원산지인 인도를 찾는 데 목숨 건 사람들이 여기저기서 나타나기 시작했다. 성공만 한다면 일확천금이 보장되었기 때문이다. 맨 처음 뛰어든 사람은 포르투갈의 항해왕인 엔리케 왕자Henrique O Navegador였다. 그는 아프리카를 우회하는 바닷길을 찾기 위해 탐험대를 무려 100여 차례 넘게 대양으로 내보냈고, 그럴 때마다 아프리카는 속속 포르투갈의 식민지가 되어 갔다. 그리고 마침내 바스코 다 가마Vasco da Gama가 1498년 인도에서 후추를 가져오는 데 성공했다. 그러나 후추 가격을 지불하던 아라비아 상인들과 달리 포르투갈은 무력함대를 동원해 인도의 후추를 강탈했다. 이는 나중에 인도가 네덜란드와 영국의 식민지로 전락하는 역사로 이어지게 된다.

포르투갈의 성공에 자극받은 스페인도 본격적인 후추 찾기에 나섰다. 우선 콜럼버스Christopher Columbus를 인도로 보냈다. 하지만 콜럼버스는 엉뚱하게도 아메리카 대륙을 발견했다. 이로 인해 미국이 생겼고, 이후 스페인 탐험가들이 가져온 천연두로 원주민들은 대거 몰살되었다.

그런가 하면 16세기 스페인이 후원한 마젤란Ferdinand Magellan은 사상 최초로 바다를 완전히 한 바퀴 도는 데 성공했다. 그리고 인도네시아의 향신료 보고인 몰루카 제도 Molucca Is에서 그들이 그토록 원하던 후추를 잔뜩 얻게 되었다.

1494년, 세계 곳곳에 식민지를 두고 충돌을 벌이던 포르투갈과 스페인은 토르데사야스 조약Treaty of Tordesillas을 맺었다. 세계 지도에 일직선으로 2개의 선을 긋고, 한쪽은 스페인이, 또 다른 쪽은 포르투갈이 반씩 나눠 갖기로 한 것이다. 이 조약으로 오늘날 브라질은 포르투갈어를, 나머지 남미 국가들은 스페인어를 사용하게 되었다.

하지만 스페인과 세계를 반분하던 포르투갈은 점차 쇠락해갔다. 당시 포르투갈의 인구는 겨우 100만 명에 불과해 이 인구로는 막대한 군사력을 유지하기가 사실상 불가능했다. 군사력이 뒷받침되지 않으니 후추 무역로를 독점하는 것도 점차 힘들어졌다. 이 틈을 파고든 게 네덜란드다. 또 다른 해양 강국이었던 네덜란드는 17세기에 동인도회사를 차리면서 후추를 대거 유럽으로 들여왔다. 얼마나 많이 들여왔던지 그제서야 유럽에서 후추의 가격이 폭락했고, 점차 평민들도 후추를 먹을 수 있게 되었다.

후추 가격의 폭락에도 벨기에, 프랑스, 영국이 차례로 국운을 걸고 후추 쟁탈전에 뛰어들었다. 그럴 때마다 인도, 인도네시아, 베트남, 캄보디아 등이 식민지가 되거나 후추 생산기지가 되어 갔다.

지금까지 살펴본 것처럼 후추에 대한 열망은 유럽의 대

항해 시대를 열었고, 지리상의 발견으로 이어졌다. 이는 기술의 발전과 자본의 축적을 가져왔고, 이 덕에 유럽은 모든 대륙에서 가장 먼저 중세에서 근대로 넘어가는 발판을 만들 수 있었다. 이렇듯 4~5밀리미터밖에 안 되는 이 작은 열매가 세계사에 미친 영향력은 실로 어마어마했다.

종교재판에서 화형까지, 감자의 험난했던 유럽 정착기

감자만큼 인류를 구원한 식품은 없다. 하지만 감자만큼 푸대접받은 식품도 없다. 국민에게 감자를 먹이기 위해 각 나라에선 왕들이 직접 나서 온갖 묘안을 짜내야 했을 정도로 감자가 유럽에 정착하는 데는 정말 험난한 과정을 거쳐야 했다.

감자가 유럽에 전해진 것은 16세기 스페인 사람들에 의해서다. 하지만 이들 역시 신대륙의 감자를 유럽에 소개할 생각은 눈곱만큼도 없었다. 신대륙에서 본국으로 돌아가는 먼 바닷길에 감자는 단지 비상식량으로 배에 올랐을 뿐이다. 오래 놔둬도 잘 상하지 않았기 때문이다. 정말 최악의 상황이 아니라면 감자는 아무도 건드리지 않았다. 그래서 스페인에 도착할 때까지 감자는 고스란히 배에 남았다. 왜 그들은 감자를 거들떠보지도 않았을까?

우선 맛이 없었기 때문이다. 여러 번 개량된 지금의 감자와는 달리 당시의 신대륙 감자는 아무 맛이 안 나는 밍밍함 그 자체였다. 게다가 감자는 자신들이 노예로 삼은 인디오들의 주식이라 천한 음식이라는 인식이 강했다.

사실 그때까지만 해도 유럽에선 뿌리를 먹는다는 개념 자체가 없었다. 그래서 땅속에서 자라는 감자는 유럽인들 눈엔 아주 이상한 식품일 수밖에 없었다. 종교가 모든 것을 지배하는 중세의 상황도 감자의 보급을 더디게 했다. 모름지기 식품은 땅 위에 있는 것만이 하느님의 축복을 받은 것이고, 땅속의 식품은 악마들의 음식이라는 생각이었다.

그런 천대를 받는 와중에도 스페인 땅에 버려진 감자들은 정말 쑥쑥 잘 자랐다. 몇몇 호기심 넘치는 사람들이 감자의 맛을 보기 시작했다. 하지만 뿌리를 먹어야 한다는 건 상상도 할 수 없었다. 그래서 땅 밑의 감자는 버리고 땅위의 이파리를 먹었다. 불행히도 감자 잎은 독초였고, 많은 사람이 복통을 앓았다. '역시 감자는 악마들이나 먹는 것'이라는 생각이 확고해져 감자는 다시 버려졌다.

그렇지만 감자는 그 버려진 땅에서도 정말 잘 자랐다. 잎이 아니라 뿌리를 먹어야 한다는 사실도 조금씩 사람들에게 알려졌다. 그래도 악마의 음식을 먹는 것은 아무래도 꺼림칙했다. 이에 성직자가 나서서 감자를 먹을 때마다 성수를 뿌려 정화했다. 이렇게 감자에 죄 사함을 하자 감자를 먹는 사람들이 조금씩 늘어났다.

하지만 이를 못마땅해하는 성직자들도 있었다. 이들에 의해 감자는 종교재판대에 올랐다. 갑론을박 끝에 종교재판소는 감자에 화형을 선고했다. 감자가 신의 뜻과 달리 암수가 아닌 덩이줄기만으로 번식한다는 게 유죄의 근거였다.

16세기 후반 스페인령이나 다름없던 네덜란드가 독립을 선언하면서 전쟁이 시작되었다. 이때 감자는 네덜란드까지 이어진 스페인군의 보급로를 따라 유럽 전역으로 퍼져나가기 시작했다. 하지만 이후로도 오랫동안 유럽에서 감자를 먹는 사람들은 아주 드물었다. 아일랜드를 제외하곤 기껏해야 감자는 동물 사료로나 쓰였다.

음식은 대개 아래에서 시작돼 위로 퍼지는 게 일반적이다. 즉, 늘 먹을 게 부족한 일반 백성들이 새로운 먹거리를 찾아내고, 이게 나중에 귀족들과 왕실로 전해지는 게 보통의 과정이다. 하지만 감자는 정반대였다. 어떻게 해서든 왕들은 감자를 먹이려 했고, 백성들은 한사코 거부했다. 17~18세기의 유럽은 전쟁의 시기였다. 이 때문에 유럽 각국은 늘 식량 부족에 시달렸다. 유일한 해결책은 아무 데서나 마구 자라는 감자뿐이었다. 하지만 감자를 먹으면 문둥병에 걸린다는 소문까지 겹쳐 일반 백성들의 감자 혐오는 요지부동이었다.

이 천대받던 감자를 일약 인류를 구원한 음식으로 만

든 결정적인 두 사람이 있다. 그중 한 명이 프로이센의 국왕 프리드리히 2세다. 18세기 중반, 프리드리히는 나라에 대기근이 들자 감자를 재배하라는 명령을 내렸다. 하지만 "개도 안 먹는 것을 우리가 어떻게 먹느냐"며 전국적인 반발이 일어났다. 그러자 프리드리히 2세는 자신의 식탁에 매일 감자 요리를 올리도록 했다. "내가 개만도 못하다는 것이냐"라는 뜻이었다. 이어 프리드리히 2세는 "이제부터 감자는 왕실과 귀족들만 먹을 수 있다"고 선포했다. 그리고 왕실 땅에 감자를 잔뜩 심은 다음 근위병을 배치해 철통같이 지키도록 했다. 하지만 밤이 되면 일부러 경비를 허술하게 하도록 했다.

그의 묘수는 대성공이었다. 많은 사람이 밤이 되면 왕실 땅의 감자를 훔쳤고, 이게 입소문을 타면서 이제는 자진해서 공터마다 감자를 심었다. 이렇게 해서 프로이센 전역으로 감자가 퍼져나갔다. 지금도 프리드리히 2세는 '감자 대왕'이라는 별칭으로 불리고 있다. 그리고 그의 묘에는 지금도 사람들이 꽃 대신 감자를 놓고 가는 게 바로 이런 이유에서다.

또 한 명은 파르망티에Antoine-Augustin Parmentier라는 프로이센 전쟁포로다. 프로이센은 전쟁포로에게 돼지 먹이로 쓰이던 감자만을 주었다. 프랑스 농학자였던 그는 포로로 있던 3년 내내 감자만을 먹어야 했다. 그럼에도 단 한 번도 아프지 않고 오히려 몸이 건강해졌다. 감자의 진가를 깨달은 파르망티에는 프랑스로 돌아와 감자 보급에 평생을 바쳤다.

파르망티에는 감자를 널리 알리려면 우선 맛부터 개선해야 한다고 생각했다. 그래서 다양한 요리를 개발한 다음 루이 16세, 마리 앙투아네트 왕비, 귀족들이 참가한 궁중 연회에서 이를 선보였다. 그리고 감자를 홍보하기 위해 루이 16세와 마리 앙투아네트 왕비의 옷과 머리에 감자꽃을 달게 했는데 이게 귀족들 사이에서 대유행하기도 했다.

또 파르망티에는 전쟁포로 당시 프로이센에서 경험했던 프리드리히 2세의 방법을 프랑스 왕실에 고스란히 전했다. 루이 16세도 프리드리히 2세처럼 왕실 땅에 감자를 심고 근위병이 지키게 한 다음, 밤에는 일부러 경비를 허술하게 했다. 이 방법이 또 한 번 적중하면서 프랑스에도 대혁명 즈음 감자 재배가 전국적으로 유행했다. 지금도 프랑스의 대표적 가정식 요리 중 하나인 아쉬 파르망티에 등 다양한 감자 요리에 프랑스를 기근에서 구한 파르망티에의 이름이 붙어 있다.

반면 영국의 감자 보급은 이들 나라에 비해 한참 늦었다. 기회는 일찍부터 있었다. 16세기 후반 엘리자베스 여왕은 총애하는 신하인 월터 롤리 경의 소개로 감자를 처음 알게 되었다. 월터 롤리 경은 영국에서 맨 처음 감자를 먹고, 담배를 핀 것으로 역사에 기록된 인물이다.

역시 뛰어난 왕답게 엘리자베스는 감자의 진가를 단박

에 알아봤다. 그래서 궁중에서 귀족들을 모아 놓고 감자를 알리기 위한 감자파티를 열었다. 그런데 이게 문제였다. 왕실의 요리사도 감자가 처음이라 뿌리는 버리고 이파리로 음식을 만든 것이다. 결국 여왕은 감자 잎 독소에 중독되었고, 감자에 대한 악명만 더 높아져 그 후 200년도 넘게 영국에서 감자는 발도 붙일 수 없었다.

하지만 굶주림에는 장사가 없었다. 산업혁명으로 18세기 중반부터 도시 빈민이 급증하고, 19세기 초에는 나폴레옹의 대륙봉쇄령이 겹치면서 영국도 어쩔 수 없이 정부가 나서 대대적인 '감자 먹기 캠페인'을 벌였다. 여기에는 노동자의 최저 생계비를 줄여 임금을 낮추려는 자본가들의 계산도 깔려 있었다. 이 캠페인의 하나로 영국 해군은 비타민 C가 풍부한 감자를 넣어 카레를 만들었다. 묽은 인도 카레와 달리 영국 해군의 카레는 흔들리는 배에서도 먹을 수 있도록 묵직하게 만들었다. 감자 덕택에 영국은 대륙봉쇄령을 견뎌낼 수 있었고, 19세기 중반이 되자 런던 곳곳에 피시 앤 칩스 가게가 즐비할 정도로 감자는 빠르게 영국인들이 가장 즐겨 먹는 음식이 되었다.

감자 재배 덕분에 유럽인들의 육식 섭취도 증가했다. 겨울철에는 사람이 먹을 것도 부족하니 동물 먹일 사료는 더더욱 있을 리 만무했다. 그래서 겨울이 오기 전 동물을 모두 잡아 햄이나 소시지로 염장해서 먹곤 했다. 그런데 감자가 동물 사료 역할을 하면서 유럽인들은 한겨울에도 신선한 고기를 통해 단백질을 섭취할 수 있게 된 것이다.

이렇게 감자는 유럽에 들어온 지 200년이 지나서야 유럽인들의 식탁에 자리하게 되었다. 감자는 사하라 사막에서 북극권의 그린란드까지 어디서나 잘 자랐다. 더구나 1년에 3모작까지 가능한 영양식품이었다. 이 덕에 유럽은 18세기 중반이 되어서 역사상 처음으로 굶주림에서 벗어날 수 있었다. 먹을 것이 해결되니 인구도 폭발적으로 증가했다. 이 늘어난 인구는 도시로 몰려들었다. 이들이 공장 노동자가 되면서 산업혁명으로 이어졌다. 인구 증가는 군사력의 강화로도 이어졌다. 그래서 더 많은 식민지 정복전쟁을 벌일 수 있게 되었다.

독일의 괴테는 "감자는 신이 내린 가장 큰 축복이다"라고 말했다. 최소한 유럽인들에게는 딱 맞는 평가다.

일본인들의 체격이
유독 왜소한 이유

(feat. 2가지 부작용)

한국인에 비해 일본인의 체격이 왜소하다는 것은 한눈에 봐도 알 수 있다. 굳이 키나 체중을 재볼 필요도 없다. 다만 지금이 아니라 과거에도 그랬는지를 알아보려면 역사적 기록이 필요하다. 그런데 그 기록도 꽤 많다. 16세기 말 임진왜란 당시 정찰에 나선 한 조선군은 왜군 병사들의 작은 체격과 함께 그들의 식사량이 아군의 3분의 1밖에 안 된다는 것에 많이 놀랐다고 한다.

이것은 일본인 스스로도 인정하는 바다. 18세기 후반 하야시 시헤이林子平가 쓴 《삼국통람도설》이라는 정치지리서를 보면 "조선인은 체격이 커서 힘도 세고, 밥도 일본인보다 두 배를 먹는다"라고 되어 있다. 에도 시대 일본인들의 평균 키는 남자가 150센티미터 중반, 여성은 140센티미터 중반이었다. 이에 비해 조선인들은 6센티미터 정도 더 컸다.

제삼자인 서양인들의 눈을 빌려 봐도 마찬가지다. 이에 관해서는 영국의 여행작가 이사벨라 버드 비숍Isabella Bird Bishop의 말이 가장 유명하다. 1894년 조선 땅을 처음 밟은 그녀는 당시 영국에서 베스트셀러에 올랐던 《조선과 그 이웃나라들》이라는 책에서 "한국인들은 중국인이나 일본인들보다 잘 생겼다. 체격도 일본인보다 훨씬 크다. 남자들은 힘이 세어서 짐꾼들은 보통 45킬로그램의 짐을 들었다"라고 썼다.

그럼 과연 최근의 조사는 어떨까? 2016년 영국의 임페리얼 칼리지 런던은 세계 200개국을 대상으로 남녀의 평균 신장이 1914~2014년까지 100년 간 어떻게 달라졌는지를 조사했다. 그 결과 한국 남성은 159.8센티미터에서 174.9센티미터로 15.1센티미터 커졌다. 이는 세계에서 세 번째로 큰 폭이고, 전체 순위는 세계 151위에서 51위가 되었다. 한국 여성의 성장률은 더 놀랍다. 142.2센티미터에서 162.3센티미터가 되었다. 무려 20.1센티미터가 커져 성장폭은 세계 1위다. 196위에서 55위로 수직상승한 것이다.

반면 일본 남자는 156.2센티미터에서 170.8센티미터가 되었다. 세계 187위에서 102위로 일본 역시 대폭 상승했지만, 평균 이하다. 여자는 142.3센티미터에서 158.3센티미터로 195위에서 112위가 되었다. 어쨌든 한국인은 일제 후반과 6·25 전쟁 등 극단적으로 영양 공급이 부실했던 시기에 성장한 세대를 제외하곤 역사 전체를 통틀어 일본인보다 키도 크고 체중도 더 나간 것은 확실하다.

다시 본론으로 들어가 그럼 일본인들은 왜 왜소한 걸까? 우선 인종적인 요인부터 꼽지 않을 수 없다. 추운 지방일수록 사람도 크고, 동물도 크다. 이를 '베르그만의 법칙'이라고 하는데 신장 순위 상위권 국가들인 네덜란드, 덴마크, 노르웨이 등이 모두 북쪽에 있는 국가들인 것만 봐도 알 수 있다. 이는 추운 지역에서는 키와 덩치가 클수록 체온 유지에 유리하기 때문이다. 반대로 더운 지방은 체구가 작을수록 유리한데 모두 자연선택에 의해 환경에 적합한 유전인자가 진화한 결과다.

어쨌든 시베리아의 혹독한 추위 속에서 진화한 북방계가 한반도와 일본으로 내려오면서 남방계 인종과 뒤섞이게 되었다. 그런데 아무래도 바다로 막힌 일본보다는 우리나라 땅에 북방계가 훨씬 더 많이 오게 되었다. 논란이 있긴 하지만, 그래서 우리는 대부분 북방계 인종이 되었고, 일본인들은 뼈대가 가늘고, 키가 작은 남방계의 피가 절반은 남아 있다고 보고 있다. 이 때문에 일본인들은 아무리 잘 먹어도 덩치를 키우는 것에 한계가 있는 것이다.

인종적인 한계가 있다면 잘 먹어서 후천적으로라도 보충해야 하는데 그러지도 못했다. 특히 너무나 오랫동안 고기를 먹지 않은 게 치명적이다. 일본은 무려 1,200년 동안이나 육식을 금지해왔다. 675년 덴무 일왕이 불교의 영향을 받아 가축을 먹지 못하게 한 이후부터다. 그리고 1868년의 메이지유신 때까지 '부정 탄다'라는 생각에 일본인들은 약용 외에는 거의 고기를 먹지 않았다. 물론 생선을 먹긴 했지만, 키 크는 데 결정적인 역할을 하는 고기의 동물성 단백질을 결코 대신할 순 없었다.

육식 금지는 또 다른 부작용을 낳았는데, 바로 일본인들에게 유난히 많은 덧니다. 너무나 오랫동안 질긴 고기 대신 생선과 채소 등 부드러운 음식만 먹다 보니 턱 근육이 점점 퇴화되어 간 것이다. 턱 크기는 작아지는데 치아는 그대로이니 치열이 아주 엉망이 되어 버린 것이다. 더구나 일본에서는 덧니가 귀엽다는 인식이 강해 한때 일부러 덧니를 만드는 성형이 유행하기도 했다.

그러다 메이지유신을 추진하면서 일본 지배층들은 서양인들의 체격에 상당한 충격을 받았다. 서양인과 일본인이 함께 서면 마치 어른과 아이 같이 보였던 것이다. 그리고 이 모든 건 고기를 안 먹은 탓이라고 판단하고, 졸지에 일본 왕이 직접 앞장서서 '고기 먹기 운동'을 벌였다. "고기를 먹지 않으면 문명인이 아니다." 이게 당시 일본 사회의 슬로건이었다. 물론 이에 대한 사회적 반발도 무척 심했다. 고기를 먹으라는 명령을 내린 일왕을 암살하기 위해 10명의 자객이 궁으로 난입하기도 했다. 그 이유는 "고기를 먹으면 일본의 정신이 더럽혀져서 신들이 살 곳이 없어진다"라는 것이었다. 1,000년 이상 먹지 않던 고기를 갑자기 의무적으로 먹으라고 하니 백성들의 고충도 이만저만이 아니었다. 무엇보다 고기 비린내를 견디지 못했다. 그러니 어떻게 하든 고기를 먹게 하기 위한 새로운 음식을 개발해야 했고, 그게 바로 '스키야키'와 '샤브샤브'다.

가장 중요한 건 고기에 대한 거부감을 줄이는 것이었다. 그래서 스테이크 같은 고기 덩어리 대신 최대한 얇게 슬라이스해서 먹었다. 그리고 일본인들에게 익숙한 간장과 된장, 설탕으로 국물을 만들고 고기를 채소와 함께 먹게 했다. 일본인들이 오래 먹어온 국물 요리에 생선 대신 고기를 넣은 것이다. 일본인들은 여기에 한 가지 장치를 더했다. 바로 고기를 날계란에 찍어 먹게 한 것이다. 고기의 누린내를 거부감이 덜한 계란의 비린내로 대체한 것이다.

이 방식을 따른 요리의 결정판은 돈가스다. 일본식 돈가스는 프랑스 요리인 코틀레트에서 유래된 것이다. 그런데 입자가 고운 빵가루를 쓰는 코틀레트와 달리 일본식 돈가스는 두툼한 빵가루를 쓴다. 왜 그랬을까? 그건 아예 고기임을 감추기 위한 것이었다. 그리고 포크와 나이프 대신 일본인들에게 익숙한 젓가락으로 집어 먹을 수 있도록 잘게 잘랐다.

역사적으로 일본인들은 고기를 먹지 못하게 되면서 더 탄수화물 위주의 식사를 하게 되었다. 그건 말할 것도 없이 쌀밥 위주의 식사다. 일본은 북해도 지역을 빼고는 대부분 쌀농사가 가능한 땅이다. 일본인들이 흔히 먹는 텐동, 규동 등 덮밥류도 당연히 밥 위주다. 여러 반찬과 함께 먹는 것에 익숙한 우리에게는 밥을 덮고 있는 튀김이나 고기가 너무 적게 느껴진다. 특히 아무 반찬도 없이 밥에 가루를 뿌려 먹는 후리카케도, 쌀밥에 녹차를 부어 먹는 오차즈케도, 우동도, 라멘도 온통 탄수화물 천지다. 게다가 달고 짜게 먹는 것도 문제. 나트륨은 키 성장은 물론 뼈를 튼튼하게 해주는 칼슘을 배출시키고, 당분은 성장호르몬의 분비를 억제하기 때문이다.

지금까지 이야기한 세 가지 요인을 다시 정리하면, 첫째는 인종적 한계, 둘째는 육식 금지로 인한 단백질 부족, 셋째는 키 크는 데 방해가 되는 달고 짠 탄수화물 식단이다.

마지막으로 많은 사람이 잘못 알고 있는 한자 왜倭의 의미를 짚고 마무리하려 한다. 일본의 옛 명칭인 왜국倭國이나 일본인을 비하해서 부르는 '왜놈'에서 보듯 우린 보통 왜가 '왜소하다'는 뜻을 가지고 있다고 생각한다. 하지만 일본을 뜻하는 '왜나라 왜倭'의 한자는 '사람 인人'을 부수로 쓰지만 '왜소하다'라는 뜻을 가진 난쟁이 '왜矮'는 '화살시矢'가 부수인 다른 한자다. 왜국이라는 명칭을 처음 사용한 건 중국인데,《설문해자》같은 옛 사전에서도 왜倭는 '순종적'이라는 뜻일 뿐 '왜소하다'라는 뜻은 없다고 한다. 결국 이는 비슷하게 생긴 한자로 인한 오역이 아닐까 싶다.

교양인이라면
꼭 알아야 할

이토록 불편한 진실

3

영국이
호주로 보낸
죄수들의 삶은 어땠을까?

18세기 후반, 런던의 템스강은 기이한 배들로 가득했다. 당장 물에 가라앉아도 조금도 이상하지 않을 이 낡아 빠진 거대한 배들은 늘 한자리에 머물러 있었다. 사람들은 이 배를 헐크Hulk라고 불렀다. 그런데 어느 날부터인가 템스강을 뒤덮었던 이 배들이 하나둘씩 사라지기 시작했다. 그럴 때마다 머나먼 호주 대륙에는 죄수를 가득 실은 배들이 하나둘씩 도착했다.

18세기 후반은 세계가 대변혁의 몸살을 앓던 시기였다. 프랑스는 대혁명을 겪었고, 미국은 독립했으며, 영국은 산업혁명기였다. 산업혁명은 물론 세계를 근대화로 이끌었지만, 그 시대를 산 일반 사람들에겐 정말 최악의 시기였다.

18세기에 들어서면서 유럽의 인구가 증가하기 시작했

다. 감자 재배로 기아에서 벗어나기 시작했고, 전염병이 퇴치되면서 사망률이 크게 줄어들었기 때문이다. 하지만 양모 산업이 발달하면서 농사보다는 양을 키우는 게 이익이 더 커지자 농토는 자꾸만 줄어갔다. 이에 먹고살 길이 없어진 사람들이 도시로 몰려들었다. 이 무렵 런던의 인구는 약 50년간 무려 세 배나 증가했다. 공업도시인 리버풀과 맨체스터는 이보다 더했다. 이 도시 빈민들이 무한대의 값싼 노동력을 제공하면서 영국은 산업혁명을 성공적으로 이끌 수 있었다. 하지만 행복한 건 일부 자본가들뿐이었다.

대부분의 도시 빈민들의 삶은 정말 비참했다. 하루 12시간을 일해도 임금은 터무니없이 적었다. 먹고살기 위해서는 10세 이하의 아이들도 하루 10시간 이상 노동해야 했다. 이런 일자리를 구하는 것조차 너무 힘들었다. 그러니 도시 범죄가 급증하는 건 당연했다. 이들이 저지른 범죄의 대부분은 절도였다. 그것도 대개는 배고픔을 견디다 못해 감자 몇 개, 빵 몇 조각을 훔치는 정도였다. 영국 도처에 장발장이 차고도 넘쳤다.

하지만 범죄의 내용에 비해 영국의 형벌은 정말 가혹했다. 법은 철저히 가진 자들의 재산을 보호하기 위해 존재했다. 그래서 물건을 훔치는 절도죄는 특히 엄격하게 다뤄졌다. 지금으로 치자면 5만 원 정도의 물건을 훔치면 그 벌은 사형이었다. 추위를 피하기 위해 땔감용으로 나무를 베어도 사형이었다. 이때는 국가에서 운영하던 교도소도 거의 없었다. 그래서 대개는 수용할 곳이 없어서 웬만하면 사형시켰다. 때론 광장에서 공개 처형하기도 했다. 본보기를 보여준다는 명목으로 자본가들은 공장의 노동자들을 모두 데리고 사형식을 단체 관람하기도 했다. 이렇듯 산업혁명은 한편으로는 정말 야만의 시기였다.

이처럼 영국의 형벌이 너무 잔혹해 이를 블러디 코드 Bloody Code라고 불렀다. 영국 내에서도 이에 대한 비판이 커지자 사형보다 단계가 낮은 처벌을 만들어야 했다. 그 궁리 끝에 나온 것이 해외 유배형이다. 처음에는 죄수들을 미국으로 보냈다. 신대륙 식민지의 노동력 부족을 메운다는 명분이었다. 이렇게 보낸 죄수가 6만 명이다. 하지만 미국이 독립하면서 더 이상 죄수를 보낼 수 없게 되자 새로운 유배지를 찾아야 했다.

그러는 동안에도 영국의 죄수들은 계속 늘어만 갔다. 더 이상 수용할 곳도 없게 되자 퇴역 전함과 상선을 임시 교도소로 쓰게 되었다. 이게 바로 헐크다. 헐크는 런던은 물론 리버풀, 포츠머스 등의 항구와 강을 가득 메울 지경이 되었다. 헐크의 열악한 수용 환경으로 인해 장티푸스와 콜레라로 많은 사람이 죽어 나갔다.

이를 보면서 런던의 중산층들은 천연두 같은 전염병이 또 퍼질까 봐 전전긍긍했다. 이 배들을 강에서 빨리 치우라는 여론이 들끓었다. 그래서 영국은 허겁지겁 미국을 대체하는 유배지로 호주를 선택한 것이다. 사실 호주는 영국뿐 아니라 네덜란드, 프랑스, 스페인 등 많은 유럽에서 이미 그 존재를 알고 있는 땅이었다. 하지만 크기도 명확하지 않고, 모래뿐인 황무지인데다, 무엇보다 유럽 본토에서 너무 멀어 아무도 가지려고 하지 않은 땅이었다.

영국 입장에서도 죄수 수송비가 너무 많이 들어 호주는 가급적 피하려 했지만 다른 대안이 없었다. 그래서 1788년에 11대로 구성된 첫 함대가 죄수 736명을 싣고 처음 호주 땅에 닿았다. 이들은 대부분 설탕 한 봉지나 빵 한 덩어리를 훔친 혐의였다. 이 중 최연소는 9세 소년이었다. 그는 옷을 훔쳤다는 이유로 8개월의 험난한 항해를 거쳐 그 멀리 호주까지 혼자 보내졌다. 가장 나이가 많은 사람은 82세의 할머니로 위증죄였다.

영국의 계획은 죄수들이 농사를 통해 자급자족하게 하는 것이었다. 하지만 목표만 그럴듯했을 뿐 이를 위한 실행 계획은 사실상 아무것도 없었다. 호주는 영국과 토양도 다른데다 무엇보다 죄수들 중에는 농사 경험을 가진 사람이 많지 않았다. 게다가 가져간 가축도 터무니없이 부족해 이들의 고생은 실로 막심했다.

그럼에도 1차로 보내진 죄수들은 그나마 행운아들이었다. 1차는 정부가 직접 죄수들의 호송에 나섰지만 2차부터는 민간 기업에 맡겼다. 민간수송선은 흑인 노예를 실어 나르던 배였다. 죄수들은 흑인 노예들처럼 족쇄에 묶인

채 8개월간이나 꼼짝 못하고 누워서 호주까지 가야 했다. 대소변 역시 흑인 노예들처럼 누운 그 자리에서 해결해야 했다. 결국 40퍼센트가 호주 땅을 밟지도 못하고 배에서 죽었다. 이런 일이 계속되자 영국 정부는 생존한 죄수 숫자에 비례해 요금을 지불하기로 계약 조건을 바꾸었다. 그 덕에 죄수 생존율은 95퍼센트를 넘었다.

이렇게 영국이 호주에 보낸 죄수들의 숫자는 16만 5,000여 명에 달했다. 이러한 역사로 인해 호주는 보통 범죄자들이 세운 나라라고도 한다. 하지만 이들은 흉악범들과는 거리가 멀었다. 흉악범은 블러디 코드라는 단어에서 보듯 영국에서 무조건 사형이었다. 실제로 호주에 온 죄수들의 죄목을 살펴보면 비교적 경미한 절도 범죄가 80퍼센트에 달했다. 그 외에는 직물 기계를 파괴했던 러다이트 운동Luddite Movement이나 노동자의 참정권 확대를 요구했던 차티스트 운동Chartist Movement에 가담했던 정치범들도 있었다. 게다가 이 중에는 아무런 죄도 짓지 않은 노숙자들도 있었고, 죄인이 된 엄마를 따라온 아이들도 있었다.

호주 유배 기간은 셋 중 하나였다. 짧으면 7년, 보통은 14년이었고, 개중에는 종신형도 있었다. 죄에 비해 정말 너무나 과중한 형벌이었다. 이들은 형기 내내 혹독한 육체노동에 시달렸다. 목수나 석공 같이 기술이 있는 사람들은 그나마 정부 공사에 투입되었지만, 그렇지 않은 사람들은 도로와 다리 공사에 동원되거나 채석장이나 광산에서 해가 뜨고 질 때까지 일해야 했다. 나중에 자유 이주민들이 많아졌을 때는 그들의 농장에 배치돼 노예처럼 온갖 궂은 일을 도맡아야 했다.

여성들 역시 참혹하긴 마찬가지였다. 여성들은 대개 가사 노동을 맡아 요리, 재봉, 청소 등의 일을 했다. 호주로 호송된 전체 죄수 중 여성은 15퍼센트밖에 되지 않았다. 이 극단적인 성비가 또 다른 범죄를 잉태했다. 여성들은 수시로 강간을 당하거나 마치 성노예처럼 이곳저곳으로 팔려 다니기도 했다.

죄수들은 반항하면 가차 없이 채찍질을 당했다. 가죽으로 만든 이 중세 채찍은 끝에 납이 달려 있어 단 몇 대만 맞아도 살갗이 찢어져 나갔다. 규율을 심하게 위반하면 종일 쇠사슬을 차고 노동해야 하는 노퍽 섬Norfolk Island으로 보내거나 교수형에 처했다. 그나마 희망은 모범수가 되어 기본 4년을 채운 후 사면권을 얻는 것이었다. 하지만 조기 석방이 되더라도 선고 기간이 끝날 때까지 호주를 벗어날 수는 없었다.

형기를 모두 채우면 자유증명서를 받고 자유 시민이 되었다. 하지만 이들은 대부분 영국으로 돌아가지 않고 호주에 남았다. 영국으로 갈 그 비싼 뱃삯도 없었을뿐더러 영국 정부 역시 호주의 광대한 영토를 개발하기 위해선 노동력이 필요했다. 그래서 자유 시민이 된 죄수들에게 약간의 땅과 1년 치 식량을 줘가며 호주에 머물도록 유도했다.

영국으로 돌아가 봐야 희망도 없던 이들은 기꺼이 그 땅에 남았고, 나중에는 호주인이 되었다. 그리고 그 후손들이 지금 호주 인구의 20퍼센트 정도를 차지하고 있다.

영국의 죄수 이송은 1868년이 되어서야 끝났다. 금광이 발견되면서 자발적인 이주민들이 대거 몰려와 더 이상 죄수들의 노동력이 필요하지 않았기 때문이다. 그 사이 영국에 대규모로 교도소가 지어지기도 했고, 막대한 죄수 운송료도 부담이었다.

이렇게 영국은 100여 년에 걸쳐 미국과 호주로 죄수들을 내버리다시피 했다. 하지만 아이러니하게도 영국의 범죄율은 그 후로도 꽤 오랫동안 낮아지지 않았다. 더 아이러니한 것은 범죄자가 만든 호주가 세계에서 범죄율이 가장 낮은 나라 중 하나가 되었다는 것이다. 형벌만 높인다고 범죄가 줄어들지 않는다는 사실을 영국과 호주는 16만 5,000명의 죄수를 통해 보여준 셈이다.

돈이 모이는 곳에 언제나 유대인이 있는 이유

유대인을 나타내는 대표적인 캐릭터 중 하나가 샤일록이다. 셰익스피어의 《베니스 상인》에 나오는 악덕 고리대금업자다. 살 1파운드를 담보로 돈을 빌려준 샤일록의 무자비함은 당시의 유대인이 얼마나 많이 고리대금업을 했는지, 그리고 그 때문에 얼마나 많은 미움을 받았는지를 상징적으로 보여준다.

현대에도 세계의 금융계는 유대인이 꽉 잡고 있다고 봐도 무방하다. 세계의 경제 대통령이라 불리는 미국 연방준비제도Fed의 의장도, 미국 재무장관도 대부분 유대인이다. 로스차일드와 골드만삭스도 유대계이고, '20세기 금융의 연금술사'라 불리는 조지 소로스도 유대인이다. 이렇듯예로부터 지금까지 돈이 모이는 곳엔 늘 유대인이 있었다. 오랜 기간 유럽 전역에서 받아온 혹독한 박해를 생각할 때 이런 일관성은 참 놀랍기만 하다. 어떻게 이것이 가능했을까? 이미 답이 나와 있다. 박해. 유대인들은 금융업만 해야 한다는 박해를 받아왔기 때문이다.

이게 특혜가 아니고 어떻게 박해냐고 의아할 수도 있다. 만약 오늘날 특정인에게만 은행을 할 수 있게 한다면 난리가 날 것이다. 하지만 유대인에 대한 차별과 탄압이 본격화된 중세에는 지금과는 모든 것이 달랐다. 즉, 당시 고리대금업은 저주받은 자만이 할 수 있는 일이었다.

고리대금업은 터무니없을 정도로 높은 이자를 받는 것이니 금융업과 다르다고 할 수도 있지만 옛날엔 이 둘의 구분이 없었다. 고리대금을 뜻하는 영어 단어인 'usury'는 'usura'라는 라틴어에서 나왔다. "준 것보다 더 많이 되돌려 받는다"라는 뜻이다. 즉, 공짜가 아니라면 얼마의 이자라도 모두 'usury', 고리대금이라고 불렀던 것이다.

유럽에서는 아주 오래전부터 돈을 빌려주고 이자를 받는 것을 인간이 저질러선 안 되는 추악한 행위로 여겼다. 유럽 지배층의 사고를 지배해온 아리스토텔레스는 소와 돈을 비교해가며 이를 설명했다. 즉, "소는 젖을 짜낼 수 있기 때문에 빌려주고 그 대가를 받을 수 있지만, 돈은 그 자체로 아무것도 생산해내지 못하기 때문에 이자를 받으면 안 된다"라는 것이다.

기독교는 이 아리스토텔레스의 철학을 그대로 받아들였다. 창조는 하느님만이 해야 할 일인데 대금업은 돈으로 돈을 만드는 것이니 신성 모독이이라는 것이다. 이런 풍조가 가장 강했던 11~12세기에 고리대금업자들은 포도주와 빵을 통해 예수와 한몸이 되는 교회의 영성체에 참석할 수 없었다. 더 무서운 것은 죽어서 교회의 묘지에 묻힐 수 없었다는 점이다. 이건 곧 천국에 갈 수 없다는 뜻이다. 모든 것이 교회 중심으로 돌아가는 사회에서는 정말 절망적인 처벌이다. 그래서 많은 고리대금업자는 이런 처벌을 피하기 위해 죽기 전에 이자를 받은 사람들을 일일이 찾아다니며 돈을 돌려주기도 했다.

그렇다면 유대인들은 어떻게 고리대금업이 가능했을까? 그건 이들이 기독교인이 아니라 유대교인이기 때문이다. 아무리 교회가 엄격하더라도 대금업은 실생활에서 꼭 필요한 업종이었다. 일반인들뿐 아니라 왕이나 귀족들도 잦은 전쟁과 사치스러운 생활을 위해 급전이 필요했다. 심지어 교회도 건물 증축을 위해 때론 돈을 빌려야 했다. 중세 중반으로 갈수록 상업의 규모가 커지자 대금업의 필요성도 점점 더 커져갔다. 누군가는 이 일을 맡아야 했다.

아주 오래전부터 유대인들은 유럽에서 메시아를 죽인 종족으로 멸시를 받아왔다. 기독교에서 보기에 이들은 어차피 지옥에 갈 사람들이었다. 그러니 유대인들에게 대금업을 허용하는 게 그들에게는 죄짓는 일이 아니었다.

악역을 떠맡은 유대인 입장에서는 달리 선택의 길이 없었다. 대부분의 지역에서 유대인의 토지 소유가 금지되었기 때문에 중세 봉건사회에서 가장 중요한 산업인 농사를 지을 수가 없었다. 기능인 조합인 길드에도 끼워주지 않았기 때문에 기술자가 될 수도 없었다. 공직이야 말할 것도 없었다. 그래서 유대인들은 살아남기 위해서는 기독교인들이 하지 않는 험한 일을 해야 했다. 그게 고리대금업이다. 마침 유대교에서도 같은 유대인끼리의 이자는 금기시되었지만 이교도에는 허용되었기 때문에 종교적인 문제도 없었다.

사실 중세 초기만 해도 유대인들은 고리대금업보다는 상업을 더 많이 했다. 그러나 5세기에 로마가 무너지면서 상업과 교역망도 함께 붕괴되었다. 그나마 유일하게 남은 게 스페인, 프랑스, 이탈리아 등 지중해변을 따라 퍼져 있던 유대인들의 공동체였다. 이를 기반으로 한 무역으로 유대인들은 대금업 자금을 마련할 수 있었다.

로마에 예루살렘이 함락되기 전부터 유대인들은 초등교육을 의무화했다. 지중해변의 유대 공동체도 이 전통에 따라 유대교회당에서 아이들을 일찌감치 교육시켰기 때문에 유대인들은 대부분 글을 읽고 쓸 줄 알았다. 왕조차 문맹인 경우가 많았으니 글을 아는 유대인들은 당시의 크고 작은 유럽 왕국에 쓸모가 많았다. 그래서 왕국의 행정, 그중에서 특히 세금이나 소작료 징수 관련 업무를 맡아보는 경우가 많았다. 아무래도 이런 일은 당사자의 불만을 살 수밖에 없어 유럽에서 유대인들이 두고두고 미움을 받게 되는 중요한 이유가 되기도 했다.

하지만 중세 사회가 안정화되면서 글을 아는 사람도 늘어 국가의 행정직은 점차 기독교인들의 차지가 되어 갔다. 돈이 되는 상업 분야에서도 유대인들은 당연히 속속 밀려났다. 그렇게 되면서 고리대금업에 유대인들이 더욱 쏠리게 된 것이다. 본의 아니게 대금업을 독점하게 된 유대인들은 날이 갈수록 금융전문가들이 되어 갔다. 하지만 대금업은 아주 위험한 사업이었다. 유대인들이 돈을 벌면 벌수록 이들에 대한 시기와 불만은 더욱 커져 갔다.

언제 터질지 모를 불안감이 팽배한 가운데 10세기 말 십자군 결성을 계기로 유대인들에 대한 집단적인 탄압과 학살이 유럽 곳곳에서 벌어지기 시작했다. 1096년 첫 출발한 십자군 사이에 "유대인을 죽여 영혼을 구원하라"라는 운동이 벌어졌다. 이슬람을 치러가기 전에 메시아를 죽인 반기독교 세력 유대인을 청소해 유럽부터 정화해야 한다는 것이다.

이 무자비한 살육전에는 종교적인 이유 말고도 또 다른 진실이 숨어 있었다. 당시의 법은 채무자와 채권자 중 한 명이 죽으면 그것으로 채무 관계가 끝이었다. 일반인들도, 귀족들도, 영주들도 유대인들에게 많은 빚을 지고 있었다. 당시 유럽 전역에 퍼졌던 지구 종말론으로 생활이 방탕해진 영향이 컸다. 그런 상황에서 종교적 광기가 이성을 압도한 십자군은 이를 청산할 좋은 기회였다. 그래서 고리대금업을 하는 유대 금융가들이 집중적인 타깃이 된 것이다.

유대인에 대한 혹독한 탄압은 머지않아 국가적인 차원으로 커져갔다. 왕과 귀족들도 유대인들에게 많은 돈을 빌렸고, 이를 해결하는 가장 손쉬운 방법은 이들을 죽이거나 추방하는 것이었기 때문이다.

우선 영국은 유대인들에게 노란색 별딱지를 붙였다. 나중에 독일의 나치가 이를 흉내내 유대인들을 격리하기 위해 사용했던 바로 그 '다윗의 별'이다. 그리고 13세기 말 금융업을 하는 유대인을 중심으로 대거 영국에서 추방령이 떨어졌다. 14세기에는 프랑스와 독일이 영국과 같은 짓을 했고, 15세기에는 스페인이 아예 유대인 전체를 쫓아냈다.

유럽 전역의 유대인 탄압은 14세기에 극심했던 흑사병도 한몫했다. 평소 위생 관념이 철저했던 유대인들은 유럽인들에 비해 흑사병 사망자가 훨씬 적었다. 그러자 유대인들이 우물에 병균을 퍼뜨렸다는 소문이 퍼졌다. 한편에선 유대인의 고리대금업 때문에 신이 흑사병이란 형벌을 내렸다는 소문도 돌았다. 이 때문에 얼마나 많은 유대인이 죽었던지, 교황이 별도로 유대인 보호령을 발동해야 할 정도였다. 더 이상 서유럽에서 살 수 없게 된 유대인들은 비교적 호의적이었던 폴란드, 헝가리, 루마니아, 러시아 등 동유럽으로 대거 이주해갔다. 하지만 이들의 후손들은 20세기 히틀러에 의해 가장 큰 희생을 당하게 된다. 이렇게 보면 홀로코스트는 히틀러가 주범이지만 유럽 전체가 역사적인 공범이라고 해야 할 것이다.

유대인을 쫓아낸 영국과 프랑스에서는 얼마 후 유대인 복귀 청원이라는 해프닝이 벌어지기도 했다. 금융업을 대신 맡게 된 유럽 기독교인들의 이자가 유대인들보다도 훨씬 더 셌기 때문이다. 스페인의 몰락이 유대인 추방에서 시작되었다는 연구가 있듯이 스페인 역시 엄청난 후유증을 앓았다.

이처럼 대금업 때문에 겪는 온갖 고초에도 불구하고 유대인들은 결코 돈을 놓을 수는 없었다. 그나마 돈이 있을 때가 좀 더 안전하다는 경험이 자꾸만 쌓여갔기 때문이다. 수없이 반복된 위기 때마다 돈을 뇌물 삼아 목숨을 구하는 일이 반복되자 유대인에게 '돈은 곧 생명줄'이라는 믿음이 굳게 생긴 것이다. 더구나 추방이 잦았기 때문에 급한 상황에서도 언제든 챙겨갈 수 있는 현금을 절대 선호할 수밖에 없었다.

또 재산을 몰수당하고 나라 밖으로 쫓겨나는 일이 잦아지자 유대인들은 점차 국제적으로 통용될 수 있는 보석사업에도 뛰어들었다. 그중에서도 유대인들은 영원히 변하지 않는 보석이라는 다이아몬드에 집중했고, 지금도 전 세계 거래량의 절반이 유대인의 손을 거치고 있다. 한때 다이아몬드 시장의 90퍼센트를 장악했던 기업 '드비어스'도 유대인의 것이고, 사실상 다이아몬드 가격을 결정하는 '다이아몬드 딜러스 클럽DDC'의 정회원들도 거의 모두 유대인이다.

반유대주의는 역사상 가장 오래된 증오다. 그만큼 '돈이 생명'이라는 신념 역시 유대인들에게는 자신들의 종교만큼이나 가장 오래된 믿음이다. 이 때문에 유대인들은 악덕 고리대금업자라는 꼬리표를 달았다. 샤일록처럼 말이다.

다시 말하지만, 유대인이 대금업을 하게 된 것은 중세 봉건제에서 철저하게 배제되었기 때문이다. 그리고 그들이 원하든 원치 않든 유대인들의 고리대금업은 근대 자본주의를 가져왔다. 대금업은 은행으로 발전했고, 오늘날 은행 없는 자본주의를 상상하기는 어려우니 말이다.

국제 사회 비난에도
중국이 티베트를
포기하지 않는 이유

1950년 6월 25일, 한국 전쟁이 터졌다. 그로부터 3개월이 조금 지난 1950년 10월 7일, 중공군이 티베트를 침공했다. 10월 7일은 서울을 수복한 유엔군이 3·8선 위로 막 북진하려던 때였다. 유엔을 비롯한 세계의 이목이 모두 한반도에 쏠려 있었다. 모택동은 미국을 포함한 서방이 티베트에 신경 쓸 여력이 없는 이때를 노렸다.

티베트는 유엔에 침공의 부당성을 호소했지만 아무 소용이 없었다. 모택동의 계산대로였다. 티베트의 정신적 지주인 달라이 라마가 회고록에서 "전 세계가 한국에 집중하느라 비슷하게 공산 침략을 당한 우리에겐 아무도 관심을 두지 않았다"라고 한탄하기도 했다.

이렇게 티베트와 한국은 운명이 엇갈렸다. 당시 티베트의 병력은 8,000여 명에 불과했다. 중국은 일본 및 국민당

군과의 전쟁에서 산전수전 다 겪은 정예병 4만 명을 보냈다. 처음부터 상대가 되지 않는 싸움이었다. 사실상 이때부터 티베트는 중국의 일부가 되어 지금까지 자치구를 이루며 살고 있다.

티베트인들은 나라를 빼앗겼다지만 정작 중국인들은 조금도 그렇게 생각하지 않는다. 중국의 주장에 의하면 티베트는 대대로 왕이 중국의 책봉을 받았고, 조공도 바쳤으니 단 한 번도 진정한 독립국이 아니었다는 것이다. 그리고 18세기 초 청나라가 점령하면서 티베트는 확실한 중국의 영토가 되었다. 그런데 20세기 들어 청이 멸망하고, 서구 열강과 일본이 침공하는 혼란한 틈을 타 중국의 여러 지역이 독립을 선언하며 분열되었다. 티베트도 그중 하나다. 그러니 중국을 새로 통합한 공산정권이 티베트를 탈환하는 것은 외국 땅의 탈취가 아니라 당연한 국내 질서의 회복이라는 것이다. 이런 제국주의적 주장은 더 알아볼 가치도 없으니 현재의 중국인들이 티베트에 대해 어떤 인식을 하고 있는지 정도만 이해하고 넘어가도록 하자.

티베트는 얼핏 보면 산밖에 없는 나라처럼 보인다. 그럴 만도 한 것이 티베트에는 8,000미터 이상 봉우리가 다섯 곳, 7,000미터 이상은 70여 곳, 6,000미터 이상은 발에 치일 정도로 많다. 평균고도가 4,000미터이니 동네 뒷산의 높이가 이 정도다.

중국에선 티베트를 예전엔 토번吐蕃이라 불렀고 오늘날

에는 서장西藏이라 부른다. 서장은 '서쪽의 숨겨진 보물'이란 뜻이다. 고산증으로 숨도 쉬기 어려운 이 땅에 어떤 보물이 숨어 있기에 모택동은 중화인민공화국 수립 1년 만에 그렇게 서둘러 점령해버린 것일까? 그리고 오늘날 국제 사회의 온갖 비난에도 중국은 왜 티베트를 절대 포기하지 못하는 걸까?

첫째, 티베트가 가진 군사 전략적 가치 때문이다. 중국 입장에서 아시아 패권을 다툴 가장 잠재적인 경쟁자는 인도다. 인도는 국토 크기로 보나, 인구로 보나 절대 무시할 수 없는 나라다. 티베트가 독립 국가로 남을 경우 역사적으로나, 문화적으로나 친중국이 아닌 친인도 국가가 될 게 뻔하다. 달라이 라마가 이끄는 티베트 망명 정부가 인도에 있다는 점은 중국의 이런 의심을 더욱 확고하게 만들었다.

이 정도만 해도 중국에 불리한데 만약 인도가 티베트를 먼저 선점해버린다면 중국에게는 정말 끔찍한 일이다. 그렇게 되면 중국의 심장부인 사천과 운남성은 곧바로 인도와 국경을 맞대야 한다. 여기에 미국의 미사일 기지라도 들어선다면 그건 중국으로선 최악의 상황이다. 모택동은 이런 전개를 꿰뚫어 본 듯하다. 인도와의 완충지, 이게 중국이 생각하는 티베트의 첫 번째 가치다. 중국은 안보상의 불안 때문에라도 절대 티베트를 포기하지 않을 것이다.

둘째, 지정학적 가치 때문이다. 티베트의 지정학적 가치는 중국에게는 군사 전략적 가치보다 더 근원적이고 장기적으로 더 중요하다. 현재 중국의 영토 경계는 대부분 청나라 때 만들어졌다. 만주족의 고향인 동북 지역, 내몽골과 신장 위구르, 티베트 자치구가 모두 청나라 때 중국에 통합되었다. 중국에서 흔히 말하는 '하나의 중국'이라는 정책은 청나라 때 만들어진 이 땅과 이 경계선만큼은 어떤 희생을 치르더라도 지키겠다는 것이다. 이게 왜 중요할까? 그건 이 지역들이 자연적인 만리장성과 거대한 완충지 역할을 동시에 해주기 때문이다.

동북 지역과 내몽골은 북에서 내려오는 러시아와의 완충지다. 러시아가 중국에 대군을 들이려면 동토의 땅인 시베리아와 몽골의 사막을 동시에 건너야 한다. 대군의 운용이 결코 쉽지 않은 데다 이동 상황도 한눈에 들여다볼 수 있는 평지뿐이니 동북 지역과 내몽골을 갖는 게 중국에 얼마나 유리한지 금방 알 수 있다. 신장 위구르 자치구는 서쪽에서 들어올 이슬람 세력과의 직접적인 충돌 위험을 줄여줄 거대 완충지다. 서쪽에서 대군이 중국 땅에 들어오려면 톈산 산맥, 파미루 고원, 힌두쿠시 산맥, 쿤룬 산맥 등 엄청난 고지대를 넘어야 한다. 그야말로 천혜의 요새다.

티베트는 어떨까? 티베트는 인도와의 완충지인 것은 물론 그 남쪽에 세계의 지붕인 히말라야가 있다. 파키스탄에서부터 미얀마까지 길게 이어진 히말라야는 그야말로 중국을 든든히 지켜주는 난공불락의 벽이다. 티베트를 갖지 못한다면 이 벽은 오히려 중국에게 불리하게 작용할 것이다. 중국의 남쪽은 미얀마, 라오스, 베트남으로 이어지는 거대한 밀림이다. 산 역시 만만치 않은 높이로, 이곳 역시 대군이 통과하기에는 온갖 악조건을 갖춘 곳이다. 이런 지정학적인 이유로 중국은 국제적인 비난과 국내적인 갈등에도 불구하고 필사적으로 내몽골, 신장 위구르, 티베트를 지키려는 것이다.

이제 남은 한 곳은 동쪽의 바다다. 사실 중국은 그간 늘 해군을 등한시해왔다. 오랜 세월 아시아권에선 적수가 없었기 때문에 딱히 바다를 지킬 필요가 없었기 때문이다. 그 탓에 중국은 청나라 말에 유럽과 일본의 해군에 의해 그 대가를 치렀다. 최근 중국이 해군력을 키우는 데 집중하는 건 천혜의 만리장성이 없는 바다가 유일한 약점이라는 걸 익히 잘 알고 있기 때문이다.

셋째, 영토적인 가치 때문이다. 현재 티베트 자치구는 전체 중국 면적의 8분의 1에 해당할 만큼 엄청나게 크다. 그런데 이게 다가 아니다. 중국은 티베트를 점령한 후 그 일부를 떼어 청해성, 사천성, 운남성 등에 갖다 붙였다. 티베트 자치구가 독립한다면 이 지역들 역시 당연히 가만있지 않을 것이다. 이를 대장구大藏区라고 하는데 모두 합치면 티베트 면적은 중국의 4분의 1이나 된다. 중국은 이 지역에 이미 많은 투자를 했다. 그리고 수많은 한족이 이 지역의 상권을 차지하고 있다. 중국 정부도 과잉 인구를 분산시키기 위해 인구가 희박한 티베트로 한족의 이주를 적극 권장하는 중이다. 이런 상황에서 티베트의 독립을 허용한다면 아마 공산정권도 함께 몰락하고 말 것이다.

넷째, 도미노 현상에 대한 현실적인 우려 때문이다. 중국은 1991년 유고슬라비아와 소련의 연이은 해체 과정을 익히 잘 알고 있다. 중국이 가장 두려워하는 게 바로 이 부분이다. 티베트는 역사적으로도, 민족적으로도, 종교적으로도 중국에 동화되기 가장 어려운 지역이다. 신장 위구르 자치구도 비슷하다. 그래서 이 두 곳이 중국의 가장 약한 연결고리라는 것을 국제 문제에 밝은 사람들은 모두 알고 있다. 티베트가 독립하면 그다음 차례는 신장 위구르가 될 것이 분명하다. 그리고 이는 도미노처럼 퍼져 내몽골과 50여 개의 소수민족으로 확산될 것이다. 즉, 티베트는 '중국 해체'의 뇌관이 될 가능성이 가장 큰 곳이다. 중국이 티베트를 절대 포기하지 못하는 가장 현실적인 이유다.

마지막으로는 물 문제 때문이다. 티베트는 아시아의 식수탑食水塔이라고 불리는 나라다. 세계적으로 유명한 강들의 수원지가 티베트에 있다. 우선 중국의 양대 하천인 황하와 장강이 티베트에서 시작된다. 중국으로선 이 강의 통제권을 티베트나 인도가 갖는다는 것은 상상도 하기 싫을 것이다.

동남아에서 가장 중요한 메콩강, 인도에서 가장 중요한 갠지스강, 파키스탄에서 가장 중요한 인더스강도 티베트가 발원지다. 티베트에서 발원한 강 유역에서 사는 사람만 20억 명 이상이 될 것으로 추산되고 있다.

현재 히말라야는 만년설과 빙하가 급속도로 녹는 중이다. 수십 년 내로 발원지의 물이 마를지 모른다고 환경학자들은 걱정하고 있다. 그때가 되면 아시아 각국의 목숨이 중국에 달려 있을지도 모른다. 그래서 물 문제는 가장 중요한 티베트의 미래 가치이기도 하다.

세계는 티베트 문제를 단순한 인권 문제로 바라보는 경향이 있다. 하지만 앞에서 살펴본 것처럼 중국에 티베트는 국가의 안위와 공산정권의 운명이 걸려 있는 아킬레스건 같은 존재다. 그러니 중국이 티베트를 자발적으로 포기하는 일은 결코 없을 것이다.

미얀마의
민주화를 가로막는
진짜 문제

미얀마에서 많은 사람이 죽고 있다. 쿠데타 군부의 무차별 총격 때문이다. 우리도 광주의 뼈아픈 경험이 있기에 요즘의 미얀마 소식은 남일 같지 않다. 하지만 단언컨대 군부를 이긴다고 해도 미얀마에 민주화가 오진 않는다. 이 모든 것을 야기한 미얀마의 진짜 문제는 따로 있기 때문이다.

미얀마의 군부 독재 역사는 짧게 잡아도 60년 이상이다. 기간도 이례적으로 길지만, 군부의 힘도 툭하면 쿠데타를 벌이는 태국보다도 한 수 위일 정도로 막강하다. 미얀마 군부가 이렇게 안정적으로 장기 집권할 수 있는 이유는 군이 미얀마 내에서 차지하는 각별한 위상 덕이다.

그 발단은 영국의 식민 통치다. 120년 이상 영국의 식민지로 지내던 미얀마는 유럽에서 2차대전이 터지면서 독립의 기회를 맞게 되었다. 나치 독일과 싸우느라 영국의 여력이 없어진 덕이다. 여기서 등장하는 게 '30인의 동지들'이다. 이 인물들이 미얀마의 독립도, 미얀마의 군부 독재도 만들어 냈다. 이 30인의 동지들 모임의 리더가 미얀마 최고 영웅인 아웅산Aung San이다. 미얀마 민주화의 상징인 아웅산 수찌Aung San Suu Kyi 여사의 아버지다.

아웅산을 포함한 30인의 동지들을 군사 훈련시킨 나라가 일본이다. 영국이 미얀마를 통해 중국의 장개석에게 무기를 공급하자 중국을 넘보던 일본이 이를 차단하기 위해 미얀마의 독립을 도운 것이다.

우여곡절 끝에 30인의 동지들을 중심으로 한 미얀마의 독립군은 영국을 몰아냈고, 1948년 1월 정식으로 독립했다. 많은 나라가 영국의 식민통치가 끝난 뒤 영연방에 남는 길을 선택했지만 영국의 미얀마 수탈이 워낙 가혹했기에 독립은 미얀마인들의 한 맺힌 꿈이었다. 이어 내친김에 미얀마를 지배하려던 일본도 몰아내고, 나중에는 미얀마 일부를 점령했던 장개석의 패잔병들까지 몰아냈으니 독립군의 위상은 미얀마 내에서 하늘을 찌를 듯했다.

모두의 존경을 한몸에 받던 독립군은 얼마 후 미얀마의 군부가 되었고, 30인의 동지들은 모두 건국의 아버지들로 추앙을 받았다. 그러나 미얀마 독립의 일등공신인 아웅산 장군은 독립 직전인 1947년 암살당했고, 30인의 동지들 멤버이자 아웅산의 오른팔이었던 우누U nu가 미얀마의 초대 수상이 되어 14년간 장기 집권했다. 그리고 1962년 또 다른 멤버인 네윈 장군이 동지들을 몰아내고 쿠데타를 일으켜 군부 독재를 시작했다.

그런데 미얀마의 독립을 반기지 않는 세력들이 있었으니, 바로 소수민족들이다. 이것이 미얀마인들이 앞으로 해결해야 할, 군부보다 더 어려운 핵심 난제다. 미얀마는 약 70퍼센트의 버마인들과 30퍼센트의 소수민족으로 나누어져 있다. 이 30퍼센트의 소수민족은 무려 160여 개의 부족으로 이루어져 있다. 영국이 들어오기 전만 해도 소수민족들은 버마족이 세운 콘바웅 왕조에 조공을 바쳤을 뿐 한반도의 세 배가 넘는 땅에 모두 독립적으로 공존하고 있었다.

그런데 영국은 다른 나라에서 한 짓거리를 미얀마에서도 똑같이 했다. 우선 국경선을 제멋대로 그어 버마족과 소수민족을 하나로 묶어 식민 지배했다. 힘을 합치지 못하도록 민족들끼리 갈등을 부추기기도 했다. 이를 위해 영국은 절대다수인 버마족을 철저히 무시하고, 대신 소수민족만을 군인과 중간 통치자로 등용했다. 여기에 일부 민족을 기독교화하면서 민족 갈등에 더해 종교 갈등의 씨앗까지 뿌렸다. 이러니 미얀마 내의 버마족과 소수민족 사이는 원수지간이 될 수밖에 없었다.

게다가 영국은 인도 계열 사람들을 대거 미얀마로 불러들여 대부분의 상권을 쥐여 주었다. 한때 이들이 미얀마 인구의 7퍼센트나 차지했다. 이 와중에 들어온 사람들이 이슬람을 믿는 로힝야족이다. 영국은 버마족은 물론 소수민족의 땅을 빼앗아 이들에게 나눠주었고, 이것이 바로 2017년 벌어진 로힝야족 대학살의 뿌리다.

국제적인 비난에도 불구하고 미얀마인들의 로힝야족에 대한 생각은 심플하고도 단호하다. "이들은 영국 때문에 들어온 일시적인 이주민들일 뿐 미얀마 땅에 오래 산 적이 없으니 절대로 미얀마인이 아니다"라는 것이다. 이에 대해선 사이가 나쁜 버마족과 소수민족 사이에도 아주 드물게 의견이 일치한다. 그러니 로힝야족이 미얀마에서 정착해 살기는 불가능해 보인다.

미얀마의 핵심 갈등 구조인 로힝야족을 제외한 소수민족 얘기로 다시 돌아가보자. 영국은 소수민족들에게 특혜를 준 것은 물론 2차대전 후 각자의 독립을 약속했다. 그래서 많은 부족이 미얀마의 독립운동에 반대하며 영국 편에 섰다. 이게 아웅산의 가장 큰 걱정거리였다. 미얀마 인구의 30퍼센트 이상을 차지하는 이들의 협력 없이 영국과 일본을 물리치기는 쉽지 않았다. 독립하더라도 이들을 품지 않으면 평화도 보장할 수 없다고 생각했다. 그래서 각부족의 자치권을 대폭 인정하는 팡롱 협정을 맺어 이들의 협력을 얻어 냈다. 일부 부족에겐 10년 뒤 독립 여부를 스스로 결정할 수 있는 권리를 약속했다.

문제는 버마족 전체의 민족 감정이었다. 이미 버마족과

소수민족 사이에는 영국의 식민통치 기간 동안 감정의 골이 깊어질 대로 깊어져 있었다. 30인의 동지들도 아웅산의 견해에 반대하는 사람이 많았다. 그리고 아웅산이 암살당했다. 누군지는 아직 밝혀지지 않았지만, 소수민족과의 연합을 반대하는 사람 중 한 명인 것은 분명하다.

불행히도 아웅산의 생각이 맞았다. 아웅산이 사라지자 팡롱 협정은 흐지부지되었다. 네윈이 쿠데타로 집권하고 나서는 아예 없던 일로 공식화해버렸다. 미얀마의 민족 감정을 네윈이 이용한 것이다. 결국 민족 간 감정이 격화되다가 끔찍한 내전이 벌어졌다. 겨우 영국을 몰아냈건만 미얀마 전 영토가 전보다 훨씬 더 비참한 전쟁터가 되었다. 이 와중에 로힝야족 못지않은 학살과 강간, 인권유린, 인신매매가 벌어졌고, 대량의 난민이 발생했다. 그리고 지금까지 수십만 명이 사망한 미얀마 내전은 아직 공식적으로 끝나지 않았다.

버마족은 한때 미얀마 영토의 3분의 2를 소수민족들에게 내줄 정도로 수세에 몰렸다. 하지만 결국 독립군을 모태로 하는 군부가 다시 미얀마를 구해냈다. 영국의 식민통치 수법 그대로 소수민족끼리 갈등을 부추겨 서로 분열하도록 만드는 영악함도 보였다.

아무튼 내전이 계속되었으니 군부도 계속 필요했고, 내전이 길어질수록 미얀마 군부의 힘도 비례해서 강해져 갔다. 내란을 평정하기 위해 미얀마는 독립 직후부터 계속해서 군에 예산을 집중 투입했다. 그러다 보니 마치 한때 우리나라의 육군사관학교가 그러했듯 미얀마의 엘리트들이 군으로 몰려들었다. 내전에 의한 예산과 인재의 집중, 이게 미얀마 군부를 무소불위의 존재로 만든 것이다. 지금도 미얀마는 세계 최빈국임에도 세계 11위인 약 40만 명의 병력을 보유하고 있다.

하지만 미얀마 군부의 집권이 길어질수록 경제는 폭 망해갔다. 한때 동남아에서 가장 부유했던 미얀마는 이제 1인당 GDP가 1,300달러 정도밖에 안 되는, 세계에서 가장 가난한 나라 중 하나로 전락했다. 군부의 경제적인 무능과 이익 독점, 부정부패 때문이다.

그간 대학생을 중심으로 수차례 민주화 운동이 일어났지만, 미얀마 군부는 난공불락이다. 현재 미얀마 군은 상원과 하원 모두 25퍼센트의 의원을 지명할 수 있다. 헌법에 보장된 권리다. 헌법을 바꾸려면 75퍼센트의 찬성이 있어야 하기 때문에 군의 동의 없이 헌법 개정은 사실상 불가능하다. 여기에 군은 대통령 후보 3인 중 1명을 추천할 수 있고, 국방, 내무, 국경개발 등 3개 부처의 장관직을 무조건 군이 맡게 되어 있다. 결정적으로 미얀마에서는 군 통수권을 선출된 권력이 아닌 참모총장이 가지고 있다. 그리고 참모총장은 군 스스로 뽑는다. 게다가 군은 언제든 합법적으로 의회를 해산할 권한이 있기 때문에 미얀마의 선출된 대통령은 실권이 없는 허수아비에 불과하다.

미얀마 군부가 막강한 건 이 모든 게 돈으로도 뒷받침되기 때문이다. 미얀마군은 그냥 군대가 아니라 재벌이다. 이들은 은행, 통신, 연예, 여행, 담배, 마트, 식음료 등 미얀마에서 돈이 되는 거의 모든 걸 갖고 있다. 미얀마군은 이 돈줄로 모두가 하나처럼 엮여 있다. 그래서 더더욱 균열될 여지가 없다. 게다가 이 사업들을 바탕으로 군과 경제, 언론, 사법이 하나의 기득권으로 똘똘 뭉쳐 있다. 2021년 미얀마 군부가 다시 쿠데타를 일으킨 것도 명목상은 부정선거지만, 실상은 아웅산 수찌가 이끄는 집권 여당이 군부의 특권을 줄이려는 법안을 거두지 않았기 때문이다.

이런 철옹성 같은 미얀마 군부를 시민들이 이길 수 있을까? 안타깝게도 그러기에는 군부가 이미 너무 많은 걸 쥐고 있다. 만약 기적이 일어나더라도 버마족이 소수민족의 자치를 인정하고, 차별을 없애지 않는 한 평화는 오지 않을 것이다. 사실상 지금의 민주화 운동 세력들도 소수민족 문제에는 별 관심이 없어 보인다. 이는 국명 문제에서도 그 일단이 드러난다.

많은 버마족은 미얀마라는 국호를 버리고 예전의 버마로 돌아가려 한다. '버마'는 영국이 지은 국호로 버마족의 나라라는 뜻이다. 반면 '미얀마'는 여러 부족의 연합이라는 뜻이 내포되어 있다. 2013년 우리나라를 방문했던 수찌 여사 역시 국명을 버마로 표기해줄 것을 요청한 바 있다. 이 때문에 미얀마의 소수민족들은 수찌 정부를 믿지

179

않는다. 그나마 군부보다는 낫기에 관망하고 있을 뿐 잔뜩 경계하는 상태다. 그리고 쿠데타 군부가 발포하면서 일부 소수민족들도 자민족 보호를 위해 무장에 나서고 있다.

기적처럼 미얀마의 민주화 세력이 군부를 이겨낸다면 예전 아웅산의 약속을 지키라는 소수민족의 요구가 봇물 터지듯 쏟아져 나올 것이다. 이를 다수의 버마족이 또 무시한다면 군부가 약해진 틈을 타 다시 내전이 벌어질 거라는 게 많은 국제문제 전문가들의 예측이다.

그렇게 되면 군부는 뻔히 부활할 것이다. 군부가 이를 빌미로 스스로 나설 수도 있고, 이 혼란을 견딜 수 없는 국민이 먼저 요청할 수도 있다. 그러면 군부는 더 강해질 테고, 민주화 운동은 처음부터 다시 시작될 테고, 그 과정에 또 많은 희생이 따르는 역사가 반복될 것이다. 이 점을 잘 알고 있는 미얀마 군부는 그동안에도 버마족과 소수민족 사이의 악감정을 적절히 이용해왔다.

거듭 말하지만, 미얀마의 군부를 키운 것은 민족 간의 갈등에 의한 오랜 내전이다. 따라서 이 근본적인 문제 해결 없이는 미얀마의 민주화는 불가능하다. 결국 지금의 민주화 세력은 군부도 이겨내고, 국민감정도 극복해야 하는 이중의 고난이도 문제를 안고 있는 셈이다. 그리고 이 미해결 난제를 풀 때까지 미얀마의 군부 독재는 계속될 것이다.

시리아 내전,
누가 이겨도
희망은 없다

시리아에 내전이 일어난 지 올해로 11년이다. 이 긴 기간 동안 시리아는 정부군과 반군으로 나누어 원 없이 서로 죽이고 때려 부쉈다. 유엔에서도 40만 명까지만 세고 포기하는 바람에 시리아에서 몇 명이 죽었는지조차 알 수 없다. 시리아 난민의 숫자도 너무 많아 유럽 전체가 경제적으로도, 사회적으로도 위기에 몰려 있다. 이렇게 긴 시간을 보냈으니 시리아인들의 지옥도 곧 끝이 날까? 그런데 자료를 보면 볼수록 안타깝게도 그럴 것 같지 않다. 누가 이기든 시리아인들이 원하는 세상은 오지 않을 것이기 때문이다.

시리아 내전은 2011년 3월, 10대들의 낙서에서 시작되었다. 시리아 남부의 작은 도시 다라에 사는 15명의 아이들이 학교 벽에 "국민은 정권의 퇴진을 원한다"라고 썼다.

당시 튀니지, 리비아, 이집트에서 흔히 쓰이던 민주화 구호였다. 경찰은 아이들을 체포했다. 그리고 배후를 대라며 혹독하게 고문했다. 이에 격분한 다라 시민들이 항의에 나섰고, 경찰은 강경 진압했다. 여기까지는 시리아에서 흔한 일이라 이 일이 11년 내전으로 이어질 것이라고 내다 본 사람은 아무도 없었다.

시민들의 항의는 곧 수도인 다마스쿠스까지 퍼져나갔다. 경찰이 다시 강경 진압하자 이제 전국으로 번지면서 정권 퇴진을 요구하는 민주화 시위로 커져갔다. 당시 국제 사회는 시리아의 민주화 운동을 의외라는 시선으로 보고 있었다. 2010년 튀니지의 '재스민 혁명'으로 시작된 '아랍의 봄'이 시리아에 상륙하더라도 아랍국가에서는 맨 마지막일 거라는 게 대체적인 견해였다. 그만큼 시리아의 독재가 워낙 철저했고, 비밀경찰의 감시가 오랫동안 물샐틈없었기 때문이다.

당시 바샤르 알아사드Bashar al-Asad 정권은 아버지 하페즈 알아사드Hafez al-Assad에 이어 40년째 독재 중이었다. 아사드가 속한 알라위파 무슬림은 시아파의 한 부류로 시리아에서는 15퍼센트밖에 되지 않는 소수다. 원래 알라위파는 시리아에서 멸시의 대상이었다. 그들은 오랜 기간 온갖 설움을 당해야 했다. 그런데 알라위파에게 운명이 역전되는 행운이 찾아왔다. 바로 프랑스의 식민 통치다. 프랑스 역시 다른 유럽 국가들처럼 시리아를 분할통치했다. 다수인 수니파를 견제하기 위해 소수인 알라위파만을 군으로 등용한 것이다. 이때부터 알라위파는 시리아군을 장악하게 되었다.

1971년, 당시 국방장관이던 하페즈 알아사드가 쿠데타로 정권을 찬탈한 후 대를 이은 긴 독재가 시작되었다. 소수가 다수를 지배하기 위해 아사드 정권은 알라위파만을 요직에 등용했다. 그리고 수많은 비밀경찰을 통한 철권통치를 내내 이어오고 있었다. 시리아의 민주화 운동의 시작은 10대들의 낙서였지만 오랜 기간 알라위파에게 억눌려온 수니파의 불만이 한꺼번에 터진 것이라고도 할 수 있다.

아사드 정권이 처음부터 군을 동원했던 것은 아니다. 하지만 튀니지와 리비아, 이집트에서 정권이 몰락하고 독재자들이 죽임을 당하자 국민을 상대로 발포하기 시작했다. 그럴 때마다 분노한 국민들의 시위는 더 커져 수백만 명이 거리로 몰려나왔고, 군에 맞서 무장에 나섰다.

사태가 걷잡을 수 없이 커지자 아랍연맹은 시리아를 제명하며 외교적 압박에 나섰지만, 소용없었다. 정권에서 물러날 경우 소수인 알라위파 역시 피의 보복을 당할 게 뻔했다. 그래서 점점 더 강경하게 나서 탱크와 군용기까지 동원해 국민들을 학살했다.

이에 대한 아사드 정권 내의 반발도 커져갔고, 무력 진압에 반대해 탈영하는 군인들도 늘어만 갔다. 마침내 민주화 시위가 시작된 지 불과 4개월 만에 시리아 공군 대령 출신인 리야드 알아사드Riad al-Asaad가 탈영병들과 시위대를 모아 시리아 자유군을 결성했다. 이렇게 반군 조직이 갖춰지면서 시리아는 길고도 긴 내전에 들어가게 되었다.

이때만 해도 시리아 내전의 성격은 분명했다. 정부군 대 반군, 독재 대 민주. 이 뚜렷한 구도 속에서 승패가 갈릴 것으로 보였다. 하지만 시리아 사태는 갑자기 이상한 방향으로 흘러갔다. 전혀 예상치 못했던 IS가 등장한 것이다. 수도인 다마스쿠스를 지키기 위해 북동 지역의 정부군을 이동시키자 그 힘의 공백을 IS가 홀랑 차지해버렸다. 이렇게 되자 시리아는 그야말로 아비규환이었다. 이젠 전선도 따로 없었고, 적이 누구인지도 모호해져 버렸다. 그래서 정부군과 반군, IS가 서로 뒤엉켜 닥치는 대로 서로 죽고 죽였다. 사실 사태를 더욱 복잡하게 만든 건 외세의 개입이다. 외부의 지원이 없었더라면 누가 이기고 지든 승패가 일찍 갈렸을 것이다. 전쟁 물자 부족으로 양쪽 다 이렇게 오래 전투를 끌어갈 수 없었기 때문이다.

초반은 아사드의 명백한 열세였다. 오랜 동맹인 러시아가 해외 망명을 권유할 정도였다. 하지만 이란의 지원이 그를 살렸다. 시아파의 종주국인 이란으로선 시아파 정권인 시리아가 무너지는 걸 두고 볼 수 없었기 때문이다. 수니파의 종주국인 사우디아라비아와 앙숙 관계인 이란은 '이란의 테헤란-이라크의 바그다드-시리아의 다마스쿠스-레바논의 베이루트'를 연결해 사우디를 포위하는 게 오랜 외교 전략이다. 시리아의 아사드가 정권을 뺏긴다는 것은 이란의 이 원대한 구상이 완전히 허물어진다는 것을 의미했다. 그래서 이란은 무기 공급은 물론 레바논의 군사 조직인 헤즈볼라를 보내 반군을 공격하도록 했다. 이 덕에 아사드는 한숨 돌릴 수 있었다.

현재 시리아 내전의 승기는 아사드 정권이 잡았다. 이 역전을 가져온 게 러시아다. 아사드와 오랜 동맹 관계인 러시아는 압도적인 공군력을 동원해 반군과 IS 진영에 무차별 폭격을 퍼부어 전세를 뒤집었다. 러시아는 시리아의 지중해변 도시인 타르투스에 해군기지를 갖고 있다. 러시아가 갖고 있는 유일한 해외 기지인데다 몇 안 되는 부동항이다. 이를 잃는다는 것은 아랍과 지중해에 대한 영향력이 대폭 줄어든다는 뜻이다. 그래서 러시아가 적극 시리아의 아사드 정권을 도운 것이다.

문제는 민주화 세력인 반군이다. 반군은 탈영병들과 아사드 정권에 반대하는 모든 세력의 연합체다. 그런데 반대 세력에는 반미, 반유대주의로 잘 알려진 알카에다의 연계 세력이 많았다. 이 때문에 미국을 포함한 서방 세계가 이들에 대한 지원에 소극적으로 돌아섰다. 더구나 시리아의 민주화를 꺼리는 카타르와 사우디아라비아가 알카에다와 연관된 수니파 근본주의자들을 직접 지원하고 나서는 바람에 시리아 자유군은 사실상 유명무실해졌다. 처음 시리아 자유군을 만든 리야드 알아사드조차 사실상 손을 놓고 숨어 지내고 있다.

이들 간의 복잡한 내전의 전개 과정은 생략하고, 이제 현 상황을 한번 살펴보자. 우선 아사드 독재정권은 이란과 러시아의 도움으로 시리아 영토의 60퍼센트 정도를 되찾았다. 정권을 뺏길 경우 보복이 두려운 알라위파는 점점 더 하나로 똘똘 뭉치고 있다. 여기에 시리아 인구의 10퍼센트를 차지하는 기독교인들도 아사드 정권을 지지하고 있다.

그간 아사드 정권은 세속주의를 견지해왔다. 알라위파는 이슬람 교파 중 거의 유일하게 음주를 허용할 정도로 세속적이다. 그래서 오랫동안 수니파에게 천대받아온 것이다. 이들은 타 종교에도 비교적 관대한 편이다. 기독교인들로서는 이슬람 근본주의자들보다 아사드가 훨씬 나은 선택인 셈이다. 심지어는 이슬람 근본주의가 진저리나는 반군들조차 정부군 쪽으로 속속 넘어가는 중이다. 이렇게 보면 아사드가 승리자인 것처럼 보인다. 하지만 자세히 들여다보면 결코 그렇지 않다. 아사드의 운명은 러시아와 이란 손에 달려 있다. 그간 황제처럼 지내던 아사드는 이제 외세의 눈치를 봐야 할 처지가 된 것이다.

반군은 어떤 상황일까? 시리아 자유군이 결성된 지 얼마 후부터 반군들은 노선을 두고 분열하기 시작했다. 반군들은 정부군 및 IS와 싸우는 와중에도 수시로 서로 간에 치열한 전투를 벌였다. 결국 카타르와 사우디아라비아의 지원을 받은 이슬람 근본주의자들이 세속적인 민주화파를 몰아냈다. 이 때문에 지금의 반군에는 처음 민주화를 이끌던 세력들은 더 이상 남아 있지 않다.

그래서 반군이 이긴다는 것은 시리아에 이슬람 원리주의 정부가 들어선다는 얘기다. 그래서 많은 시리아인들에게는 정부군도 싫지만, 반군도 달가운 존재는 아니다. 또 이미 반군들은 정부군 못지않은 전쟁 범죄를 여러 차례 저질렀다. 반군에 의한 가스전도 수차례였다. 이들에 의해 참수된 시리아인들도 부지기수다. 오죽하면 반군의 마지막 남은 거점도시인 이들리브에서 반군 반대 시위가 벌어지기도 했다.

현재 반군은 모든 세력을 다 합해봐야 시리아 영토의 10퍼센트 정도만을 차지하고 있다. 이들이 재역전하기는 이제 불가능해 보이다. 그나마 대부분의 반군은 터키의 지원으로 간신히 연명하고 있다. 정부군의 운명이 러시아와 이란의 손에 달려 있다면 반군의 운명은 터키 손에 달린 셈이다.

가장 흥미로운 건 쿠르드족이다. 미국 무기의 지원을 받은 쿠르드족은 IS 격퇴의 일등 공신이다. 그런데 쿠르드족이 IS가 차지했던 시리아 영토를 모조리 차지한 다음 사실상 자치를 하고 있다. 시리아 영토의 30퍼센트나 되는 면적이다. 그래서 터키가 시리아전에 뛰어든 것이다. 시리아의 쿠르드족이 터키 내의 쿠르드족과 연계해 큰 세력을 이룰까 봐 미리 견제하기 위해서다. 쿠르드족은 미국이 시리아에서 완전히 철수하면 시리아 정부군과 터키의 협공을 받게 될 것이다. 그렇게 되면 아마 시리아의 쿠르드족은 견디기 어려울 것이다. 그리고 어렵게 휴전 중인 시리아는 다시 불바다가 될 것이다.

지금 상황에서 시리아 내전의 승자를 꼽자면 러시아와 이란, 레바논의 헤즈볼라, 터키 등이다. 모두 외세뿐이다. 이 중 최대 승자는 러시아라는 게 중론이다. 40만 명 이상이 사망하고, 국민의 절반 이상이 난민이 되는 21세기 최악의 재앙을 겪었음에도 시리아는 그 어느 쪽도 상황을 주도하지 못하고 외세에 갈가리 찢겨 있는 것이다.

물론 국제적인 역학 관계의 변화에 따라 시리아의 상황이 또 어떻게 바뀔지는 알 수 없다. 하지만 분명한 것은 대다수 시리아인이 원하는 세속적인 민주 정부는 이미 물 건너갔다는 것이다.

누가 이겨도 희망이 없다는 것, 이게 시리아 내전 11년이 만들어낸 가장 안타까운 결론이다.

재스민 혁명에서
아랍의 봄까지,
아랍 민주화 10년을 돌아보다

2010년 12월 중순, 튀니지의 작은 도시 시디부지드에 사는 무함마드 부아지지는 평소처럼 과일 행상에 나섰다. 그는 대학을 졸업했지만 다른 튀니지 청년들처럼 일자리가 없었다. 그래서 과일 노점상으로 가족을 부양해야 했다. 이날 팔 물건은 외상으로 받아 온 사과와 배 다섯 상자와 바나나 7킬로그램이었다. 하지만 장사를 시작한 지 얼마 안 돼 경찰 단속반에 모든 것을 빼앗겼다. 이유는 뻔했다. 뇌물을 주지 못했기 때문이다. 생계가 막막해진 부아지지는 저울이라도 돌려달라고 사정했지만 소용없었다. 작은 희망조차 없어진 이 청년은 지방 청사 앞에서 자신의 몸에 불을 붙였다. 그리고 마지막으로 부르짖었다.

"어떻게 살라는 말이냐!"

평소 같으면 아무 일도 없다는 듯 넘어갔을 것이다. 그런데 이 영상이 SNS에 돌아다니는 걸 아랍의 대표 방송사인 알자지라가 우연히 발견했다. 튀니지 방송은 침묵했지만 알자지라의 보도 덕에 튀니지인 모두가 이 청년의 분신을 알게 되었다.

곧 분노한 사람들이 거리로 쏟아져 나왔다. 이들은 주로 재스민차를 마시며 거리에서 할 일 없이 시간을 보내던 청년들이었다. 높은 실업률과 빈부격차, 부정부패로 튀니지는 곪을 대로 곪아 있었다. 경제난에 대한 이 항의는 곧바로 정권 퇴진 운동으로 걷잡을 수 없이 커져 갔다. 이른바 튀니지의 '재스민 혁명'은 이렇게 시작되었다.

분노의 불길은 국경을 넘어 리비아, 이집트, 시리아, 바레인, 예멘 등으로 번져갔다. 30년 이상씩 철권을 휘두르던 독재정권들이 삽시간에 무너졌다. 아무런 징조도 없었다. '아랍의 봄'이라는 거대한 변혁이 민주주의의 불모지나 다름없는 중동에서 전격적으로 일어난 것이다.

그리고 10여 년의 세월이 지났다. 지금 아랍의 민주화는 어떻게 되었을까? 불행히도 민주주의는 그때보다 더 쇠퇴했다. 경제난도 더 심해졌다. 그래서 아랍에는 민주주의가 불가능하거나 적합하지 않다는 '아랍 예외주의'까지 나오는 마당이다.

그나마 튀니지가 유일한 성공 사례다. 24년간 통치해온 벤 알리 독재정권을 몰아낸 후 지금까지 다섯 차례의 총선과 대선을 무사히 치러냈다. 하지만 10년이 지난 지금

튀니지의 분위기는 우울하다. 혁명 후 더 좋아졌다는 응답이 겨우 27퍼센트밖에 되지 않는다. 그나마 이게 아랍의 봄을 겪은 나라 중 가장 높은 수치다.

사실 그 어떤 나라보다 이집트가 가장 중요했다. 이집트는 오랫동안 아랍 세계를 이끌어온 실질적인 리더였기 때문이다. 이집트에서 민주 혁명이 성공했다면 지금 아랍의 민주화 역사는 많이 달라졌을지도 모른다. 그래서 전세계가 이집트를 주목했다. 아랍의 국가들이 공통으로 안고 있는 문제들을 이집트도 빠짐없이 갖고 있었다. 그래서 이집트의 실패를 보면 아랍의 민주화가 왜 어려운지도 알수 있다.

초반만 해도 이집트의 민주화는 순조로워 보였다. 30년이나 통치해온 호스니 무바라크를 끌어 내리는 데 성공한 이집트인들은 아무런 무력 충돌 없이 선거를 통해 새 정부를 세웠다. 그런데 문제는 당선된 인물이 무함마드 무르시라는 것이다. 대다수 이집트인이 당황할 정도로 무척 의외의 결과였다. 그는 이슬람 근본주의에 가까운 인물이었다. 자유와 민주를 위해 목숨을 바쳤건만 그 결과가 이슬람 근본주의라니… 죽 쒀서 개 준 꼴이었다. 이집트는 다시 동요하기 시작했다. 자신들이 선출한 대통령을 부정해야 하는 이 딜레마에 이집트는 점점 더 큰 갈등 속으로 빠져들었다.

하지만 무르시가 '현대판 파라오'라는 소리를 들을 정

도로 대통령 권한 강화에 나서고, 언론 탄압까지 심해지자 거리는 다시 시위대로 가득 찼다. 다음 스토리는 뻔하다. 이 혼란을 구실 삼아 군부 쿠데타가 일어났고, 그 주모자가 압도적인 지지율로 대통령에 올랐다.

2014년 이집트의 6대 대통령이 된 압델 파타 엘시시Abdel Fattah elSisi는 예상대로 반대 세력을 무자비하게 탄압하고 있다. 정치범만 해도 이전의 독재자 무바라크 때에 비해 여섯 배나 많은 6만 명이나 된다. 엘시시는 이미 재선을 넘어 장기 집권의 길을 터놓은 상태다. 민주화 과정에서 수많은 사상자를 냈던 이집트는 허망하게도 너무나 빨리 과거의 권위주의 정부로 회귀하고 말았다.

'아랍의 봄'을 겪은 많은 나라가 정도의 차이가 있을 뿐 이집트와 비슷한 길을 걸었다. 내전이라는 최악의 상황으로 치달은 시리아, 리비아, 예멘에 비하면 그나마 이집트는 사정이 좀 나은 편이라고 할 수도 있다.

이집트의 예에서 보는 것처럼 아랍의 민주화가 어려운 첫 번째 이유는 대안 세력이 없다는 점이다. 앞에서 잠깐 얘기한 것처럼 아랍의 독재자들은 보통 30년 이상씩 집권하면서 자신에게 위협이 될 수 있는 반대 세력과 시민사회의 싹을 모두 일찌감치 잘라 버렸다. 그런 상태에서 아랍의 봄이 갑자기 찾아왔다. 당연히 민주화 세력은 아무런 준비가 되어 있지 않았다. 그러니 길을 잃을 수밖에 없었다. 여기에 독재정권을 무너뜨린 사람들의 기대치는 하늘

높은 줄 모르고 치솟았다.

이런 혼란 속에서 사람들의 선택지는 결국 두 가지밖에 없다. 바로 군부와 종교다. 그나마 교육을 받고, 조직을 갖춘 건 이 두 곳뿐이기 때문이다. 그래서 이집트는 이슬람 근본주의 단체인 '무슬림 형제단' 출신인 무함마드 무르시가 우선 선택된 것이고, 이어 군부 출신인 엘시시가 압도적인 지지를 받게 된 것이다. 반면 튀니지는 쿠데타를 두려워한 전임 독재자 벤 알리가 군부를 약화시켜 놓은 덕에 군부 독재로의 회귀는 면할 수 있었다.

아랍의 민주화가 어려운 근원을 따지자면 이슬람이라는 종교적 성향과 영국, 프랑스 등 서방 국가들이 멋대로 그어놓은 국경 탓을 빼놓을 수 없다. 이슬람은 아랍어로 '순종'을 뜻한다. 《코란》에는 알라는 물론 "너희 가운데 책임 있는 자에게도 복종하라"라고 되어 있다. 이것이 독재자에 대한 저항 의식을 억눌러온 배경이라고 할 수 있다. 하지만 말레이시아나 인도네시아 같은 동남아의 이슬람 국가들은 민주주의가 작동하고 있으니 꼭 이슬람의 성향 탓이라고 보는 건 무리다. 그렇지만 서방 세계가 나눠 먹기 식으로 그은 국경선은 아랍의 민주화에 명백한 저해 요소다. 이질적인 부족과 종파가 한 국가에 속함으로써 이것이 늘 갈등 요인이 되기 때문이다. 게다가 오랜 식민지 경험으로 친서방파와 이슬람 민족주의 간의 이념적 충돌도 문제를 더욱 복잡하게 만들고 있다. 그간 아랍 세계에서는 강력한 정권만이 이 혼란을 막을 수 있다며 독재를 정당화해왔다.

그렇다고 미국을 포함한 서방 세계가 이들을 지원하지 않았다면 수십 년간의 장기 독재는 불가능했을 것이다. 민주화 운동이 거셌던 이집트, 리비아, 바레인의 독재자들은 미국의 오랜 협력 파트너였고, 알제리와 튀니지, 시리아의 독재자들은 프랑스의 오랜 후원을 받았다. 국제 정치에는 오직 국익뿐이라는 게 냉혹한 현실이지만 늘 인권을 외쳐온 서방 국가들의 이중 잣대는 아랍을 민주주의의 불모지로 만들었다.

아랍의 민주화가 어려운 문화적인 요인으로는 부족주의Tribalism를 빼놓을 수 없다. 조금 단순화하면 아랍 세계는 모든 걸 부족 단위로 움직이고 결정한다. 독립을 이룬 지 고작 60~70년 정도라서 국민 국가에 대한 개념도 부족하고, 역사적 맥락도 없이 한 국가를 이루게 된 부족들 간에 반목도 심하기 때문이다.

이 부족주의의 배경에는 오랜 유목 생활이 있다. 유목은 초지와 오아시스를 놓고, 다른 부족과 목숨 건 싸움이 숙명과도 같은 생활이다. 강력한 지도자에 대한 절대복종이 요구되는 사회라 할 수 있다. 이곳에 민주주의의 필수 요소인 다수결이나, 민주주의의 필수 기반인 개인의 자유가 존중될 여지 자체가 거의 없다. 국가를 이루더라도 부족 단위로 나눠 먹기 때문에 공정사회 역시 싹트기 어려운 구조다. 가부장적인 문화의 보수성으로 교육 역시 등한시되기 때문에 민주화를 감당할 시민사회의 형성도 무척이나 어렵다.

마지막으로는 경제적인 요인이다. 아랍의 많은 나라는 지대추구형 국가Rentier State들이다. 사우디아라비아, 아랍에미리트, 쿠웨이트, 오만 같은 중동의 산유국들이 이에 해당한다. 이 나라들은 석유와 가스 등 땅에서 나는 천연자원에 전적으로 의존해 먹고살며, 몇 개의 부족이나 왕실이 이를 독점한다.

이 수입을 토대로 대부분의 중동 산유국들은 국민에게 세금을 거두지 않는다. 세금을 걷는다 하더라도 그저 형식에 불과할 뿐이다. 그러니 정부가 국민의 눈치를 볼 필요가 없다. 쿠웨이트 같은 나라들은 석유 판 돈을 국민들에게 보너스로 연간 수만 달러씩 그냥 나눠주기도 한다. 그러니 국민들이 자신의 권리를 요구할 생각 자체를 하지 않는 것이다.

아랍의 봄 때도 이 나라들은 석유 판매 수입으로 임금을 올리고, 복지 혜택을 늘리면서 위기에서 벗어났다. 이렇듯 지대추구형 국가들은 돈으로 독재를 강화하거나, 정치에 대한 국민들의 무관심을 조장해오고 있다.

이처럼 아랍의 민주화에는 극복하기 어려운 여러 걸림돌이 있는 게 사실이지만 그렇다고 아랍인들이 민주주의를 포기한 것은 아니다. 2020년의 한 설문조사를 보면 아랍인들의 74퍼센트가 여전히 민주주의가 자신의 모국에 가장 적합한 정치 형태라고 믿고 있다. 따지고 보면 그 어느 나라도 민주주의가 거저 생긴 곳은 없다. 유럽만 해도 프랑스 혁명 후 민주주의까지 200년 이상 걸린 나라들이 있다. 우리 역시 4·19혁명 후 30여 년의 세월을 더 기다려야 했다. 그러니 '아랍의 봄'도 언젠가 또다시 갑작스럽게 찾아올 것이라고 믿는다. 꽃이 하나 꺾였다고 봄이 꺾인 것은 아닐 테니 말이다.

인류 역사상 최악의 회의, 바야돌리드 논쟁

1550년 스페인 왕의 별장이 있는 바야돌리드에서 아주 이상한 회의가 열렸다. 지금의 상식으로는 도저히 있을 수 없는, 최악의 인종 논쟁이었다. 이 회의를 개최한 스페인 왕실과 교황청은 무척 진지했다. 하지만 이 회의에 대해 누구보다 진지해야 할 사람들은 아메리카 신대륙의 원주민들이었다. 자신들의 목숨이 이 회의 하나에 달려 있었기 때문이다. 물론 그들은 이런 회의가 있었는지조차 알지 못했다. 이 회의의 주제는 '아메리카 원주민인 인디오들은 과연 인간인가, 아니면 동물인가'였다.

콜럼버스 이후 많은 스페인 탐험가들이 속속 아메리카 대륙에 닿았다. 스페인 사람들과 인디오들의 첫 대면은 양쪽 모두 두려움과 호기심으로 가득한 순간이었을 것이다. 일부 스페인 탐험가들에게 신대륙은 낙원일지도 모른다는 환상도 있었다. 그래서 인디오들의 몸에 날개가 있다는 소문도 돌았다. 하지만 두려움과 호기심이 만들어낸 존중과 평화의 순간은 오래가지 않았다. 한 군인이 인디오 여성을 겁탈했고, 곧 임신이 되는 것을 보고 스페인 탐험가들은 인디오들이 최소한 천사는 아니라고 확신했다. 이후 이들의 행동은 거칠 것이 없었다. 이제 탐험가가 아니라 정복자가 된 것이다.

스페인 정복자들의 식민 통치는 유독 가혹했다. 이들이 가져온 천연두에서 살아남았다 하더라도 대부분의 인디오들은 죽는 것보다 못한 대우를 받았다. 코르테스는 멕시코를 정복한 후 인디오들의 얼굴에 노예임을 표시하는 불도장을 찍었다. 그리고 주인이 바뀔 때마다 새로운 불도장이 얼굴에 새겨졌다. 나중에는 불도장이 너무 찍혀 얼굴을 알아볼 수 없게 된 인디오들이 부지기수였다. 이들은 노예로 삼은 원주민들을 때론 재미 삼아 열세 명씩 꼬챙이로 꿰어 불태우기도 했다. '그리스도와 열두 사도에게 영광을 돌리기 위해서' 열세 명씩 짝을 지은 것이다. 스페인인들에게 신대륙은 하느님의 선물임이 분명했다. 그리고 하느님은 자비롭게도 이 땅을 개발할 수 있도록 인디오라는 공짜 노동력까지 함께 선물한 것이라 확신했다. 그래서 인디오들을 동물처럼 학대하는 데 조금도 거리낄 게 없었다.

하지만 스페인 왕실과 로마 교황청의 입장은 조금 달랐다. 스페인은 이슬람을 몰아내고 통일을 이룬 뒤 아주 잘

나가고 있었다. 급기야 카를 5세 때는 신성로마제국의 황제를 겸하며 가톨릭의 수호자로 나섰다. 그라나다의 알함브라 궁전에 어울리지도 않는 카를 5세 궁전을 세웠다고 오늘날의 여행자들에게 늘 욕을 먹는 그 왕이다.

당시 유럽에서는 '스페인 사람들은 잔인한 놈들'이라는 등식이 있었다. 이른바 '검은 전설'이다. 무자비한 반란 진압과 악명 높은 종교재판은 다른 유럽인들도 고개를 절레절레 흔들 정도였다. 그런데 스페인 정복자들의 악행이 이 검은 전설을 더 키우고 있었다. 새로이 신성로마제국의 황제가 되어 전 유럽을 이끌어야 할 위치가 된 스페인 왕실로서는 꽤 난처한 일이었다.

현실적으로는 인디오들의 숫자가 급격하게 줄면서 신대륙을 유지해줄 노동력 부족 문제도 있었다. 무엇보다 스페인 왕실과 로마 교황청이 이를 심각한 문제로 받아들인 것은 당시의 종교 상황 때문이었다. 분명 이슬람을 유럽에서 몰아내고, 신대륙을 발견한 것은 하느님이 내린 상이자 축복이었다. 그럼에도 종교개혁이 일어나 독일과 동북유럽의 교회들이 이탈하고, 영국마저 성공회로 등을 돌린 상황을 도저히 이해할 수 없었다.

상황이 이렇다 보니 로마 교황청은 좀 더 도덕적이어야 한다는 압박을 받고 있었다. 그리고 유럽에서 로마 가톨릭의 위세가 줄어드는 만큼 신대륙에서 새로운 신자를 늘려야 한다는 위기감도 있었다. 그래서 스페인의 카를 5세와 로마 교황청이 바야돌리드에서 회의를 소집한 것이다. 인디오들을 어떻게 대우할 것인가를 두고 교계 전체가 입장을 정해야 했다.

그런데 인디오들이 인간인지 아닌지를 먼저 판별하는 게 왜 중요했을까? 그건 만약 인디오들이 인간이라면 이들도 하느님의 창조물이라 무조건 노예로 삼는 것은 죄를 짓는 일이었기 때문이다. 그리고 당연히 임금도 지불해야 하고, 인내심을 갖고 포교해야 할 대상으로 신분이 바뀌는 것이었다. 만약 인디오가 인간이 아니라면 마음껏 노예로 부려 먹고 학대해도 정당한 것이었다. 어처구니없지만 당시에는 그랬다.

신대륙을 통치하던 스페인의 정복자들은 당연히 인디오들은 인간이 아니라는 입장이었다. 이들을 대표해서 당대 최고의 석학 중 한 명인 세풀베다Juan Gines de Sepulveda가 논쟁에 나섰다. 다행히 인디오들도 자신들과 똑같은 인간이라고 생각하는 사람들도 있었다. 주로 현장에서 참상을 목격한 수도사들이었다. 이들을 대표해 신대륙에서 오랫동안 인디오들의 인권에 헌신해온 도미니크회의 신부인 라스카사스Bartolomé de Las Casas가 나섰다. 그리고 로마 교황청을 대리하는 추기경과 15명으로 구성된 성직자와 법학자들이 이 논쟁의 판정단 역할을 맡았다. 인디오들의 운명을 좌우할 이 치열한 회의는 1년 이상 계속되었고, 이를 '바야돌리드 논쟁'이라고 한다.

세풀베다는 "인디오들은 인신공양을 하고, 인육을 먹으며, 문자도 없고, 자신의 문화를 보여줄 변변한 건축물도 없으며, 뚜렷한 종교가 없다"라는 점을 들어 이들이 인간이 아니거나 다른 문명인의 지배를 받도록 태어난 열등한 인간이라고 주장했다.

아리스토텔레스의 사상은 오랫동안 유럽 귀족들의 사고를 지배해오고 있었다. 이를 요약하면, "천지가 창조될 때부터 인류는 문명인과 미개인으로 등급이 나눠져 있으며, 복종하기 위해 태어난 미개인들은 태생적인 노예들이다"라는 것이다. 신대륙에 인디오들이 있었던 것은 아리스토텔레스의 이런 관점에서 봤을 때 태생적 노예들이 수천 년간 진정한 주인이 오길 기다리며, 우연히 그 자리에 있었다는 것이다.

이 회의 과정은 약간의 픽션을 가미한 장 클로드 카리에르의 《바야돌리드 논쟁》이라는 책에 자세하게 소개되어 있다. 이 책에 의하면 인디오를 변호하는 라스카사스 신부에게 퍼부어진 첫 번째 질문은 "과연 인디오들에게도 지능이란 것이 있느냐"이다. 그리고 두 번째는 "이들에게도 감정이나 감성 같은 게 있느냐"는 것이었다. 그야말로 인디오들을 원숭이처럼 생각한 것이다.

인디오가 인간인지 아닌지를 알아보기 위한 여러 가지 방법 중 압권은 멕시코에서 4명의 인디오를 직접 운송해와 이 회의에 내세운 장면이다. 판정단은 이들의 냄새를 맡아보거나, 피부를 당겨 보기도 했다. 그리고 "왜 자신들과 달리 수염이 적은가", "스페인 남자와 관계하면 임신을 할 수 있는가", "그렇게 태어난 아이들은 정상적으로 잘 자라는가" 등을 물었다. 이들이 원숭이라면 스페인 남자와 관계해도 아이를 가질 수 없을 것이라는 생각에서 나온 질문이었다. 급기야는 인디오 엄마의 아이를 빼앗아 칼로 찌르려는 동작을 취하기도 했다. 아이의 엄마가 어떤 반응을 보일지 알아보려 했던 것이다. 이런 우여곡절 끝에 열다섯 명의 위원들이 최종 판정을 내놓았다. 어떻게 되었을까?

많은 정황이 인디오들에게 불리하게 돌아가는 듯 보였지만 열다섯 명의 위원들은 "인디오들도 우리와 같은 인간으로 하느님의 자녀다"라고 결론지었다. 그리고 즉시 "인디오들을 더 이상 노예 취급해선 안 된다"라는 교시를 신대륙의 모든 교구에 내렸다. "조속한 시일 내에 이들에게 선교할 것"도 잊지 않고 당부했다. 이렇게 해서 인디오들에 대한 가혹행위는 대폭 줄어들었다. 그 덕에 인디오들의 인구 감소도 멈추게 되었다. 드디어 이렇게 비극의 막이 내리는 듯했다. 하지만 또 다른 비극의 막이 새로이 오르고 있었다. 그건 악을 거악으로 덮는, 또 다른 무지와 편협함으로 가득한 인류 최악의 범죄였다.

인디오들을 더 이상 함부로 노예로 쓸 수 없게 된 신대륙의 스페인 귀족들이 강력 반발하고 나섰다. 실제로 신대류 경제가 위축되면서 스페인 왕실과 교황청의 수입도 줄어들었다. 무엇보다 신대륙을 지배하던 귀족들이 본국에서 독립할까 봐 두려웠다. 이에 또 다른 결정이 내려졌다. 인디오들보다 더 동물 같고, 인디오들보다 더 튼튼한 흑인을 노예로 쓰라는 것이다. 이렇게 해서 아프리카에서는 노예사냥이 벌어지기 시작했다. 그리고 수천만 명의 흑인을 그 험한 대서양을 건너 아메리카로 보내는, 본격적인 노예무역이 시작되었다.

물론 인디오들이 몰랐던 것처럼 흑인들도 바야돌리드의 논쟁에서 이 모든 것들이 비롯되었다는 것을 알지 못했다. 그리고 인디오들과는 달리 흑인 노예들에게는 '바야돌리드 논쟁' 같은 기회조차 주어지지 않았다.

중세 시대에
파문을 당한다는 것은
어떤 의미일까?

파문破門이 된다는 건 가톨릭 행사에 일절 참여할 수 없다는 뜻이다. 오늘날에는 별일 아니라고 생각할 수 있지만 중세라면 이건 완전히 다른 얘기다. 중세 시대에는 일반인은 물론이고, 귀족도, 심지어 왕들도 교회에서 파문될까 봐 늘 두려움에 떨었다. 도대체 파문되면 어떤 일이 벌어지길래 그렇게 두려워했을까?

파문은 영어로 'Excommunication'다. 이는 가톨릭의 영성체 혹은 성찬식을 뜻하는 'Communion'이란 단어에서 나왔다. 영성체는 예수가 처형되기 전 제자들과 가진 최후의 만찬을 기념하기 위한 교회 의식이다. 영성체에 참여한다는 것은 포도주와 빵을 통해 예수와 한몸이 된다는 뜻이다. 파문은 이 영성체를 못 하게 한다는 것이니 이는 곧 하느님과의 단절을 의미한다. 이것이 중세 시대에 얼마나 무시무시한 일인지 실감하려면 이 시대에 대한 대략적인 이해가 필요하다.

5세기에 게르만족에 의해 서로마가 멸망했다. 서유럽은 대혼란에 빠졌다. 로마가 사라진 후 생긴 힘의 공백 때문이다. 그 자리를 차지한 게 기독교다. 로마는 멸망했지만 로마 문명의 유산을 보존한 기독교 조직은 고스란히 유지된 덕이다. 이때부터 기독교는 유럽인들의 생활 전반으로 깊숙이 스며들었다. 이후 르네상스라는 새로운 질서가 만들어지기까지 무려 1,000년간이나 중세가 이어졌다. 하지만 로마 교황청은 직접적인 군사력이 없어서 늘 불안해 했다. 로마 같은 든든한 버팀목이 반드시 필요했다.

마침 등장한 게 게르만족의 프랑크 왕국이다. 특히 8~9세기의 샤를마뉴는 로마 영토의 대부분을 회복했다. 늘 바바리안Barbarian이라고 멸시받던 게르만이 유럽의 새로운 지배자로 떠오른 것이다. 로마 교황청은 즉각 샤를마뉴에게 세례를 주고, 서로마황제로 선언했다. 그리고 샤를마뉴가 죽은 후에는 동프랑크의 오토대제를 신성로마제국 황제로 옹립했다.

이렇듯 가톨릭이 중세를 지배할 수 있었던 것은 게르만을 기독교화한 게 결정적이었다. 신성로마제국을 뒷배경으로 둔 로마 교황청은 거칠 게 없었다. 물론 교황과 황제 사이에 묘한 알력과 신경전도 있었다. 하지만 11세기부터는 종교의 우위가 뚜렷했다. "교황은 태양, 황제는 달"이라는 말이 세간에 노골적으로 돌았을 정도다.

중세가 진행되면서 봉건제가 정착된 것도 기독교에는 무척 유리한 환경이었다. 이는 권력이 황제가 아닌 영주로 잘게 나누어져 있다는 뜻이다. 하지만 기독교는 장원의 작은 교회에서부터 로마 교황청까지 이어지는, 초국가적인 조직을 갖춘 유일한 존재였다. 교회의 힘이 점점 더 커지면서 교회는 재판권도 가졌고, 광대한 땅도 소유했다. 태어나서 죽을 때까지 개인의 모든 일상사도 교회가 관장했다. 교회는 모든 사람에게 종교적인 의무를 부과할 수 있었고, 선악의 기준도 교회만이 세우고 판단했다. 중세는 한마디로 이런 기독교의 절대 권위에 대한 절대복종의 시대다. 그리고 파문은 교회가 만들어 놓은 이 질서를 깨뜨리거나 도전하는 사람에게 내리는 최고의 형벌이었다.

중세 시대의 파문은 당연히 교회 활동에 참여하지 못하는 것으로 끝나지 않는다. 내 생활도, 내 가족도, 내 이웃도 모두 기독교를 중심으로 돌아가는 그 사회에서 파문은 바깥으로 내동댕이쳐지는 것과 같았다. 파문된 사람과는 아무도 대화해선 안 되었다. 심지어 가족들까지도. 오히려 가족들은 파문된 자를 집에서 쫓아내야 했다. 그렇지 않으면 나머지 가족도 파문당했다. 당연히 결혼도 할 수 없었고, 아무리 굶주려도 남의 도움을 받을 수 없었다. 무엇보다 정신적으로 고통스러운 것은 죽을 때 안식 기도를 받을 수도 없고, 신성한 교회 땅에 묻힐 수도 없다는 점이다.

이는 천국에 갈 수 없다는 뜻이니 믿음이 절대적인 시대에 그야말로 절망적이었을 것이다.

파문이 정말 무서운 것은 종교적인 처벌로 끝나는 게 아니라 세속적인 처벌로 이어진다는 것이다. 나라마다 기간은 조금씩 달랐지만 파문된 자는 대개 4개월 내에 회개하고 교회의 용서를 받아야 했다. 그렇지 않으면 세속 권력은 파문된 자를 체포해 재판에 넘겼다. 이 경우 재산을 모두 몰수했기 때문에 귀족과 봉건 영주들이 파문을 더욱 무서워했다. 게다가 파문된 자는 임의로 죽여도 큰 죄가 되지 않기 때문에 정적들에 의해 살해되는 경우가 많았다.

왕이라고 예외는 아니었다. 왕이 파문되면 봉건제하에서는 봉신이 군주를 보호할 의무가 없어진다. 왕의 자리를 노리는 사람은 늘 많게 마련이다. 이 대표적인 사례가 너무나 유명한 '카노사의 굴욕'이다.

11세기 로마 교황 그레고리오 7세는 신성로마제국 황제인 하인리히 4세에게 성직자의 임명권을 돌려달라고 요구했다. 황제는 이를 거부하고 교황을 해임해버렸다. 그러자 교황은 이에 맞서 오히려 황제를 파문해버렸다. 여기에 각 제후가 동조하고 나섰다. 졸지에 하인리히 4세는 황제의 지위는 물론 생명까지 위태로워지게 되었다. 이에 교황이 머물던 북이탈리아의 카노사Canossa에 가서 눈 오는 날 맨발로 3일 동안 빌어 간신히 용서를 받았다.

이렇듯 파문은 신성로마제국의 황제까지 날릴 수 있을

정도로 그 힘이 어마어마했다. 그 후 황제가 복수하긴 했지만, 힘의 균형추가 교황에게 넘어갔다는 건 이제 분명해졌다. 11세기 말에 십자군 전쟁을 시작할 수 있었던 것도 강화된 교황권 덕택이다. 세속 군주들이 십자군 전쟁에 이의를 제기할 때마다 교황들은 전가의 보도처럼 파문장을 꺼내 들었다.

황제마저 꼼짝 못 하게 했던 파문의 위력은 십자군 전쟁의 패배로 교황의 권위가 실추하면서 함께 추락하기 시작했다. 종교가 아닌 정치·경제적인 문제로 파문이 남발됐기 때문에 세속 군주들의 반발도 잇따랐다. 결국 르네상스가 일어난 14세기 후반부터 파문은 더 이상 그 이전의 권위를 가질 수 없게 되었다.

그 후 영국의 헨리 8세는 파문을 당하자 아예 성공회를 만들어 가톨릭에서 독립해버렸고, 루터는 파문을 당했지만 아예 전면적인 종교 개혁에 나섰다. 나폴레옹 역시 파문을 당했지만 콧방귀도 끼지 않았다. 근현대에 들어서 러시아의 작가 톨스토이도, 쿠바의 혁명가 카스트로도 파문을 당했지만 사실상 형식적인 것에 불과했다. 카스트로의 경우 파문된 상태였지만 3명의 교황이 그를 만나기 위해 쿠바를 방문하기도 했다.

이렇듯 점차 영향력이 약해졌지만, 중세 시대의 파문은 대부분의 사람에게는 세상의 끝이나 다름없었다. 종교는 물론 사회, 경제, 문화 등 모든 것을 지배하는 절대 권력인 기독교와 적이 되는 일이기 때문이다. 그 속에서 개인이 살아남는다는 것은 사실상 불가능했으니 파문은 현대의 우리가 생각하는 것보다 훨씬 더 무서운 처벌이었다.

여성의 생리까지 감시한
독재자,
차우셰스쿠

여성의 생리를 감시하고 관리하는 이른바 '생리 경찰'이 있었다면 믿기는가. 이들의 주 업무는 여성의 생리를 관리해 임신을 강제하는 것이다. 생리 경찰은 여성이 배란기임에도 남편과 성관계를 갖지 않으면 무거운 벌금을 매기는 권한도 있었다. 부부 사이가 좋든지 말든지, 심지어는 별거 중이든 아니든 상관없었다.

삼류 공상 영화에서나 나올 법한 말도 안 되는 설정이라고 생각하겠지만 실제 1960~1970년대 루마니아에서 있었던 일이다. 역대 최악의 출산장려정책으로 꼽히는 이른바 '차우셰스쿠의 아이들'에 관한 이야기다.

루마니아에 니콜라에 차우셰스쿠Nicolae Ceausescu라는 독재자가 있었다. 1965년 공산당 당서기에 오른 차우셰스쿠는 루마니아를 강국으로 만들겠다며 두 가지 정책을 발표했다. 하나는 농업국가인 루마니아를 중공업국가로 전환한다는 것이다. 급속한 공업화로 소련을 미국과 양강의 위치에 올려놓은 스탈린의 정책이 부러웠던 모양이다. 하지만 구호만으로 공업화가 이루어지는 나라는 없다. 루마니아는 오랜 농업국가였을 뿐 공업화를 위한 아무런 준비도 되어 있지 않은 나라였다. 루마니아 경제가 파멸로 간 것은 당연한 일이었다.

또 하나가 바로 그 악명 높았던 출산장려정책이다. 당시 루마니아의 인구는 2,300만 명 정도였다. 그런데 인구는 점점 더 줄어드는 추세였고, 먹고살기가 어려워지자 한때 루마니아의 낙태율은 거의 80퍼센트에 이르렀다. 정말 믿기 힘든 수치였다.

그 이유가 어쨌든 차우셰스쿠는 '인구가 곧 국력'이라고 생각하는 자였다. 문제는 보통의 독재자들이 그렇듯 아무 실행 계획도 없이 저질러 놓고 본다는 것이다. 차우셰스쿠는 인구 3,000만 명을 목표로 우선 피임과 낙태를 금지했다. 콘돔과 같은 피임 기구를 쓰면 반역죄로 잡아갔다. 낙태는 말할 것도 없었다. 낙태한 여성은 국가 시책을 따르지 않는 반역자였고, 낙태한 병원은 바로 폐업이었다. 만약 낙태 후유증으로 병원에 왔을 경우 시술해준 의사를 말하지 않으면 그냥 죽게 내버려 두었다. 임신한 아이가 기형아든, 강간으로 인한 임신이든 그런 건 상관조차 하지 않았다.

그리고 한술 더 떠 차우셰스쿠는 아예 피임약을 생산하지 못하도록 자국의 회사를 문 닫아 버렸다. 피임약 수입도 물론 금지했다. 그리고 시중에 나와 있는 피임 방법을 다룬 책과 문서를 모조리 거두어들여 국가 기밀로 분류했다. 따라서 피임 방법을 알아보는 것도 반역죄였다.

이렇게 되자 낙태 시술 비용은 천정부지로 치솟아 3~4개월 치 월급에 맞먹는 수준이었다. 그래서 루마니아의 임산부들은 국경을 넘어 헝가리로 갔다. 이를 막기 위해 차우셰스쿠는 국경을 봉쇄했다. 허락 없이 국경을 넘나드는 자에겐 이유 불문 사격을 가했다. 결국 루마니아에서는 이른바 야매 시술이 성행할 수밖에 없었다. 이 때문에 루마니아의 산모 사망률은 세계 최고 수준으로 치솟았다. 1989년에는 한 해에만 1만 명 이상이 낙태 시술 과정에서 숨졌다.

이렇듯 높은 낙태율로 인구가 기대만큼 늘지 않자 차우셰스쿠는 더 극단적인 정책을 꺼내 들었다. 여성의 나이가 45세가 될 때까지 4명 이상 출산할 것을 의무화 한 것이다. 선천적인 불임이나 장애도 예외는 없었다. 입양으로 4명을 채우는 것도 불법이었다. 게다가 인구 증가에 방해된다며 이혼까지 금지했다. 학교에서는 성교육 대신 중학생 정도만 되어도 임신을 권유받았다.

또 차우셰스쿠는 이를 강제하기 위해 듣도 보도 못한 생리 경찰을 만들었다. 이들은 각 사업장을 돌며 여성들의 피임과 임신, 낙태 여부를 검사했다. 임신한 여성은 국가의 특별 관리 대상이 되었다. 이들은 한두 달에 한 번씩 병원에서 검진을 받아야 했는데 낙태를 막기 위한 감시가 주목적이었다. 의사와 의료 시설이 부족해 루마니아 여성들은 4명이 한 조로 완전히 발가벗은 채 남자 의사들의 진료를 받아야 했다. 이런 인권 침해쯤은 눈도 꿈쩍 않는 차우셰스쿠 정권이었다.

일정 시간이 지나도 아기가 없는 부부는 생리 경찰의 집중 조사를 받았다. 이들은 피임 유무는 물론 주 단위로 몇 회의 부부관계를 갖는지까지 답해야 했다. 국가가 국민의 성생활에까지 관여한 것이다. 임신을 의도적으로 피하고 있다고 판단되면 생리 경찰은 '금욕세'라는 황당한 세금을 매겼다. 무려 연 소득의 30퍼센트나 되는 엄청난 액수였다. 이 덕에 시행 첫해에는 신생아 수가 27만 명에서 53만 명으로 거의 두 배 가까이 올랐다. 하지만 이 억지 출산은 루마니아를 곧 지옥으로 만들었다.

무리한 공업화로 루마니아의 경제는 곤두박질치기 시작했다. 이로 인해 국가 채무는 계속 치솟았다. 차우셰스쿠는 모든 물자의 수입을 금지하고, 루마니아에서 생산되는 모든 농산물을 수출하도록 명령했다. 수입하지 않고 수출만 하면 곧 나라가 부강해진다는 정말 신박한 논리였다.

그러자 동유럽 최대의 농업국가에서 굶어 죽는 사람이 속출했다. 동유럽 최대의 산유국에서 전기공급이 끊어지기도 했다. 도저히 아이를 키울 수 없게 된 루마니아인들은 아기를 낳자마자 내다 버리기 시작했다. 이 숫자가 너무 많아 처벌하는 것조차 불가능했다. 하지만 이에 아랑곳하지 않고 차우셰스쿠는 출산을 계속 독려했다. 고아원을 세워 국가에서 아이를 키우면 된다는 것이다. 하지만 말뿐이었다. 고아원은 태부족이어서 아기들을 마치 짐처럼 몇 겹으로 포개 키워야 했다. 밑에 깔린 아이들은 압사하기도 했다. 아기들을 돌볼 인력도 태부족이어서 젖병을 침대에 매달아 놓고 스스로 빨아 먹게 했다.

이 바람에 신생아의 사망이 급증해 거의 절반가량이 1년 내에 죽었다. 아이들을 건강하게 한다며 잘못 수혈하는 바람에 수백 명의 아기가 에이즈로 죽기도 했다. 다행히 살아남은 아이들은 거리의 부랑자가 되었다. 그리고 러시아를 포함한 동구의 마피아들이 아이들을 아동 포르노에 팔아넘기거나 장기를 떼어 팔았다. 하지만 차우셰스쿠는 이 모든 걸 무시하고 오히려 아이들을 세뇌시켜 자신에 대한 우상화에 나섰다. 마치 북한처럼 선동대를 만들고, 자신을 찬양하는 대규모 매스게임을 즐겼다. 이들이 바로 '차우셰스쿠의 아이들'이다.

차우셰스쿠는 건강한 10대들을 뽑아 군사학교에 보낸 다음 세쿠리타테Securitate라는 비밀경찰을 만들었다. 세쿠리타테는 많을 땐 10만 명에 가까운 큰 조직이었다. 하지만 특별대우를 받은 극히 일부의 세쿠리타테를 제외한 대부분의 차우셰스쿠의 아이들은 빈곤과 질병에 시달려야 했다.

차우셰스쿠는 자신의 철권통치를 유지하기 위해 부인과 자식, 일가친척 등 40여 명에게 군 경찰, 정보기관, 방송국 등 국가의 모든 요직을 맡겼다. 그래도 불안했던지 전국의 사업장, 식당, 가정에 무려 300만 개의 도청기를 설치한 뒤 세쿠리타테가 운영하는 1,000개의 도청 센터를 통해 국민을 감시했다.

24년간 루마니아인들을 지옥에 빠뜨렸던 차우셰스쿠의 최후는 허무할 정도로 갑작스럽게 찾아왔다. 1989년 12월 17일, 루마니아 서부 도시 티미쇼아라에서 대규모 반정부시위가 벌어졌다. 군의 발포로 많은 사상자가 발생했다. 이란을 방문 중이던 차우셰스쿠는 급히 돌아왔지만 대수롭지 않게 여겼다. 자신이 직접 연설을 하면 지금까지 그랬던 것처럼 모든 문제가 해결될 것이라고 생각한 것이다.

12월 20일, 수도 부쿠레슈티의 인민궁전 앞에 10만 군중이 모였다. 늘 해오던 관제 집회였다. 그런데 집회를 준비하던 중 문제가 있었다. 각 사업장에서 열렬 지지자들을 선발해 보낼 예정이었는데 갑자기 집회가 취소되었다는 통보가 온 것이다. 뒤늦게 집회 재개를 알려 왔지만 열렬 지지자들은 이미 퇴근한 뒤였다. 그래서 할 수 없이 인원 동원을 맡은 각 사업장에서는 할당량을 채우기 위해 그야말로 아무나 집회 장소로 보냈다.

곧 차우셰스쿠가 발코니에 나타나 연설을 시작했다. 그가 연설하는 도중에 젊은 군중들은 반정부 시위로 많은 사상자가 발생했던 도시 "티미쇼아라! 티미쇼아라!"를 외치기 시작했다. 차우셰스쿠가 당황해 "조용히 하라"고 경고했지만 아무 소용이 없었다. 이 장면이 전국에 그대로 생중계되었다. 그리고 차우셰스쿠의 부인이 "저것들을 다 쏴 버려라!"라고 말하는 다급한 소리도 마이크를 통해 흘러나왔다. 이에 흥분한 관제 군중이 진짜 시위대로 돌변했고, 차우셰스쿠 부부는 인민궁전에 갇힌 꼴이 되고 말았다.

12월 21일, 차우셰스쿠는 즉시 군에 발포를 명령했다. 하지만 평소 비밀경찰인 세쿠리타테에 비해 푸대접받던 군이 이를 거부했다. 일부 군인들은 시위대에 가담하기지 했다. 다급해진 차우셰스쿠는 인민궁전을 탈출하기 위해 헬기를 불렀지만 4인승 딱 한 대만 오고, 나머지는 중간에 돌아가 버렸다. TV로 전국에 생중계되는 가운데 차우셰스쿠는 할 수 없이 부인과 경호원 딱 2명만을 태우고 도망쳤다.

차우셰스쿠를 태운 헬기 조종사는 이륙 후 "혁명이 일어났으니 귀관이 알아서 하라"라는 무전을 받았다. 이에 조종사는 대공사격을 받고 있다고 속이고 차우셰스쿠를 한 농가에 내려준 다음 그냥 떠나버렸다. 겨우 얻어 탄 자동차 주인도 차가 고장 났다고 속이고 차우셰스쿠를 중간에 내리게 했다. 차우셰스쿠와 경호원은 한 농업박물관

건물로 피신했다. 하지만 이곳의 연구원들이 이들을 방에 가두고 경찰에 신고한 뒤 농가 인근의 한 학교에서 약식 재판을 거쳐 세쿠리타테가 구하러 오기 전에 서둘러 총살형을 집행했다. 무려 90발이 발사된 이 처형 장면은 곧바로 루마니아 전역은 물론 전 세계에 방영되었다. 1989년 12월 25일, 루마니아인들은 생각지도 못한 크리스마스 선물을 받은 것이다.

공교롭게도 "티미쇼아라!"라고 맨 처음 외쳐 혁명의 도화선이 된 사람들은 차우셰스쿠의 아이들이었다. 그리고 밤새 인민궁전을 포위한 사람들도 10~20대의 분노한 차우셰스쿠의 아이들이었다. 또 총살형에 자원한 3명의 젊은 군인들 역시 차우셰스쿠의 아이들이었다. 이렇게 24년간 6만 4,000명의 국민을 죽게 한 차우셰스쿠의 독재는 끝났다. 하지만 차우셰스쿠의 아이들의 삶은 계속되었다.

차우셰스쿠가 죽은 후 루마니아는 그간의 쇄국정책을 풀고 서방에 국가를 개방했다. 초대된 서방의 언론인들이 한 고아원을 방문했다. 고아원에 수용된 차우셰스쿠의 아이들이 무려 17만 명이나 되었다. 고아원은 소변 냄새로 가득했고 무거운 침묵만이 흘렀다. 아이들은 아무도 울지 않았다. 자기들 방에 들어온 이방인들과 눈을 마주치는 아이들도 없었다. 아이들은 한 침대에 2~3명씩 누워 아무 표정의 변화도 없이 그저 멍하니 천장만을 보고 있었다.

어느덧 성인이 된 초기의 차우셰스쿠의 아이들은 대부

분 실업에서 벗어나지 못했다. 교육도 제대로 받지 못했고, 가정과 국가에서 버림받은 세대라 폭력적이었고, 범죄율도 높았다. 한 단순 무식한 독재자가 만들어낸 차우셰스쿠의 아이들은 역대 최악의 출산장려정책을 넘어 인류에 대한 범죄였다. 여전히 이 후유증을 겪고 있는 루마니아는 아직 동유럽의 빈곤국에서 벗어나지 못한 채 차우셰스쿠를 24년간이나 독재하게 허용한 대가를 혹독히 치르는 중이다.

마지막으로 차우셰스쿠가 죽은 지 30년 이상 지난 2021년 기준, 루마니아의 인구는 1,913만 명이다.

중세 유럽은
왜 그토록
교회 세습을 막으려 했을까?

처음에 교회는 예수를 믿는 사람들의 친교 모임이었다. 그후 교회는 그리스로 가서 철학이 되었고, 로마로 가서는 제도가 되었다. 그다음 유럽으로 가서는 문화가 되었다. 마침내 미국으로 왔을 때, 교회는 기업이 되었다.

미국 상원의 채플 목사를 지낸 리처드 핼버슨Richard C. Halverson이 1984년 미국장로교총회에서 한 아주 유명한 설교다. 미국 교회의 현실을 통렬하게 비판한 이 연설은 많은 사회적 반향을 얻은 바 있다.

그런데 기업이 된 미국의 교회가 한국에 와서는 어떻게 되었을까? 이에 대해 한국 교회의 민낯을 드러냈다는 평을 받은 영화 〈쿼바디스〉에서 이렇게 답을 했다.

"기업이 된 미국의 교회는 한국에 와선 대기업이 되었

다."

한국 교회가 미국과 다른 점이 하나 더 있다. 일부 초대형 교회의 담임목사가 신도들과 함께 키워온 교회를 사유화한 다음 자식들에게 세습한다는 점이다. 대다수의 뜻있는 기독교인들은 교회의 세습이 곧 한국 기독교의 위기라고 보고 있다.

교회의 세습은 중세의 유럽에서도 큰 골칫거리였다. 4세기에 기독교가 로마의 국교가 되면서 교회는 유럽 전역으로 급팽창하기 시작했다. 그리고 5세기에 로마가 멸망하고 유럽에 힘의 공백이 생기자 점차 기독교가 그 자리를 차지하게 되었다. 그러면서 교회는 급격히 부유해졌다. 불과 한 세기 전만 해도 탄압의 대상이었던 교회는 돈과 명예와 권력을 모두 갖게 되면서 바로 타락하기 시작했다. 그중 가장 심각한 게 바로 성직과 교회의 세습이었다.

로마 교황청에서도 이를 심각한 문제로 받아들였다. 성직과 교회의 세습이 부패의 온상이라는 건 누가 봐도 명확했다. 기독교가 세계로 뻗어나가는 바로 그 시점에서, 이런 도덕적인 결함은 본격적인 교세 확장에 치명타가 될 수도 있었다. 교회의 사유화가 진행될수록 교황청의 수입이 줄어든다는 현실적인 경계심도 분명 한몫했을 것이다.

이런 영향으로 5세기부터는 독신제가 강조되기 시작했다. 6세기에는 결혼한 성직자가 자녀들에게 교회 재산을 상속하지 못하도록 하는 교회법도 만들었다. 물론 초기 교회부터 사제들의 결혼과 자녀 출산은 가급적 자제하자는 분위기였다. 하느님에 대한 헌신에 방해가 될 수도 있다는 생각 때문이었다. 그러던 것이 5세기 이후부터는 부패 방지 차원에서 이러한 권유가 교황청에서 내려진 것이다.

하지만 이 시기만 해도 로마 교황을 중심으로 한 피라미드식 교회 조직이 완벽할 때가 아니었다. 아니, 그보다는 교회의 팽창 속도를 교회 조직이 따라가지 못했다는 게 더 정확할지도 모른다. 어쨌든 교회의 이러한 권유와 법 제정은 말단 교회에까지 미치지 못하면서 유명무실해졌다. 이미 결혼한 사제가 너무 많아 제대로 된 법 적용을 기대하기도 사실상 힘들었다.

그러는 사이 교회는 더욱더 부자가 되어 갔다. 중세 봉건사회가 되면서 왕과 영주들이 잇따라 교회에 막대한 토지를 증여했다. 그러면서 교회는 중세 시대에 가장 많은 땅을 소유한 지주가 되었다. 가진 게 많아질수록 교회의 사유화와 세습도 기승을 부렸다.

특히 8세기, 프랑크 왕국의 샤를마뉴 대제에 의해 교인들의 십일조 납부가 의무화되자 교회는 그야말로 황금알을 낳는 거위가 되었다. 잇따라 영주들은 자기 땅에 개인 교회를 세웠고, 덩달아 성직자들도 개인 교회를 세웠다. 이 교회들은 바티칸과 상관없이 십일조가 모두 개인 수입이었기 때문에 성직자들에겐 화수분과 다름없었다. 일부 부패한 성직자들은 이런 교회를 전국에 여러 개 세워 관리했고, 뇌물로 산 성직과 함께 이 교회들을 자식들에게 유산으로 남겨 주었다.

교회의 타락은 끝도 없었다. 사유화와 세습으로 막대한 부를 쌓은 일부 성직자들은 결혼을 넘어 첩을 두기까지 했다. 종교개혁 무렵에는 성직자의 30퍼센트가 첩을 두었을 정도다. 이 자녀들에게도 상속을 해주어야 하니 교회는 세습을 비롯한 부정부패의 온상이었던 것이다.

이처럼 교회의 타락이 극에 달하자 11세기에는 로마 교황들이 대책을 쏟아내기 시작했다. 레오 9세는 성직자의 독신제 강화와 성직매매를 금했고, 그레고리 7세는 성직자들의 결혼과 첩을 두는 것을 금지했으며, 우르바노 2세는 여자와 성직 중 하나만을 선택하라고 압박했다.

왜 이런 비슷비슷한 대책들이 반복됐을까? 그건 교황들이 내놓은 여러 대책이 아무 실효성이 없었기 때문이다. 이 방안들은 사실상 강제성이 없어서 편법으로 빠져나갈 틈이 많았고, 뇌물로도 쉽게 벗어날 수 있었다.

사실 이 문제에 대한 근본적인 해법은 오래전부터 모두가 알고 있었다. 그건 교회와 성직, 그리고 그에 딸린 모든 재산을 물려받을 자식을 두지 못하게 하는 것이다. 그러려면 결혼은 물론 모든 여성과의 성관계를 아예 금지하면 되었다. 하지만 당시 많은 성직자가 부인은 물론 첩까지 두고 있었던 터라 정말 극단적인 방안일 수밖에 없었다. 그래서 그간 교황청에서 만든 금지 방안들은 극심한 반발을 감안해 여러 예외 규정을 두었고, 결과적으로 유명무실해진 것이다.

그런데 12세기에 중세 기독교에서 이 어려운 일을 해냈다. 1123년 로마의 라테라노 대성당에서 공의회를 열어 우선 전면적인 사제 독신제를 도입하기로 합의했다. 그리고 마침내 1139년 2차 라테라노 공의회에서 예외 없는 독신제를 교회법으로 확실하게 못을 박아 버렸다. 이제 사제들의 결혼은 불법이 되었고, 처벌까지 받게 된 것이다.

물론 그렇다고 이 모든 것이 곧바로 완벽하게 지켜진 것은 아니다. 13세기에 여러 수녀를 첩으로 두었던 벨기에 리에주 주교의 예에서 보듯이 이 교회법이 유럽 전역에 정착되는 데는 수백 년 가까이 걸렸다. 교회법이 만들어지는 즉시 다 지켜졌다면 16세기 종교개혁은 일어나지도 않았을 것이다.

하지만 2차 라테라노 공의회 이후 교회의 세습만큼은 확연하게 줄어들었다. 그리고 1,000여 년이 지난 지금, 가톨릭교회에서 자식에 대한 세습 문제는 더 이상 없다. 다행인지 불행인지, 지금의 가톨릭 신부들은 과거 선배 사제들이 저지른 부도덕 때문에 여전히 결혼할 수 없다.

다시 정리하자면 탄압받던 교회가 갑자기 명예는 물론 돈과 권력까지 한 손에 쥐게 되면서 타락과 부패가 시작되었고, 그 중심에는 자식에 대한 교회와 성직의 세습이 있었다. 중세 교회는 이 고리를 끊기 위해 결혼 금지, 즉

성행위 금지라는 초강수를 두었고 성공을 거두었다.

중세 교회의 세습을 보노라면 지금 한국 교회의 세습과 과연 무슨 차이가 있는지 모르겠다. 배경은 조금 다르더라도 성직자들의 탐욕이라는 본질에서는 같다고 해야 할 것이다. 과연 한국 교회가 자신들이 멸시했던 중세 교회 정도만큼이라도 개혁하려 노력했는지 스스로 되물어볼 필요가 있다.

충격과
반전을 넘나드는

뜻밖의 역사

4

이란은
아랍이
아니다

몇 해 전 일이다. 한 경제 사절단이 이란을 방문했다. 환대에 기분이 좋아진 한 기업가가 환영 리셉션에서 감사 인사를 했다.

"아랍은 이번이 처음 방문인데 인상이 아주 좋습니다."

화기애애하던 분위기가 일순간 싸해졌다. 그 비즈니스가 그 후 어찌 되었는지는 모르겠지만 분명 꽤 애먹었을 것이다. 결론부터 얘기하자면 이란은 아랍이 아니다. 이란은 이란이고, 아랍은 아랍이다. 이란 사람들이 가장 기분 나빠하는 게 자신들을 아랍인 취급하는 것이다. 이는 우리나라에 와서 "중국을 처음 방문했는데 인상이 아주 좋았다"라고 말하는 것과 같은 것이다.

물론 이란을 아랍으로 착각하는 데는 그럴 만한 이유가 있다. 이란은 아랍과 같은 중동에 속해 있는 데다 우리가 보기에는 꼬부랑 글자도 똑같아 보인다. 무엇보다 이슬람이라는 같은 종교를 믿기 때문에 이란과 아랍을 구분하기가 어렵다.

하지만 이란과 아랍은 정말 여러 가지 면에서 많이 다르다. 우선 민족 자체가 다르다. 이란은 아리안족이다. 생김새나 골격이 유럽인과 가깝다. 이란이라는 국명 자체가 '아리안족의 나라'라는 뜻이다. 반면 아랍은 옛날에 사막에서 주로 유목 생활을 하던 서남아시아의 셈Sem족과 북아프리카 계열의 햄Ham족으로 이루어져 있다. 이란인들은 오래전부터 농경 생활을 해왔기 때문에 유목민들과는 사고방식이나 생활문화가 완전히 다르다.

이와 비슷한 국가가 터키다. 중동에 속해 있고, 이슬람을 믿는다는 이유로 터키 역시 간혹 아랍으로 오해받지만, 이들은 족보가 다른 투르크인이다. 우리와 역사적으로 가까웠던 돌궐이 그들의 선조다.

이란과 아랍은 언어도 다르다. 아랍은 아랍어를 사용하고, 이란은 파르시Farsi라는 고유 언어를 사용한다. 고대 페르시아 제국 때부터 사용했으니 2,500년 이상의 긴 역사를 가진 언어다. 두 언어의 글자 모양은 얼핏 보면 비슷하다. 이란이 오랜 세월 아랍의 지배를 받으며 그 영향을 받았기 때문이다. 하지만 똑같지는 않다. 알파벳 개수도 이란이 4개 더 많은 32개다.

무엇보다 두 언어는 문법 구조가 완전히 달라 서로 의

사소통이 불가능하다. 발음도 달라서 아랍어가 조금 딱딱하게 들린다면 이란어는 마치 불어처럼 부드럽게 통통 튄다. 현재 이란어는 이란 외에도 아프가니스탄과 타지키스탄에서 국어로 사용되고 있다. 그리고 이라크, 바레인, 우즈베키스탄, 조지아, 아르메니아, 아제르바이잔, 체첸공화국, 인도, 파키스탄 일부에서도 사용할 정도로 꽤 영향력이 큰 언어다.

심지어 이란과 아랍은 종교도 다르다. 같은 이슬람이지만 철천지원수처럼 지내는 시아파와 수니파로 나눠져 있다. 아랍은 대부분의 이슬람 국가들처럼 수니파들이고, 이란은 이슬람의 15퍼센트 정도를 차지하는 시아파의 종주국이다. 수니파와 시아파는 이슬람의 창시자인 무함마드의 후계자를 누구로 할 것이냐를 두고 갈라졌다. 누구든지 후계자가 될 수 있다는 입장이 수니파이고, 무함마드 혈통만 그 자리를 이을 수 있다는 게 시아파다.

이란은 늘 강경 이슬람 국가로 뉴스에 부각되곤 한다. 핵 문제를 두고 미국과 오랫동안 충돌하고 있고, 우린 대개 미국의 시각이 반영된 뉴스에 익숙하기 때문이다.

하지만 이란의 이슬람은 다른 아랍 국가들에 비해 무척 자유로운 편이다. 1979년 호메이니에 의해 이슬람 혁명이 일어나기 전까지만 해도 여성들이 미니스커트를 입고 다니던 나라가 이란이다. 히잡도 이란 여성들은 최대한 대충 쓰고 다닌다. 색깔도 화려하고 머리카락만 살짝 가려 사실상 스카프 역할을 하는 정도다. 아랍과 달리 이란의 여성들은 자동차는 물론이고 비행기도 몰 수 있다.

이런 여러 가지 이유로 이란과 아랍은 사이가 아주 좋지 않다. 그래서 이란을 아랍 취급하면 이란 사람들은 더 억울해하는 것이다. 마치 누군가 우리더러 일본인이나 중국인이라고 하는 것과 다를 바 없는 수준이다.

이란과 아랍이 사이가 좋지 않은 건 표면적으론 시아파와 수니파로 대표되는 종교적 이유 때문이지만 이들 사이의 충돌은 아주 오래된 역사적인 문제다. 이란은 찬란한 역사를 가진 나라다. 3~7세기의 사산조 페르시아까지만 해도 이란은 유럽을 위협하던 동방의 대표 국가였다. 영토만 해도 이란을 중심으로, 서쪽의 터키부터 동쪽의 인도 북부까지 아랍의 중심부를 장악했던 거대 제국이었다. 그 시절의 아랍인들은 황무지에서 양이나 치던 보잘것없는 존재들이었다. 하지만 모래알처럼 흩어져 있던 아랍인들이 종교로 뭉쳐 이슬람 제국을 세우면서 전세가 역전되고 말았다. 이후 이란과 아랍은 단 한 번도 사이가 좋았던 적이 없다.

이란은 늘 페르시아 제국의 부활을 꿈꾼다. 옛 선조들의 영광과 너무나 다른, 지금의 어려운 현실은 이란인들에겐 무척 자존심 상하는 일이다. 이는 아랍도 마찬가지다. 아랍은 유목 시절만 해도 여러 부족 단위로 생활하고 있었다. 근대에 들어서는 영국과 프랑스가 이 지역을 갈기갈기 찢어 분할 통치했다. 그리고 그 상태로 독립해 지금과 같이 많은 국가로 나뉘게 된 것이다.

아랍 국가는 사우디아라비아, 이집트, 이라크, 요르단, 모로코, 리비아 등 22개국으로 구성되어 있다. 이들은 서로 형제라고 부르며, 우리처럼 분단국가로 여기고 언젠가는 모두 통일해 이슬람 제국의 영광을 재현하려 한다.

페르시아 제국의 부활과 이슬람 제국의 부활, 이 동상이몽이 이란과 아랍이 오랜 세월 동안 충돌하는 근본적인 원인이다.

빈곤했던 스위스가
세계 최고
부자 나라가 된 비결

1792년 8월 10일, 파리의 튈르리 궁으로 성난 민중들이 몰려왔다. 한창 프랑스 혁명이 진행 중이던 때였다. 이 궁에는 루이 16세와 마리 앙투아네트 왕비가 머물고 있었다. 엄청난 군중의 숫자에 겁이 난 왕의 근위병들은 도망치기 시작했다. 하지만 오직 한 부대만이 필사적으로 군중과 맞서 싸웠다. 양쪽 모두 사상자가 속출하자 프랑스 시민군들이 "퇴로를 열어 줄 테니 너희 나라로 돌아가라"라고 권유했다. 하지만 이들은 그 자리에서 꼼짝도 하지 않았다. 그 덕에 왕과 왕비는 궁을 빠져나갈 수 있었다. 그리고 이 부대는 곧 전멸했다. 모두 786명이었다. 이들은 스위스 용병들이었다.

이들은 분명 살 수 있는 기회가 있었다. 그럼에도 왜 이런 무모한 싸움을 한 것일까? 프랑스 왕에 대한 충성심?

아니다. 조국이 너무나 가난했기 때문이다. 나중에 죽은 병사의 유서가 하나 발견되었다. 그곳에는 "우리가 왕과 맺은 약속을 저버리고 도망친다면 이후 우리의 후손들은 아무도 용병으로 일하지 못할 것이다"라고 쓰여 있었다.

스위스는 알프스의 나라다. 전 국토의 70퍼센트가 산이다. 여기에 호수를 합하면 75퍼센트다. 경작지는 겨우 25퍼센트뿐이다. 그마저 냉해가 심해 농사짓기도 어렵다. 그러니 오랫동안 스위스는 늘 유럽에서 가장 가난한 나라로 통했다. 집안에서 장남은 그나마 작은 땅이라도 물려받을 수 있었지만 그 외의 형제들은 해외로 먹고살 길을 찾아 떠나야 했다. 그게 용병 사업이다.

스위스는 가난했지만 군인들의 용맹함은 오래전부터 정평이 나 있었다. 대부분이 험준한 산악지대에 살았기 때문에 폐활량이 뛰어났고, 체력도 좋았다. 게다가 국경을 맞대고 있는 오스트리아 합스부르크 가문과 싸우느라 실전 경험도 많았다. 그래서 스위스 용병들의 몸값은 아주 비쌌다. 그럼에도 모든 왕가가 급할 때면 이들을 찾았다. 백년전쟁, 부르고뉴전쟁, 스페인·폴란드·오스트리아 왕위계승 전쟁, 나폴레옹 전쟁 등 유럽의 굵직한 전쟁 뒤에는 늘 이들이 있었다. 로마 교황이 있는 바티칸조차 수백 년 전부터 지금까지 경비는 오로지 스위스 용병에게 맡기고 있다. 왜 그럴까? 이들은 절대로 고용주를 배신하지 않기 때문이다.

프랑스 혁명 때 루이 16세의 예에서 보듯, 이들은 계약을 지키기 위해선 몰살도 감수했다. 용병 얘기를 이렇게 말머리 삼아 길게 하는 것은 스위스가 잘살게 된 두 가지 중요한 키워드가 이 안에 있기 때문이다. 바로 '신뢰할 수 있었다'와 '비싸다'이다.

스위스가 부국이 된 또 다른 키워드는 '중립국'이다. 지도를 보면 스위스는 유럽의 거의 중앙에 위치한 교통의 요충지다. 주변으로는 프랑스, 독일, 오스트리아, 이탈리아 등 강대국들이 득시글거린다. 이들에 의해 스위스는 툭하면 전쟁터가 되었다. 이 때문에 스위스는 오래전부터 생존을 위해 중립국을 추진해왔고, 19세기 초가 되어서야 국제적인 인정을 받았다. 이렇게 되면서 다른 나라의 분쟁에 관여할 수밖에 없는 용병 산업은 완전히 접게 되었다. 이 중립국의 지위가 스위스의 부국화에 어떻게 작용했는지도 뒤에서 다시 언급하겠다.

이제 스위스가 어떤 과정을 거쳐 세계에서 가장 부유한 나라가 되었는지 오직 산업 중심으로만 알아보고자 한다. 16세기 후반 프랑스에서는 위그노 전쟁이 벌어졌다. 구교와 신교 간의 종교 전쟁이다. 이때 많은 위그노Huguenots, 즉 신교도들이 박해를 피해 스위스로 이주해왔다. 스위스는 칼뱅과 츠빙글리의 종교 개혁으로 신교가 이미 굳건했기 때문이다. 이때 넘어온 위그노 중에는 당대 최고의 기술을 가진 시계공들이 유독 많았다.

이 시기 스위스에는 보석 세공업 같은 정밀 수공업이 발달해 있었다. 검소한 삶을 강조하던 종교 개혁 분위기로 인해 이들이 대거 시계 사업으로 업종을 전환했다. 이들이 위그노 장인들에게 시계 제작 기술을 배웠고, 여기에 세공업자 특유의 정밀함이 더해지자 품질이 뛰어난 시계들이 쏟아지기 시작했다.

스위스는 인구가 매우 적은 나라여서 오직 무역만이 살 길이었다. 이런 면에서 시계는 스위스에 여러모로 딱 들어맞는 제품이었다. 좁고 험난한 산길이 많아 부피가 크거나 무거운 제품이라면 운송이 어려워 외국에 내다 팔기 어려웠을 것이다. 하지만 시계는 작고 가벼운데다 부가가치도 높았다. 스위스의 상인들은 큰 가방에 시계를 가득 담아 알프스산맥을 넘어 프랑스로, 독일로, 이탈리아로, 네덜란드로 시계를 내다 팔아 큰돈을 벌었다. 용병이 아니더라도 많은 사람이 먹고살 수 있는, 스위스 역사상 첫 산업이 탄생한 것이다.

이렇게 되자 18세기 후반에는 제네바에서만 2만 명이 넘는 사람들이 시계 산업에서 일하며, 연간 8만 5,000여 개의 시계를 생산하게 되었다. 지금 초고가의 명품시계로 세계를 휩쓰는 '시계의 나라' 스위스는 이렇게 만들어졌다.

스위스 용병들의 몸값이 아주 비쌌고, 그럼에도 모든 왕가가 이들을 찾았다는 말을 기억할 것이다. 스위스 시계가 바로 그랬다. 스위스 시계는 비쌌고, 그럼에도 높은 품질 때문에 많은 사람이 찾았다. 그리고 이 기조는 오늘날까지도 한결같이 이어지고 있다. "우리는 부가가치가 높은 비싼 제품만 판다"는 것이다.

그 비슷한 예가 또 있다. 바로 제약사업이다. 스위스의 제약사업은 처음에는 염색업에서 시작되었다. 알프스에서 나는 여러 식물을 이용해 천에 갖가지 색을 물들이던 단순한 일이었다. 그러다 스위스인들은 점차 알프스의 산자락에 진귀한 약초가 산더미처럼 많다는 걸 알았다. 연구를 거듭한 끝에 이들은 약초를 알약으로 만들었다. 그리고 가방에 담아 알프스의 봉우리를 넘어 전 유럽에 내다 팔았다. 약초는 시계보다도 가벼웠고, 부가가치도 높아서 가방 하나만으로도 많은 이익을 얻을 수 있었다. 제약사업이 발전을 거듭하면서 오늘날 스위스는 세계 신약발매 1위 기업인 노바티스Novartis, 암 치료제 세계 1위인 로슈Roche 같은 세계적인 제약회사를 일궈낼 수 있었다.

또 시계와 더불어 농경사회에서 산업사회로 탈바꿈시켜준 일등공신은 섬유산업이다. 18세기 후반 영국의 방적기를 들여오면서 스위스는 본격적인 섬유산업을 시작했다. 하지만 나폴레옹의 대륙봉쇄령으로 더 이상 기계를 들여올 수 없게 되자 일순간 위기를 맞는 듯했다. 하지만 스위스는 이를 전화위복의 기회로 삼았다. 직접 방적기를 개발한 것은 물론 여기에 사상 최초로 디젤엔진을 달아 대량생산이 가능해진 것이다. 이 덕에 한때 스위스의 섬유산업은 세계 최고였다. 스위스산 방직기계도 날개 돋친 듯 팔려 나갔다. 1900년에는 전체 국민의 절반 가까이가 섬유산업에 종사할 정도였다. 이 섬유산업의 발전에는 스위스 용병 출신들이 큰 몫을 했다. 유럽 각국에 용병이 파견되다 보니 각국의 시장 사정에 밝았고, 이들을 신뢰하는 인맥들도 많아 쉽게 판로를 개척할 수 있었다.

약소국이었을 때 스위스의 지리적 위치는 독이나 다름없었다. 하지만 무역에 눈을 뜨자 교통의 요충지는 오히려 큰 장점이 되었다. 스위스는 알프스 너머의 나라들과 교역을 늘리기 위해 19세기 초에는 도로 건설에 주력했고, 19세기 중반에는 철도망도 대폭 늘렸다. 이것이 스위스에게 또 다른 산업의 기회를 만들어주었다. 바로 지금까지도 스위스 경제에서 큰 비중을 차지하는 관광업이다. 이 당시만 해도 유럽의 부유층들은 해외여행이 가능했다. 19세기 말에는 35만 명의 관광객이 스위스를 찾아 알프스의 아름다움을 즐겼다는 기록이 있다.

이처럼 시계와 섬유, 관광과 제약 등에서 자본을 축적하게 되자 스위스는 금융업으로 손을 뻗었다. 그리고 금융업의 성공은 알프스에 갇힌 빈국 스위스를 일약 세계적인 주목을 받는 국가로 만들어주었다.

스위스의 금융업 역시 프랑스에서 위그노들이 이주해 오면서 시작되었다. 17세기 후반 루이 14세가 신교의 자유를 허용한 낭트칙령Edict of Nantes을 철회하면서 제2차

위그노 탈출이 벌어졌다. 스위스로 온 위그노 중에서는 신흥재력가들이 많았다. 이들은 주로 제네바에서 고리대금업을 했다. 그런데 공교롭게도 사치를 일삼던 루이 14세가 이들에게 손을 벌리게 되면서 한 가지 조건을 내걸었다. 자신이 돈을 빌렸다는 사실을 절대 비밀에 부쳐 달라는 것이었다. 자신이 내쫓은 사람들에게 손을 내밀었다는 게 창피했던 모양이다.

'스위스 은행' 하면 예금주와 돈의 출처를 묻지도 따지지도 않는 비밀주의로 유명하다. 이게 바로 루이 14세 때문에 만들어진 것이다. 이렇게 시작된 스위스의 금융업은 1, 2차 세계대전을 거치면서 세계적인 수준으로 올라서게 되었다. 이건 스위스가 중립국의 지위에 있었다는 점과 스위스라면 자신들의 돈을 끝까지 지켜줄 것이란 믿음이 있었기에 가능한 일이었다.

전쟁이 나자 부자들은 안전한 나라를 찾았다. 유럽에선 눈을 씻고 찾아봐도 믿을 만한 곳은 스위스밖에 없었다. 스위스 은행으로 어마어마한 돈이 몰려들었다. 게다가 당시에는 독일이든, 영국이든 유럽 돈은 믿을 수가 없었다. 전쟁에서 지는 순간 휴지 조각이 될 것이기 때문이다. 전쟁에 필요한 석유를 대는 아랍에서도 결제 수단으로 스위스 프랑을 요구했다. 허구한 날 침략을 당하던, 그리고 용병 외에는 먹고살 길이 없던 이 가난한 나라의 돈이 일약 기축통화까지 된 것이다.

그런데 스위스 은행에 돈을 맡긴 유럽의 부자들은 1, 2차 세계대전에서 모두 살아남았을까? 그렇지 않았을 것이다. 나치의 비밀경찰 게슈타포가 그토록 찾고 싶어 했던 독일 부자들이 맡긴 돈도 고스란히 스위스 은행의 소유가 되었을 것이다. 현찰 많기로 소문난 유대인의 돈은 말할 것도 없다. 나중에 미국의 압력으로 유대인 후손들에게 피해보상금을 찔끔 주기는 했지만 말이다.

어쨌든 스위스의 금융업은 스위스의 경제를 반석 위에 올려놓았다. 그리고 세계대전을 통해 전쟁의 리스크가 적은 스위스의 안정성이 부각되자 수많은 국제기구도 스위스에 잇따라 자리 잡았다. 지금도 세계무역기구WTO, 국제적십자사Red Cross, 국제보건기구WHO, 국제노동기구ILO, 국제결제은행BIS 등 30여 개의 주요 국제기구와 250여 개의 NGO 단체가 스위스에 양질의 일자리를 제공하고 있다. 여기에 국제올림픽위원회IOC와 국제축구연맹FIFA도 스위스에 본부가 있다. 또한 구글의 해외기술센터를 포함한 5,000여 개의 다국적기업이 스위스에 소재지를 두고 있어 이 나라의 부를 더해주고 있다.

스위스의 산업 흐름을 살펴보면 또 하나의 일관성이 있다. 바로 역량의 집중화다. 스위스 인구는 870만 명 정도다. 영토도 한국의 40퍼센트밖에 되지 않는다. 이 작은 나라가 모든 분야의 산업을 고루 발전시킨다는 것은 사실상 불가능하다. 그래서 스위스는 특정 분야의 산업에 올인해

왔다. 앞서 본 것처럼 시계, 제약, 섬유, 관광, 금융이 모두 그랬다. 온 역량을 집중해 특정 산업의 수준을 최고로 끌어올린 다음 물건을 최대한 비싸게 파는 것, 이것이 스위스가 지금까지 수백 년간 반복해온 일이다.

그럼 오늘날의 스위스는 어느 곳에 집중하고 있을까? 얼핏 알프스의 대자연 풍경과는 잘 어울리지 않아 보이지만 바로 첨단하이테크 산업이다. 스위스는 크게 뭉뚱그려 얘기하면 '이공계의 나라'다. 대다수의 학생이 가는 직업학교도, 단 15퍼센트만이 진학하는 대학교도 이공계가 절대다수이고, 절대적인 지원이 이루어지고 있다. 그리고 이들이 시계에서 시작된 정밀기술에 전자공학을 결합해서 의료기기, 선박터빈, 발전설비, 정밀측정기는 물론 우주비행선까지 최첨단 하이테크 제품을 만들어내고 있다. 그리고 이 제품들은 당연히 엄청나게 비싸고, 그럼에도 엄청나게 잘 팔리고 있다. 늘 그래왔던 것처럼 부가가치 높은 제품만 파는 것이다.

이렇게 용병으로 목숨 팔아먹고 살던 나라는 오늘날 1인당 국민소득 8만 2,000달러에 이르는 세계 최고의 부자 나라가 되었다.

촌뜨기였던 이탈리아 마피아는
어떻게 범죄 조직의
대명사가 되었을까?

세계 모든 나라에는 크든 작든 범죄 조직이 있다. 우리와 가까운 중국에는 삼합회가 있고, 일본에는 야쿠자가 있다. 서구의 선진국도 마찬가지여서 미국에는 갱스터가 있고, 영국에는 크라임 펌이, 프랑스에는 밀리유가 있다. 하지만 이 모든 범죄 조직을 부르는 하나의 통칭이 있다. 바로 마피아다. 세계 최대 규모인 러시아의 5,000여 개 범죄 조직도 마피아라고 부른다. 다만 러시아의 상징인 붉은색을 따서 레드 마피아라고 구별할 뿐이다.

이렇듯 마피아는 세계의 모든 범죄 조직을 일컫는 단어다. 하지만 원래 마피아는 이탈리아의 남부 섬인 시칠리아의 폭력 집단을 말할 뿐이었다. 그럼 어떻게 이 한적한 섬의 몇몇 범죄자들이 범죄 조직의 대명사가 된 걸까?

이 모든 것은 시칠리아의 지리적 위치에서부터 비롯되

었다. 지도를 보면 시칠리아는 지중해의 거의 정중앙에 자리하고 있다. 대항해시대가 시작된 15세기경만 해도 지중해는 유럽에서 가장 중요한 바다였다. 그 시대만 해도 유럽에서는 지중해를 지배하는 자가 곧 세상을 지배하는 자였다. 그러니 지중해의 한가운데 위치한 시칠리아는 모든 나라가 군침을 삼킬 수밖에 없는 요충지였다. 시칠리아의 지배가 곧 지중해의 지배를 의미했기 때문이다.

그래서 시칠리아의 주인이 끝도 없이 바뀌었다. 기원전 8세기의 그리스를 시작으로 카르타고, 로마, 비잔티움, 아랍, 노르만, 게르만, 스페인 등 그야말로 당대의 최강대국들이라면 빠짐없이 번갈아가며 시칠리아를 점령했다. 그럴 때마다 시칠리아인들은 수없이 죽어 나갔고, 가혹한 착취에 시달려야 했다.

이 때문에 시칠리아인들은 외부인과 낯선 사람들에게 극도의 경계심을 갖게 되었다. 정부와 공권력도 결코 믿지 않았다. 대신 가족과 친척, 마을 사람들이 뭉쳐 자신들의 재산과 목숨을 지켰다. 외세에 저항하던 소박한 시칠리아의 마을공동체가 바로 마피아의 시작이다.

그리고 한마을 안의 가까운 사람들끼리만 뭉친다고 하여 시칠리아 마피아는 영화 〈대부〉의 주인공인 '콜레오네 패밀리'처럼 '지역명+패밀리'로 이름 붙게 되었다. 콜레오네는 시칠리아의 주도인 팔레르모 근교의 한 작은 마을 이름이다.

이 마을공동체를 유지하기 위한 가장 중요한 규칙은 '오메르타Omerta'다. 침묵이란 뜻이다. 문제가 생기더라도 가족이나 마을 안에서 해결해야 하는 것이다. 이를 외부에 발설하면 마을에서 쫓겨나야 했다. 심한 경우 배신자로 간주되어 처벌되기도 했다. 수천 년간 쌓여온 이 독특한 풍조가 시칠리아에 마피아가 탄생하는 역사적인 배경이 된다.

우리가 알고 있는 범죄 집단으로서의 마피아가 시칠리아에 나타난 것은 1800년대 초다. 이 시기의 시칠리아는 오랜 봉건제가 무너지던 때였다. 다른 지역이 한창 산업혁명으로 달려가던 것과 달리 시칠리아는 그만큼 낙후된 지역이었다.

어쨌든 이 덕에 통일 이탈리아 왕국이 들어선 1861년에는 새로이 토지를 갖게 된 사람이 대폭 늘어났다. 1800년대 초에 비해 무려 열 배나 많은 2만여 명이나 되었다. 그러자 대지주와 소지주, 자영농 사이에 크고 작은 마찰이 끊임없이 일어났다. 무엇보다 대지주들이 토지를 빼앗기위해 살인과 폭력을 일삼았다. 이에 소지주와 자영농들은 마을 단위로 뭉쳐 복수로 맞섰다. 이게 마피아의 또 다른 상징인 벤데타Vendetta, 즉 '피의 복수'다.

당시는 통일 왕국 초창기라 중앙의 행정력이 시칠리아에 미치지 못했다. 치안도 형편없었다. 경기도보다 두 배이상 큰 시칠리아에 경찰이 고작 350명뿐이었다. 게다가 시칠리아의 공무원들은 극도로 부패해 갈등을 해결하기는커녕 터무니없는 액수의 뇌물을 요구하기 일쑤였다. 그야말로 당시 시칠리아는 법은 멀고 주먹은 가까운 상황이었다.

국가가 제 역할을 하지 못하자 시칠리아의 소지주와 자영농들은 자신들의 재산과 생명을 지켜줄 보호자가 따로 필요했다. 다만 시칠리아의 오랜 성향상 외부인은 믿을 수 없으니 그 보호자는 가까운 친인척이거나 마을 사람이어야 했다. 이렇게 해서 탄생한 게 범죄 조직으로서의 마피아다. 마피아는 돈을 받고 재산과 생명을 보호해주는 건 물론 복수도 대신해주었다. 게다가 마피아가 중간에서 보증하기만 하면 서로 사기 걱정도 없어서 계약도 순조롭게 이루어졌다. 시칠리아에서는 마피아가 곧 경찰이요, 행정부였던 것이다.

이 시기 시칠리아에서 가장 크고, 가장 신뢰받던 마피아가 '코사 노스트라Cosa Nostra'였다. '우리들의 것'이란 뜻이다. 외세에 저항하던 마을공동체에서 비롯되었음을 알려주는 전형적인 이름이다. 코사 노스트라는 영화 〈대부〉에 주인공으로 등장하는 바로 그 마피아다.

사실 시칠리아 사람들에겐 공권력보다는 마피아가 더 믿을만한 집단이었다. 그래서 마피아 출신이 여러 도시에서 시장에 당선되기도 했다. 그런데 기고만장해진 한 마피아가 큰 실수를 저질렀다. 한 마을의 마피아 출신 시장인 프랜시스코 쿠치아Don Francesco Cuccia가 그곳을 방문한 무솔리니를 모욕한 것이다.

1922년 파시스트 정권을 세운 베니토 무솔리니는 전국을 순시 중이었다. 그는 무솔리니에게 "내 보호 아래에 있으면 많은 경호원을 데리고 올 필요가 없다"라고 떠벌리는가 하면, 무솔리니의 연설에 아무도 참석하지 못하게 방해하기도 했다. 이에 격분한 무솔리니는 로마로 돌아오자마자 곧바로 마피아 해체에 나섰다. 파시스트 정권답게 초법적인 권한을 행사해 마피아로 의심되기만 하면 사형이나 장기형에 처했다. 무고한 희생자가 속출했지만 시칠리아의 마피아들은 궤멸적인 타격을 받았다. 천하의 무솔리니를 잘못 건드린 한 어리석은 보스 때문이었다. 하지만 결과적으로는 마피아가 이탈리아 전역은 물론 세계로 퍼지게 된 계기가 되었다.

1900년대는 이탈리아인들이 대거 미국으로 이주하던 때였다. 주로 가난한 남부인들로, 무려 900만 명이나 되었다. 하지만 다른 나라에 비해 100년이나 늦은 상황이었다. 이미 좋은 일자리는 먼저 온 아일랜드나 독일인들 차지였다. 이탈리아인들은 온갖 허드렛일을 맡았고 멸시와 차별의 대상이었다. 이런 상황에서 무솔리니에 쫓긴 시칠리아의 마피아 수천 명이 한꺼번에 미국으로 이주했다.

온갖 설움과 경제적인 어려움을 겪던 이탈리아인들이 속속 마피아의 조직원으로 합류했다. 급속히 세를 불린 시칠리아 마피아는 오랜 전통과 앞선 노하우를 바탕으로 당시 뉴욕을 지배하던 아일랜드와 유대계 조직들을 제압해 가기 시작했다. 이 정도로만 끝났다면 시칠리아 마피아는 그냥 동네 불량배 정도로 머물렀을 것이다.

그런데 때마침 미국에서 금주법이 시행되었다. 이게 시칠리아 범죄 조직을 세계적인 마피아로 키운 결정적인 계기다. 코사 노스트라를 중심으로 이탈리아 마피아는 즉각 밀주사업에 뛰어들었다. 그야말로 노다지였다. 금주법으로 술값은 천정부지로 뛰었고, 여전히 술을 마시려는 사람은 넘쳐 났다. 술은 만드는 대로 팔려 나갔고, 마피아는 재벌이 되면서 거대 조직으로 커갔다.

코사 노스트라가 뉴욕을 장악하는 사이 시카고는 나폴리 출신의 알 카포네가 지배했다. 그 역시 밀주사업으로 세력을 키운 마피아계의 최고 스타로 '밤의 대통령'이라고 불렸다. 이쯤 되자 미국 언론에서는 이탈리아의 모든 범죄 조직을 마피아라고 부르기 시작했고, 점차 다른 나라 출신의 폭력 조직도 모두 마피아라고 호칭하게 되었다.

한편 무솔리니로 인해 고사해가던 이탈리아 본토의 마피아들도 부활하기 시작했다. 미국이 2차대전 중 마피아의 협력을 얻어 시칠리아 상륙작전을 쉽게 성공시킨 덕이었다. 미군정은 마피아에게 시칠리아의 치안을 맡기기도 했다. 무솔리니 때 시칠리아에서 도망쳐 이탈리아 남부에서 숨죽이며 살던 마피아들도 우익 정치 세력과 손잡고 백색테러에 나섰다. 공산주의의 확산을 두려워하던 미군정의 묵인이 있었던 덕이다.

1933년 금주법이 폐지되자 미국의 이탈리아 마피아는 마약 사업에 손을 댔다. 밀주 판매의 노하우를 살려 마약 밀매업에 나선 것이다. 미국 마피아와 협업 관계를 맺고 있던 이탈리아 마피아들 역시 마약 사업을 시작했다. 이들은 터키에서 재배한 양귀비를 들여와 시칠리아에서 가공한 다음 유럽과 미국에 팔아 막대한 이득을 올렸다.

마약 사업이 커지자 이권을 둘러싼 마피아들의 전쟁이 자주 벌어졌다. 이 와중에 일반인들의 피해까지 커지자 1960년대에는 이탈리아와 미국 양쪽 모두에서 대대적인 마피아 소탕 작전이 벌어졌다. 1970년대에는 이탈리아 이민자들이 미국에서 완전히 자리 잡게 되자 더 이상 마피아의 조직원이 되려는 사람도 대폭 줄었다. 이런 과정을 거쳐 미국의 이탈리아 마피아는 점차 소멸해 갔다.

하지만 이탈리아 마피아는 1972년 제작된 영화 〈대부〉가 세계적으로 엄청난 인기를 끌면서 더욱 유명해졌다. 이 영화 덕에 마피아라는 용어는 세계 모든 나라의 아이들까지 알 정도가 되었다. 그 후 마피아는 각국의 범죄 조직을 일컫는 단어로 확실히 자리매김하게 되었다.

한편 이탈리아 본토의 마피아는 여전히 건재하다. 이제는 노골적인 총질과 살인을 할 필요가 없을 정도로 사업 기반도 탄탄하다. 과거 대부업과 마약 사업으로 현금을 축적한 마피아들은 이제 마트, 레스토랑, 호텔, 은행 등 아주 다양한 분야에 합법적인 투자를 하고 있다. 현재 마피아가 거둬들이는 연간 수입은 이탈리아 국내 총생산GDP의 약 7퍼센트에 이를 정도로 막대하다. 이렇게 경제 분야에서 차지하는 위상이 워낙 큰 데다 뇌물을 통한 정관계 유착도 강해 이제는 없앨 방법도 없을 듯싶다.

마피아의 본가인 시칠리아의 코사 노스트라도 여전하다. 비록 나폴리의 조직인 카모라Camorra에게 1위 자리를 빼앗기고, 최근 가장 핫한 조직인 칼라브리아의 은드란게타N'Drangheta에게 유명세도 빼앗겼지만, 코사 노스트라는 아직도 이탈리아 3대 마피아 중 하나로 건재하고 있다.

군주제가
유럽에서
살아남은 5가지 이유

현재 UN에 가입된 나라는 193개국이다. 이 중 아직도 군주제를 유지하는 나라는 생각보다 꽤 많다. 무려 44개국이다. 21세기의 이 대명천지大明天地에 23퍼센트의 나라에서 여전히 왕이 나라를 지배하거나 국가를 상징하고 있다는 얘기다.

더 놀라운 것은 유럽이다. "모든 권력은 국민으로부터 나온다"라는 민주공화국이 만들어지고, 지금도 그 모범을 보이는 나라가 대다수인 대륙임에도 아직 왕이 대를 이어 세습하는 나라가 있다. 영국, 스페인, 네덜란드, 벨기에, 룩셈부르크, 노르웨이, 덴마크, 스웨덴, 모나코, 리히텐슈타인 등이다.

물론 왕이 절대 권력자인 사우디아라비아나 오만 같은 중동의 일부 국가들과 달리 유럽의 군주제는 "군림은 하되 통치하지 않는다"라는 입헌군주제다. 하지만 이는 사실과 다르다. 유럽의 군주들은 여전히 막강한 권한을 갖고 있다.

가장 대표적인 입헌군주제 국가인 영국을 예로 들어보자. 영국의 엘리자베스 여왕은 마음만 먹으면 총리를 해임할 수 있고, 의회도 해산할 수 있으며, 공식적인 군통수권자이기 때문에 장군의 임명은 물론 전쟁도 선포할 수 있다. 물론 엘리자베스는 이런 권한을 행사하지 않았지만, 대를 이어가다 보면 미치광이가 나오지 말라는 법은 없다.

게다가 영국의 왕은 백화점에서 마음에 드는 명품백을 그냥 들고 나와도, 심지어 살인을 해도 처벌되지 않는다. 왕은 초법적인 존재라 소송 자체가 불가능하기 때문이다. 피해자가 정 억울하다면 왕이 아닌 국가를 상대로 소송을 제기해야 한다. 만약 당신이 영국 여행 중 실수로 공원의 비둘기를 죽였다면 약 700만 원 정도의 벌금을 물을 수도 있다. 죄목이 무엇일까? 왕의 소유권 침해다. 그만큼 영국 왕은 권한도 막강하고, 가진 것도 많다.

벨기에도 왕에게 법률의 최종 승인권이 있기 때문에 마음에 안 들면 거부할 수 있다. 각료 임면권도 있어 마뜩잖으면 총리도 거부할 수 있다. 리히텐슈타인 왕은 벨기에 왕보다 권한도 더 세고 실제로 그 권한을 사용하기 때문에 군림도 하고 통치도 하는 왕이다.

이렇게 입헌군주제를 유지하는 나라들은 거의 모두 의

원내각제를 채택하고 있다. 국민이 직접 뽑은 대통령의 권위와 군주의 지위가 상충되는 것을 피하기 위해서다.

어찌 됐든 입헌군주제 국가의 경우 왕실 유지를 위해 상당한 비용을 지출해야 한다. 영국만 해도 매년 1,400억 원 정도의 비용이 발생한다. 경호 같은 간접비용까지 합하면 실제 드는 돈은 이보다 훨씬 더 많을 것이다. 무엇보다 군주제는 '모든 국민은 평등하며 국민이 국가의 주인'이라는 민주공화제의 기본 원칙에 어긋난 제도다. 군주제 폐지론자들이 맨 처음 내세우는 주장도 "출생 신분에 따른 차별과 특혜는 민주주의에서 용납될 수 없다"다.

하지만 그럼에도 유럽 국가에서 입헌군주제 지지는 정말로 탄탄하다. 2019년 영국 일간 메트로가 실시한 조사에서는 "왕실을 지지한다"는 응답이 70퍼센트 정도로 나타났다. 또 2018년 여론조사기관 입소스 모리가 8개국을 대상으로 한 조사에서도 비슷한 응답이 나왔다. 그나마 스페인 왕실이 제일 인기가 없어서인지 "군주제를 폐지해야 한다"는 응답이 37퍼센트에 이르렀다. 그럼 도대체 무슨 이유로 입헌군주제 국가 국민은 이 구시대 유물 같아 보이는 왕실에 압도적인 지지를 보내는 걸까?

첫째, 왕실의 존재가 비용보다는 이익이 크다고 확신하기 때문이다. 유럽의 입헌군주국 중 왕실 유지비용이 가장 많이 드는 나라는 영국이다. 하지만 왕실로 인한 경제 소득이 비용에 비할 바 없이 훨씬 크다고 보고 있다. 사실 영국의 왕실 가족은 전 세계적으로 연예인 못지않은 관심을 받는다. 특히 왕자들이 결혼할 때마다 '세기의 결혼식'으로 매스컴에 요란하게 장식되고 그로 인해 막대한 경제 특수를 누린다. 버킹엄이나 윈저 궁전의 근위병 교대식을 보기 위해 몰려드는 사람들로 인한 관광 소득도 엄청나다. 게다가 엘리자베스 여왕이나 찰스 황태자가 움직이는 곳마다 수백 명의 기자가 따라붙으니 국가에 대한 홍보 효과는 돈으로 환산조차 할 수 없다. 규모는 영국보다 작아도 스페인, 네덜란드, 벨기에, 룩셈부르크, 노르웨이, 덴마크, 스웨덴, 모나코, 리히텐슈타인 왕실의 움직임도 세계적인 관심을 끄는 건 마찬가지다.

영국의 금융통화위원이었던 팀 베슬리는 국가의 연간 평균 경제 성장률을 비교해보았을 때 입헌군주국이 연간 1.03퍼센트가 더 높다는 논문을 발표하기도 했다. 왕실이 가져오는 직접적인 경제 소득에 더해 왕실의 존재가 경제 정책의 급격한 변화를 막아 그에 따른 일시적인 경기 침체를 막아주기 때문이라고 한다.

둘째, 각국의 입헌군주들이 충분히 존중받을 만한 역사적 정당성을 가졌다는 것이다. 태양이 지지 않는 나라를 건설한 영국 왕실은 오늘날에도 영국인들의 자부심이니 더 설명할 것도 없다. 룩셈부르크의 전 국왕인 샤를로트는 독일 나치에 대한 저항의 상징이다. 그녀는 미국으로 직접 건너가 루스벨트를 2차대전에 참전하도록 설득한 인물이기도 하다.

벨기에의 전 국왕인 알베르 2세는 프랑스어권과 네덜란드어권으로 심각하게 분열된 나라를 하나로 통합하는 데 결정적인 역할을 했다. 스웨덴의 현 국왕인 칼 구스타브 16세는 사우디아라비아와의 국교 단절을 해결해 에너지 위기를 넘기게 했다. 또 스페인의 국왕 후안 카를로스 1세는 군부의 쿠데타에 맞서 스페인의 민주주의를 지키는 데 절대적인 공헌을 했다.

셋째, 입헌군주가 명예직이기 때문이다. 사실 유럽에서 입헌군주제가 유지되는 중요한 이유는 이들이 실권이 없는 사실상 명예직이기 때문이다. 만약 왕의 권력이 강하다면 그만큼 왕실을 없애고 싶어 하는 적들도 많아질 것이다. 물론 영국 왕의 권한은 위에서 말한 것처럼 막강하다. 하지만 엘리자베스 여왕은 오해를 사지 않도록 철저히 정치와는 거리를 둔 삶을 살아왔다. 대신 정부의 손이 닿지 않는 자선사업과 복지 관련 행사에 적극적으로 모습을 드러냈다. 얼마나 열심히 행사에 참여했으면 영국 국민의 3분의 1이 여왕을 직접 보았다고 할 정도다. 네덜란드 국왕은 스스로 폐하라는 호칭을 쓰지 못하게 하며, 총리와의 내각 구성을 논의하던 관례도 없애 버렸다. 스웨덴 국왕은 형식적인 법률 공포권과 총리 임명권조차도 폐지시켰다. 대신 많은 입헌 군주들은 엘리자베스 여왕처럼 자선사업과 복지 행사에 적극적으로 참여함으로써 국민의 지지도를 높이고 있다.

반면 스페인 왕실이 상대적으로 인기 없는 이유는 군주가 절제된 삶을 살지 않았기 때문이다. 후안 카를로스 1세는 국가가 경제 위기임에도 아프리카에서 호화판 사냥 여행을 즐긴 데다 스위스 은행의 비밀계좌까지 드러나 큰 곤욕을 치른 바 있다.

넷째, 왕이 국민 통합을 이끌거나 국가적인 단합의 상징으로 자리매김한 덕이다. 군주제가 특히 다민족 국가나 다종교 국가에서 국민 통합을 이루는 데 매우 유용한 체제라는 건 많은 정치학자가 동의하는 바다. 부족과 종교의 복합적인 문제를 안고 있는 중동 국가들에 유독 절대 왕권을 가진 나라가 많은 이유도 이와 무관하지 않다. 유럽은 다종교의 문제는 없지만, 벨기에의 경우 앞에서 얘기한 것처럼 프랑스어권과 네덜란드어권의 갈등이 극심한 나라였다. 아마 왕실의 통합 노력이 없었더라면 그 작은 나라가 더 작은 나라들로 쪼개졌을지도 모른다. 실제로 합스부르크 왕가가 몰락하면서 10여 개 나라로 갈라진 사례가 있다.

영국 역시 스코틀랜드, 웨일스 등 지역적인 정체성이 뚜렷한 나라다. 영국 왕실이 통합에 중대한 역할을 하고 있다는 건 분명하다. 더구나 영국 여왕은 캐나다, 호주 등 12개국의 왕을 겸하고 있다. 만약 영국 왕실이 없어진다면 영국 연방이 유지되는 명분도 사라질 것이다.

마지막으로는 입헌군주제가 국민들에게 정서적 안정감을 준다는 것이다. 입헌군주제가 영속성이 있는 반면 그 짝을 이루는 의원내각제는 정권 교체가 잦을 수밖에 없다. 특히 현실 정치에 만족하지 못할 때 늘 한결같은 품위를 가진 왕실에 위안받는다는 게 입헌군주제를 지지하는 사람들의 여론이다. 그 덕인지 아니면 그냥 우연인지 모르겠지만 입헌군주제를 유지하는 나라의 삶의 만족도는 굉장히 높은 편이다. UN 조사에 따르면 가장 높은 삶의 질을 가진 10개국 중 7개국이 입헌군주제 국가다.

　사실 영국, 스페인, 네덜란드, 벨기에 등은 모두 옛날에 한가락씩 하던 나라였다. 하지만 지금은 하나 같이 국제무대에서 서서히 혹은 급격히 영향력을 잃어가는 나라들이다. 그럴수록 왕실을 통해 화려했던 과거를 추억하며 위안 삼는 게 아닌가 싶기도 하다.

영국은 어떻게
신사의 나라가
되었을까?

"프랑스인은 낭만적이고, 독일인은 엄격하며, 이탈리아인은 열정적이다."

나라마다 이런 고정관념 같은 이미지가 있다. 영국은 어떨까? 특히 우리나라와 일본에서는 '영국은 신사의 나라'라는 등식이 있다. 남녀노소 가릴 것 없이 꽤 오래전부터 사용해왔고, 지금도 마찬가지다.

반면, 영국에 대한 상반된 반응도 꽤 있다. 특히 아시아와 아프리카에서 저지른 각종 만행을 두고 영국은 만악의 근원이라는 비난도 쏟아진다. 축구장에서 난동을 부리는 훌리건을 볼 때도 '영국 남자들이 정말 신사인가?'라고 갸우뚱거리게 된다. 그럼에도 우리나라에서는 아직도 영국은 신사의 나라라는 이미지가 굳건하다. 왜 이렇게 고착화된 것일까? 사실 이건 일본의 영향이 절대적으로 크다.

우선 영어 젠틀맨Gentleman을 신사紳士라고 처음 번역한 게 일본이다. 일본의 근대화를 이끌었다는 메이지유신이 한창 진행되던 19세기 중후반에 일본은 지배 계층을 뜻하는 'Gentleman'을 어떻게 번역할까 고민하다가 '신사'라고 했다. 신사紳士에서 신紳은 허리띠를 뜻하는데, 신사는 허리띠를 한 중국의 명청 시대 관료다. 이들은 교육을 잘 받은 지식인들로 조선의 사대부를 떠올리면 될 것 같다.

젠틀맨이라는 단어는 영국의 젠트리Gentry라는 계급에서 나온 말이다. 이들은 공작, 후작, 백작, 남작, 자작 같은 작위를 가진 귀족은 아니다. 하지만 부유한 자작농을 뜻하는 요먼Yeoman보다는 높은 상류층이다. 즉, 영국에서 젠틀맨은 단순히 계급 명칭이라고 할 수 있다. 그랬기 때문에 일본에서도 중국의 관료 계급을 그대로 가져와 번역한 것이다. 그런데 얼마 후부터 일본에서는 신사를 다른 의미로 사용하기 시작했다. 특정 신분 계층을 가리키는 개념에서 '교양 있고, 예의 바른 남성'을 뜻하는 용어로 쓰게 된 것이다. 요즘처럼 말이다.

메이지유신 시대에 일본은 영국을 가장 이상적인 국가로 삼았다. 같은 섬나라로 세계 최강국에 올랐다는 점에 매료된 것이다.

이 시기에 후쿠자와 유키치福澤諭吉라는 인물이 있었다. 막부 철폐와 부국강병을 내세우며 메이지유신을 여는 데 큰 공헌을 한 인물로 1만 엔 권에 새겨졌던 사람이다. 독학으로 영어를 배운 그는 31세 때인 1862년 시찰단의 일원으로 거의 40일간 영국을 방문한 바 있다. 이 여행에서 큰 감명을 받은 그는 돌아오자마자 "일본은 동양의 영국이 되어야 한다"라는 운동을 펼쳐 일본에 영국 열풍을 불게 했다.

일본은 1871년에도 대규모 사절단을 파견해 미국과 유럽 등 12개국을 둘러보게 했는데 영국에서만 4개월을 머물며 영국의 사회 문화 군사 제도를 연구했다. 귀국 후 이들은 다섯 권의 보고서를 남겼는데 그중 한 권을 온전히 할애할 정도로 영국 비중이 무척 높았다.

이런 영향으로 메이지 시대 이후 영국 신사는 일본인들이 추구해야 할 이상적인 인간 유형으로 급부상했다. 그래서 이 시대 일본에서는 영국 신사들의 에티켓 관련 책이 붐을 이뤘고, 《뜬 구름》, 《금색야차》 등 여러 문학작품에서도 영국 신사를 연상시키는 남자들이 주인공으로 등장하기도 했다.

이렇듯 일본에서도 젠틀맨(신사)은 처음엔 '점잖은 상류층 사람들' 정도의 의미로 쓰였다. 그러다가 메이지 유신 이후 서양 문화를 동경하는 사회 분위기가 형성되면서 영국 신사는 서구화와 근대화를 상징하는 표상이 되었다. 그러면서 시간이 흐를수록 더욱 의미가 과장되어 영국 신사는 곧 교양 있고, 예의 바르고, 세련된 매너를 가진 남성을 뜻하게 되었고, 이것이 '영국은 신사의 나라'로 고착된 것이다. 그리고 일제강점기를 거치면서 우리나라에까지 전해진 것이다.

다시 얘기하자면, "영국은 신사의 나라"라는 말은 계급이나 신분의 측면에서는 맞는 말이다. 하지만 매너 좋고, 품위 있는 남자들이 많은 나라라는 의미에서 '영국은 신사의 나라'라고 한다면 그건 당치도 않은 얘기다.

작위를 가진 옛 영국 귀족들은 보통 1,200만 평의 땅을 갖고 있었다. 그보다 낮은 젠트리, 즉 신사 계급으로 대접받으려면 적어도 400만 평 정도는 있어야 한다. 이 정도면 대략 한강 둔치 공원을 합친 여의도 면적의 세 배나 된다. 이런 대지주들이 극소수인 것은 어느 나라나 마찬가지일 것이다. 실제로 영국에서 젠트리 계급은 적을 때는 전체 인구의 0.5퍼센트에 지나지 않았다. 산업혁명 후 신흥 자본가들의 편입으로 신사 계급이 가장 많았던 19세기에도 전체 인구의 2~3퍼센트를 결코 넘지 않았다. '매너 좋고, 품위 있는 신사 계급이 다수인 나라'가 있을 리 없다는 얘기다.

그렇다면 같은 유럽에서도 '영국은 신사의 나라'라는 말이 있을까? 먼 과거에는 있었다. 19세기와 20세기 초의 일이다. 하지만 그 의미가 다르다.

영국에 젠트리 계급이 등장한 것은 15~16세기이지만 그 기원은 11세기로 거슬러 올라간다. 정복왕이라 불리는 윌리엄 1세가 프랑스의 노르망디 공국에서 건너와 영국의 왕위에 올랐다. 이때 윌리엄을 도운 노르망디 출신 기사들이 논공행상 끝에 영국 최초의 귀족이 되었다.

그런데 이들은 바이킹의 후예들로 정말 거칠고 호전적인 사내들이었다. 국정을 논하다가도 뜻이 맞지 않으면 칼싸움을 벌여 서로를 죽이는 일이 다반사였다. 이 야만적인 천성을 다스리기 위해 예절을 강조하면서 만들어진 게 기사도다. 기사도는 성모마리아를 중시하는 중세의 신앙에서 영향을 받았을 것이다.

그리고 젠트리 계급이 형성되면서 기사도가 계속 이어져 신사도가 되었다. 이 둘은 특히 여성들에게 매너가 좋아야 한다는 점에서 일맥상통한다는 것을 알 수 있다. 젠트리들은 일반인들은 물론 구 귀족들과 차별화하기 위해 재산은 물론 일정 수준 이상의 지식과 품위를 갖추도록 서로에게 요구했다.

하지만 이 신사 계급 중에서는 허영심 가득한 자들도 있었고, 예전의 귀족과 다를 바 없는 낡은 사고방식을 가진 자들도 많았다. 이들은 귀족과 마찬가지로 아무리 넓은 땅을 갖고 있어도 절대로 농사를 짓는 법이 없었고, 먹고 살기 위해 일을 한다는 것 자체를 경멸했다. 그래서 부유한 일반인이 신사로 인정받으려면 산업혁명 초반만 해도 도시의 자본가들조차 시골로 내려가 넓은 땅을 산 다음, 원래 하던 일을 포기해야 했다. 하지만 산업혁명 후 자본의 시대가 도래하면서 농업은 급격하게 쇠퇴해갔다. 땅이 많은 신사 계급들도 경제난에 빠지면서 몰락해가기 시작했다. 그렇지만 런던 시내에는 젠트리 계급을 상징하는 잘 빠진 슈트와 모자, 지팡이를 든 사람들로 넘쳐났다. 이런 신사 복장이 중산층 사이에서도 대유행이 된 것이다.

이 모습을 보고 유럽의 다른 국가들에서도 '영국은 신사의 나라'라고 불렀다. 다만, '매너 좋은 남자가 많은 나라'라는 뜻이 아니라 '주제 모르고 잘난 척하는 사람들이 많다'라는 경멸과 냉소의 의미로 쓰였다.

어쨌든 영국은 스스로 '신사의 나라'라고 한 적이 없다. 그러니 "신사도 아닌 것들이…"라고 욕하면 영국인들은 좀 억울할 수도 있다. 그나마 영국인들은 유럽인들 중에서는 신사가 되려고 애쓴 측면이 없는 것은 아니다. 그렇다고 그들이 역사적으로 저지른 죄악이 씻어지지는 않겠지만 말이나.

500년간 찾아 헤맨 상상의 왕국, 프레스터 존

때론 엉뚱한 상상이 역사적 대전환을 가져오기도 한다. 동양 우위에서 서양 우위로 역사를 완전히 바꾼 프레스터 존Prester John이 그 대표적인 예다.

베들레헴에서 아기 예수가 태어나면서 기독교가 시작되었다. 베들레헴의 서쪽으로 간 기독교는 300여 년 후 로마 가톨릭이 되었다. 동쪽으로 간 기독교도 있었다. 사막과 초원을 따라 조용히 전파되다가 이들은 600여 년이 지나 이슬람이 되었다. 이때만 해도 기독교와 이슬람은 떨어진 거리상 충돌할 일이 없었다.

하지만 동쪽에서 유목민들이 밀려오기 시작했다. 처음엔 투르크 계열이었지만 나중엔 세계 최강의 유목민인 몽골족도 있었다. 이들은 수백 년에 걸쳐 계속해서 이슬람 세계로 밀려 들어왔다. 그럴 때마다 이슬람은 서쪽으로 피할 수밖에 없었다. 그 바람에 서쪽 로마 가톨릭과 동쪽 이슬람 사이의 물리적 거리는 점점 더 가까워졌다. 이제 충돌은 시간문제였다. 이 과정에서 양측이 온 힘을 다한 전면전으로 맞선 게 바로 십자군 전쟁이다. 십자군 전쟁은 1차 때를 빼고는 모두 이슬람이 승리했다.

평소처럼 십자군이 고전하던 13세기의 어느 날, 이슬람 측에서 난데없이 구조요청을 해왔다. "악마의 군대가 나타났으니 힘을 합쳐 우선 그들을 물리치자"라는 것이다. 십자군 진영은 환호했다. 마침내 프레스터 존이 우릴 구원하러 왔다고 감격한 것이다. 이슬람 사자가 쫓겨나면서 "그들은 기독교도가 아니다. 우리가 당한다고 기뻐하지 마라. 다음 차례는 당신들이다"라고 외쳤지만 아무 소용이 없었다. 물론 이 악마의 군대는 십자군이 기다리던 프레스터 존이 아니었다. 이들은 세계 정복을 위해 이슬람권으로 쏟아져 들어온 몽골군이었다.

프레스터 존은 '사제 요한'이라는 뜻이다. 동쪽으로 간 기독교인 중에는 네스토리우스파Nestorians가 있었다. 이들은 성모마리아의 신성을 부정해 이단으로 몰린 종파다. 12세기 초부터 퍼지기 시작한 소문에 의하면 네스토리우스파가 이슬람보다 더 먼 동쪽으로 이동해 강력한 기독교 제국을 세웠고, 그 왕이 프레스터 존이라는 것이다.

그 시작은 동로마제국 황제에게 전해진 정체불명의 편지 한 통이었다. 예루살렘을 탈환하기 위해 페르시아까지

왔다가 돌아간다는 내용이었다. 그러면서 자신을 네스토리우스파 기독교인으로, 인도에서부터 태양이 뜨는 수평선 끝까지를 다스리는 황제 프레스터 존이라고 소개했다.

공교롭게도 2차 십자군 모집이 지지부진하던 때였다. 이 소문은 삽시간에 퍼지면서 서구의 기독교 국가들을 흥분시켰다. 프레스터 존과 손잡고 좌우에서 공격하면 이슬람을 이길 수 있을 것이란 희망에 부풀었던 것이다. 이에 힘입어 2차 십자군 원정대도 금방 꾸려졌다. 그리고 1177년 로마 교황청은 프레스터 존을 찾아 대규모 사절단을 동방으로 보냈다. 로마에 묘를 세우게 해줄 테니 세력을 합치자는 교황의 편지도 함께 보냈다. 하지만 소식은커녕 아무도 살아 돌아온 사람이 없었다.

그럼에도 이 소문은 계속 커져만 갔다. 특히 십자군이 고전할 때마다 이 소문은 되살아나 프레스터 존이 이라크의 티그리스강까지 왔다거나 이슬람의 심장부인 바그다드를 함락했다는 이야기도 전해졌다. 이야기에 이야기가 보태지면서 프레스터 존은 성배와 함께 기독교 사회의 양대 전설이 되어 갔다.

이러던 차에 갑자기 몽골군이 나타나 이슬람을 쓸어버리자 드디어 프레스터 존이 구원하러 왔다고 착각한 것이다. 물론 얼마 지나지 않아 십자군은 몽골의 정체를 알았다. 하지만 이에 실망하지 않고 유럽의 프레스터 존 찾기는 계속되었다. 십자군이 동방에서 연전연패하면서 이교도가 유럽 전체를 집어삼킬 것이라는 위기감이 팽배했기 때문이다. 그래서 많은 수도승과 탐험가들이 이슬람을 넘어 아시아로 향했다. 그중에는 《동방견문록》으로 유명한 마르크 폴로도 있었다. 당시 네스토리우스파 기독교는 '경교'라는 이름으로 중국에까지 전파되어 있었다.

마르크 폴로는 자신의 여행기에서 몽골의 지역 왕인 토그릴 칸을 프레스터 존으로 지목했다. 그리고 어떤 사람은 12~13세기 중앙아시아에 존재했던 서요西遼의 왕 야율대석耶律大石이 프레스터 존이라고 주장하기도 했다. 이들은 모두 네스토리우스파와 연관은 있었지만, 유럽이 기대했던 강력한 기독교 국가와는 거리가 멀었다. 끝내 동방에서 프레스터 존을 찾을 수 없게 되자 이 희망고문과도 같던 전설도 수그러들었다.

그러나 신기루처럼 사라진 것 같던 이 전설은 15세기에 다시 유럽에서 부활했다. 1453년 동로마의 수도 콘스탄티노플이 이슬람의 오스만투르크 제국에 함락되었기 때문이다. 기독교 세계에 이 소식은 엄청난 충격이었다.

공포에 휩싸인 가운데 유럽은 다시 프레스터 존 찾기에 나섰다. 이번에는 방향이 잘못됐다고 생각해 동쪽이 아닌 남쪽의 아프리카를 주목했다. 또 공교롭게도 때맞춰 에티오피아가 프레스터 존이라는 지도도 발견되었다. 에티오피아가 오랜 기독교 국가라는 사실도 유럽에 전해졌다. 하지만 문제는 이슬람 때문에 육로로는 에티오피아까지 갈

수 없다는 것이다. 아프리카를 빙 돌아 바다로 가는 것 외엔 방법이 없었다. 이 일에 나선 것이 포르투갈의 항해왕으로 잘 알려진 엔리케 왕자다.

실크로드를 장악한 오스만투르크 제국은 유럽과의 교역을 끊어버렸다. 유럽은 향신료를 구하지 못해 난리가 났다. 엔리케 왕자는 유럽의 변방 포르투갈이 살길은 바닷길을 찾아 에티오피아에 가서 프레스터 존에게 구원을 요청하거나 인도까지 가서 향신료를 구해오는 것뿐이라고 생각했다.

오랜 준비 끝에 1497년 포르투갈의 항해자 바스쿠 다가마Vasco da Gama가 막중한 임무를 안고 출항했다. 그의 품에는 프레스터 존에게 전하는 국왕의 편지가 있었다. 그리고 마침내 다음 해 에티오피아에 닿았다. 그렇게 어렵게 왔건만 그곳에도 프레스터 존은 없었다. 이슬람의 압박으로 기독교가 간신히 연명하고 있을 뿐이었다.

이렇게 해서 프레스터 존 찾기는 에티오피아에서 끝이 났다. 실낱같던 희망도 에티오피아가 이슬람과의 전쟁에 패하면서 17세기에 프레스터 존 전설은 완전히 사라졌다. 무려 500여 년만이다. 오래 애를 썼지만 당연히 그런 나라는 존재하지 않았다. 이슬람에 의해 기독교 세계가 무너질지도 모른다는 공포감에서 스스로 창조해낸 상상의 나라였던 것이다.

하지만 무모하면서도 어이없기도 한 이 대장정은 결과

적으로 역사의 대전환을 가져왔다. 바로 유럽의 대항해시대를 연 것이다. 우선 세상의 중심이 지중해에서 대서양으로 급격하게 넓어졌다. 그리고 얼마 후 인도양과 태평양의 경계인 말레이시아의 말라카 해협까지 손에 넣음으로써 세계의 판도가 동양 우위에서 서양 우위로 넘어가는 결정적인 계기가 되고 말았다. 프레스터 존은 못 만났지만, 이 엉뚱한 믿음이 결국은 유럽을 이슬람에서 구원한 것은 물론 세계 최강 세력으로 우뚝 서게 만든 것이다.

중국과 인도는
어떻게 압도적인
인구수를 갖게 된 걸까?

전 세계 인구 100명 중 36명은 단 두 나라에 살고 있다. 바로 중국과 인도다. 이 두 나라의 땅 넓이는 전 세계의 8.6퍼센트다. 이 8.6퍼센트의 땅에 인구의 36퍼센트가 몰려 살고 있다는 건 무슨 특별한 이유가 있을 것이다. 더구나 이 두 나라의 인구증가율은 세계 인구가 본격적으로 늘기 시작한 1700년을 기준으로 봤을 때 세계 평균과 같거나 오히려 적었다. 그런데 어떻게 중국과 인도는 오늘날의 압도적인 인구를 갖게 된 걸까?

다른 나라와 비슷하거나 더 적은 인구 증가율로 300여 년이 지나 다른 나라를 압도하는 인구를 만들려면 방법은 딱 하나뿐이다. 기준 연도인 1700년에 이미 다른 나라보다 엄청나게 많은 인구를 갖는 것이다. 중국과 인도가 사실상 그랬다.

현재 약 14억 명이 사는 중국의 1700년도 인구는 1억 3,000만 명 정도로 추산된다. 그 후 지금까지 중국의 인구 증가율은 매년 0.8퍼센트다. 전 세계 모든 나라의 평균과 정확히 똑같다. 인구가 두 번째로 많은 인도는 놀랍게도 평균보다 적은 0.7퍼센트다. 하지만 인도 인구는 1600년 도에 이미 100년 뒤 중국의 인구수와 맞먹는 수준이었다. 과거에는 인도 인구가 중국보다 더 많았던 것이다. 현재의 인구 증가 추세로 보아 몇 년 내로 인도가 중국을 추월할 것이 확실하다. 그렇게 되면 다시 인도가 인구 1위를 탈환하는 셈이다. 이보다 훨씬 더 앞선 서기 1년에도 인도와 중국은 합쳐서 전 세계 인구의 25퍼센트 정도를 차지하고 있었다.

한 나라가 많은 인구를 가지려면 다음의 기본 세 요소를 모두 충족해야 한다. 많은 사람을 먹일 수 있는 식량과 이 식량을 키울 수 있는 물, 그리고 많은 인구를 수용할 수 있는 국토 면적이다. 이 세 가지 요소를 동시에 충족시킨 나라는 중국과 인도뿐이다.

지구상에서 가장 살기 좋은 곳은 북회귀선 언저리다. 인류의 4대 문명인 나일강 유역의 이집트 문명, 티그리스 강과 유프라테스강 유역의 메소포타미아 문명, 인더스강 유역의 인더스 문명, 황허 유역의 중국 문명 등의 발상지가 모두 북회귀선 근방이란 것을 보아도 알 수 있다. 이 중이집트와 메소포타미아는 강이 몇 개 없는 데다 사막화가 빠르게 진행되면서 인구 대국의 조건에서 탈락했다.

반면 중국과 인도는 이 조건을 고루 충족시켰는데 특히 일찌감치 쌀을 경작했다는 점을 주목해야 한다. 쌀의 칼로리는 밀에 비해 약 세 배 이상이다. 즉, 밀에 비해 쌀은 세 배 이상의 인구를 먹여 살릴 수 있다는 뜻이다. 더욱이 기후가 좋아 많은 지역에서 이모작도 가능했고, 일찌감치 동물을 가축화한 덕도 보았다. 게다가 쌀농사는 특성상 많은 노동 인력이 필요하다. 아이를 많이 낳으면 낳을수록 쌀농사에 유리했고, 증산된 쌀은 늘어난 만큼의 인구를 먹여 살렸으니 이 둘이 상승작용을 하면서 일찌감치 인구가 증가한 것이다.

또 중국과 인도는 물도 풍부해 많은 영토가 농사짓기에 적합했다. 중국은 장강, 황하, 흑룡강, 주강 등 세계적으로 유명한 강들이 많은 땅을 비옥한 퇴적토로 만들었다. 인도는 인더스, 갠지스를 비롯해 수없이 많은 강과 호수가 전국 각지에 골고루 퍼져 있다.

영토 크기는 지금의 인구를 수용하기에는 부족하지 않나 생각할 수 있다. 하지만 많은 인구를 먹여 살릴 수 있는 경작지를 떼어내 따져보면 얘기가 달라진다. 세계 경작지의 약 20퍼센트가 중국과 인도에 있다. 그 땅에서 전 세계 쌀의 절반, 밀의 30퍼센트가 자란다. 특히 인도는 중국의 3분의 1에 불과하지만 전 국토의 50퍼센트가 식량 재배가 가능한 땅이다. 영토 대국인 러시아, 캐나다, 호주가 고작

7퍼센트의 땅에서만 농사지을 수 있다는 점을 감안하면 정말 엄청난 넓이의 경작지다.

이 기본적인 세 가지 요소 외에도 중국과 인도는 인구 증가에 유리한 조건들이 있었다. 우선 정치적 안정을 꼽을 수 있다. 중국은 분열과 통합을 반복하긴 했지만 오랜 기간 통일왕조의 강력한 중앙집권 아래에서 지냈다. 이는 많은 인명 손실이 따르는 전쟁을 피할 수 있었다는 뜻이고, 전쟁에 동원되지 않아도 되니 많은 기간을 농사에 집중할 수 있었다.

인도 역시 마우리아 왕조와 무굴제국 등 상당 기간을 통일된 상태로 지내 전쟁으로 인한 인명 손실을 최소화할 수 있었다. 칭기즈칸의 침략을 피할 수 있었던 것도 행운이라 할 수 있다.

중국과 인도는 세계적인 팬데믹도 피했다. 국지적인 전염병이야 물론 있었지만, 유럽처럼 인구의 30퍼센트 이상이 단기간에 사망하는 페스트와 천연두 같은 참혹한 전염병은 겪지 않았다.

유럽은 16세기 이후 많은 사람이 아메리카, 아프리카, 아시아, 호주 등으로 이주했다. 하지만 중국과 인도에서는 이런 대규모 인구 유출도 일어나지 않았다.

양국의 남아선호 문화도 인구증가에 한몫했다. 이는 오랜 벼농사에서 기인한 것이다. 한자의 사내 남男이 밭전田에 힘력力을 합한 글자인 것을 보면 알 수 있다. 대개 남자 아이를 낳을 때까지 계속 출산했기 때문에 이 점 역시 인구증가에 유리했다. 또 중국에서는 오래전부터 "자식이 많으면 복이 많다"고 했다. 인도에선 "자녀의 수는 신이 결정한다"라고 말하곤 한다. 양국의 이런 오래된 다산多産 문화 역시 인구증가의 한 이유다.

암튼 중국과 인도는 이런 연유들로 처음 시작부터 다른 나라보다 훨씬 많은 인구를 갖게 되었다. 여기에 의학의 비약적인 발전으로 유아를 비롯한 전체 사망률이 급격하게 줄어들었다. 이 때문에 20세기 내내 중국과 인도의 인구는 폭발적으로 증가해 100년간 한꺼번에 세 배 이상 늘었다. 이마저도 세계 평균인 네 배보다 낮은 수치이지만 출발점 자체가 다르기 때문에 오늘날의 엄청난 인구를 갖게 된 것이다.

인구변천이론에 의하면 1단계는 출생률과 사망률이 모두 높아 인구에 별 변화가 없다. 2단계는 출생률은 그대로인데 의료와 보건위생의 발전으로 사망률이 감소해 인구가 폭증한다. 3단계는 교육과 여성 지위 상승 등으로 출산율이 낮아져 인구증가가 멈추게 된다. 4단계는 출생률이 더욱 낮아지면서 오히려 인구가 감소하게 된다. 오늘날 한국을 비롯해 대부분의 선진국은 이 4단계 상태다.

막대한 인구에도 불구하고 최근의 중국과 인도 역시 어느덧 인구변천이론의 4단계에 접어들고 있다. 중국은 등소평 시절 '1가구 1자녀'라는 인위적인 인구 억제 정책을 사용했다. 최근에는 출산을 기피하는 젊은층의 뚜렷한 성향까지 겹쳐 갑자기 인구 절벽을 걱정하는 처지가 되었다. 인도는 중국과 달리 민주주의 국가라 산아제한을 억지로 하지 못했다. 그럼에도 교육 수준이 높아지고, 도시화가 진행되면서 출산율이 급격하게 낮아지고 있다. 인구 문제에 있어 대체 출산율이라는 개념이 있다. 한 국가의 인구를 유지하기 위해 몇 명의 아이를 낳아야 하느냐 하는 수치다. 이에 따르면 2.1명은 되어야 인구가 안정된다.

인도의 출산율은 2018년 기준으로 2.2명이니 거의 이상적인 수치에 근접했다. 반면 중국은 1.7명이다. 우리는 어떨까? 고작 0.81명이다. 인구는 많아도 문제, 적어도 문제, 참 풀기 쉽지 않은 난제 중 난제다.

천동설 vs 지동설, 종교와 과학의 대립이 아니다

"그래도 지구는 돈다."

갈릴레오 갈릴레이가 종교재판장을 나오면서 혼잣말로 내뱉었다는 너무나 유명한 말이다. 갈릴레오가 정말 이 말을 했다는 증거는 없다. 하지만 어쨌거나 갈릴레오가 지동설을 주장했다가 종교재판을 받았다는 건 사실이다. 그래서 많은 사람이 천동설 대 지동설 논쟁을 종교와 과학의 대립으로 생각한다. '기독교적인 천동설'과 '과학적인 지동설'이 대립한 결과 교회의 권력이 과학을 탄압했다는 것이다.

하지만 이 생각은 여러 면에서 잘못되었다. 교회는 오랜 세월 천문학의 발전을 지원해왔다. 심지어 갈릴레오를 제외한 유명 천문학자들은 지동설을 지지하고도 교회의 탄압을 받지 않았다. 그리고 무엇보다도 2,000년의 세월

동안 천동설은 지동설보다 더 과학적이었다.

'천동설 대 지동설'은 고대 그리스까지 거슬러 올라가는 오랜 논쟁이다. 기원전 4세기경의 그리스 학자들은 이미 지구가 둥글다는 것을 알았다. 하늘에 떠 있는 태양과 달, 금성이나 수성 등의 행성, 그리고 별들도 모두 공처럼 둥글다고 생각했다. 문제는 이런 구형球形의 천체들이 어떻게 움직이냐는 것이었다. 맨눈으로 보기에 지구의 땅덩어리는 꿈쩍도 하지 않으니, 가장 자연스러운 설명은 지구가 멈춰있고 하늘의 천체들이 움직인다는 천동설이었다. 지동설을 주장하는 학자들도 있기는 했지만, 당시에는 근거가 없었기에 금세 잊혔다.

그리스의 가장 위대한 철학자 아리스토텔레스도 천동설을 지지했다. 그의 세계관에서 지구는 우주의 중심에 멈춰있고, 모든 천체는 지구를 중심으로 원을 그리며 회전했다. 이 아이디어는 후대의 많은 천문학자에게 영감을 주었지만, 실제 천체의 움직임을 계산하는 데에는 쓸모가 없었다. 특히 행성의 움직임이 문제였다. 지구에서 관찰한 행성은 때로는 속도가 빨라지거나 느려지고, 심지어 가끔은 거꾸로 가는 것처럼 보이기도 했다. 단순한 원 운동으로는 행성의 복잡한 움직임을 설명할 수 없었다.

천체의 움직임을 제대로 예측하는 '과학적인 천동설'은 2세기 그리스의 천문학자 프톨레마이오스에 의해 완성되었다. 그도 천체가 지구 주위를 원형으로 회전한다고 주장했다. 하지만 아리스토텔레스와 달리 그의 주장은 원 안에는 더 작은 원이 돌고 있고, 천체는 원과 원이 맞물려서 만드는 복잡한 곡선을 따라 움직인다는 것이다. 이런 복잡한 곡선은 행성의 움직임을 설명하기에 적합했다. 프톨레마이오스의 이론은 행성이 언제 역행하는지도 잘 예측했다. 가장 중요한 태양과 달의 움직임 역시 꽤 정확하게 알아맞혔다. 이후 1,000년이 넘도록 이를 뛰어넘는 이론은 나타나지 않았다.

중세 시대 초기에 수많은 그리스 고전이 사라지면서 프톨레마이오스도 유럽에서 사라진 인물이 되었다. 다행히도 그의 책은 이슬람으로 건너가 아랍어로 번역되며 살아남았다. 9세기경 프톨레마이오스를 계승한 이슬람 천문학은 세계 천문학의 중심이 되었다. 이들의 천문학은 서로는 아프리카의 말리에서부터 동으로는 아시아의 인도까지 세계 곳곳으로 퍼져나갔다. 중국에서도 13세기 원나라 시절부터 본격적으로 달력 제작 기술을 배우기 위해 이슬람 천문학자들과 교류했다. 그리고 14세기 명나라를 세운 주원장朱元璋 때 이슬람 역법을 중국어로 번역한 '회회력법'으로 달력을 만들어 18세기까지 사용했다. 조선의 세종대왕 때에는 이 회회력을 사용해서 우리나라 최초의 역법인 《칠정산》을 만들었다. 다시 말해 프톨레마이오스 천문학이 우리한테까지도 온 것이다.

한편 유럽에서도 12세기부터 그리스 고전의 아랍어판

을 라틴어로 번역하기 시작했다. 이때 되돌아온 프톨레마이오스의 천동설은 16세기까지도 흔들림 없이 사용되었다. 유럽 천문학자들도 이 이론을 사용해서 달력을 만들려 했다. 그런데 여기서 천동설의 첫 위기가 찾아왔다.

달력 편찬은 교회의 중요한 사업이었다. 달력은 절기를 알려줌으로써 농업에도 중요한 역할을 하지만, 당시에는 종교적으로도 큰 의미가 있었다. 기독교 최대의 기념일인 부활절이 춘분 이후 보름달이 뜬 뒤 맞이하는 첫 번째 일요일로 정해졌기 때문이다. 부활절 축제를 준비하려면 춘분의 날짜가 정해져야 했다.

당시 유럽에서 쓰던 달력은 오래전 로마 황제 카이사르가 제정한 율리우스력이었다. 이는 1년을 365일로 하되, 4년마다 윤년을 두어 366일로 하는 방식이다. 율리우스력은 4년에 한 번씩 윤년이 추가되니, 평균적으로 1년을 365일과 4분의 1로 세는 것이다. 이는 춘분에서 다음 춘분까지의 시간을 잰 것이다. 하지만 이 수치는 실제와 약 11분 정도의 작은 오차가 있었다. 하루로 치면 1.8초 정도의 차이다. 이 작은 오차는 율리우스력이 1,500년간 쓰이면서 매년 누적되었고, 16세기에는 실제 춘분과 달력이 열흘 넘게 차이 나는 심각한 지경에 이르렀다. 이런 식으로 가다가는 언젠가는 12월 25일로 날짜가 정해져 있는 크리스마스와 부활절이 겹치게 될지도 모른다는 걱정이 들 정도였다.

교회도 이를 일찌감치 알아채고 천문학자들에게 달력

개혁을 의뢰했다. 그런데 프톨레마이오스 이론을 사용한 시도는 성공적이지 못했다. 같은 의뢰를 받았던 폴란드의 천문학자 코페르니쿠스는 이 이론이 근본부터 잘못된 것은 아닐까 의심하게 되었다. 원래 프톨레마이오스 신봉자였던 코페르니쿠스는 수십 년간의 연구 끝에 자신만의 새로운 천문학 체계를 다룬 책을 발표했다. 이 책에는 지구와 행성이 태양을 중심으로 회전한다고 쓰여 있었다.

코페르니쿠스가 새로운 이론을 만들기로 결심한 이유는 프톨레마이오스 이론이 수학적으로 너무 난해했기 때문이다. 그는 천문 현상을 보다 간결하게 설명하고 싶었다. 그중 하나가 역행 운동이었다. 프톨레마이오스는 행성의 역행을 원과 원이 맞물리는 복잡한 궤도로 설명했다. 코페르니쿠스의 지동설에서 역행 운동이란 그저 눈속임에 불과했다. 예를 들어 지구와 화성은 모두 태양 주위를 회전하는데, 화성보다 빠른 지구가 가끔씩 화성을 추월해서 앞질러 가는 경우가 있었다. 이때 지구에서 바라본 화성은 역행하는 것처럼 보일 것이다. 마치 차를 타고 가다보면 창밖의 사람이나 풍경이 뒤로 가는 것처럼 보이는 것과 비슷하다고 할 수 있다.

그런데 여기서 코페르니쿠스는 한 가지 실수를 저질렀다. 천체가 태양 주위를 원을 그리며 움직인다고 가정한 것이다. 오늘날 우리는 올바른 궤도가 원이 아니라 타원이라는 것을 안다. 하지만 천체의 움직임을 원 운동으로 설명하려는 전통은 아리스토텔레스로부터 2,000년이나 이어졌고, 코페르니쿠스도 이 전통의 굴레에서 벗어나지 못했다.

이 실수는 코페르니쿠스의 지동설에 큰 흠집을 남겼다. 이론이 천체의 움직임과 잘 맞지 않은 것이다. 오차를 줄이려면 더 복잡한 궤도가 필요했다. 코페르니쿠스는 프톨레마이오스를 답습해서 원과 원이 맞물리는 복잡한 곡선을 사용했다. 하지만 이런 수정을 거치자 코페르니쿠스의 이론도 프톨레마이오스만큼 난해해졌다. 게다가 이 이론은 프톨레마이오스에 비해 아주 뛰어난 예측을 해낸 것도 아니었다.

결국 코페르니쿠스의 지동설은 천동설에 비해 더 간결하지도 않았고, 특별히 뛰어난 예측을 보이지도 못했다. 지구가 움직인다는 결정적인 증거도 여전히 없었다. 그래서 당대의 천문학자들로선 지동설이 틀렸다고 생각하는 게 당연했다. 과학적인 근거도 없는데 2,000년간 내려온 '진리'를 깰 수는 없었다.

그런데 기묘하게도 과학자들은 코페르니쿠스의 틀린 이론을 높게 평가했다. 이 이론이 수학적으로는 너무나 완성도가 높았기 때문이다. 기독교의 가르침과 모순된다는 걱정도 컸지만, 신학자들조차 코페르니쿠스의 이론을 "틀렸지만 수학적으로는 유용하다"라고 하면서 학생들에게 가르쳤다. 그의 이론으로 만들어진 천문표는 달력 개혁에 사용되어 오늘날에도 쓰이는 그레고리력을 만드는 데 일 조했다.

이처럼 천동설이 학계의 정설이었기 때문에, 코페르니쿠스 이론의 수학적 강점만을 살려서 천동설에 이식하려는 시도도 있었다. 이렇게 수정된 천동설은 많은 천문학자의 지지를 얻었다. 여전히 천동설이 지동설보다 종교가 아닌 과학적으로 우위였던 것이다.

17세기 초 케플러와 갈릴레오가 등장하면서 지동설은 천동설을 역전하게 되었다. 케플러는 새로운 천문 관측 자료와 수많은 시행착오를 바탕으로 지구와 행성의 궤도가 원이 아니라 타원형이라는 사실을 발견했다. 타원 궤도로 만들어진 케플러의 지동설은 프톨레마이오스나 코페르니쿠스보다 훨씬 단순하면서도 뛰어난 예측력을 가졌다.

갈릴레오는 당대의 새로운 발명품인 망원경을 사용해서 천체를 관측했다. 그는 육안으로는 볼 수 없었던 수많은 관찰 기록을 남겼다. 이들은 하나같이 지동설에 유리한 증거였다. 특히 결정적인 것은 목성 주위로 네 개의 위성들이 회전하고 있다는 점이다. 이 사실은 모든 천체가 지구를 중심으로 회전한다는 천동설과 완전히 모순된 것이었다.

이제 지동설은 천동설보다 더 단순하면서도 정확했고, 과학적인 증거도 갖췄다. 하지만 논쟁은 아직 끝나지 않았다. 가톨릭교회가 지동설을 이단으로 선고한 것이다. 교회가 처음부터 지동설을 반대하지는 않았다. 코페르니쿠스의 지동설은 오히려 교회에서 책으로 출판해달라고 요청할 정도였고, 그의 책은 교황에게 헌정되었다. 당시에도 지동설이 성경과 모순된다는 주장은 있었다. 하지만 성경 말씀은 항상 해석의 여지가 있었고, 교회는 천문학자들에게 호의적이었다.

하지만 마르틴 루터를 비롯한 개신교도들은 처음부터 코페르니쿠스의 지동설에 적대적이었다. 그들에게는 오직 성경만이 지식의 원천이었기 때문에, 지동설을 위해 성경을 자의적으로 해석하는 일은 있을 수 없었다.

루터는 "요즘 바보들은 천문학을 뒤집으려 하지만 성경에서는 분명 지구가 아닌, 늘 움직이는 태양과 달을 보고 멈추라고 하셨다"라며 "그건 마치나 배에 탄 사람이 땅이나 나무들이 걷고 움직인다고 생각하는 것과 같다"라고 지동설을 옹호하는 학자들을 비난했다.

어쨌든 이런 생각을 하는 사람들이 이끈 종교 개혁은 전 유럽을 휩쓸었고 가톨릭교회도 자정의 필요성을 느꼈다. 가톨릭교회도 이제는 성경 해석에 훨씬 엄격해졌으며, 로마 종교재판소가 생겨서 이단적인 출판물을 금지했다.

케플러의 연구는 문제가 되지 않았다. 그의 연구는 어려운 수학이라서 이해할 수 있는 사람이 거의 없었고, 일반 대중에 미치는 영향력은 전혀 없었다. 반면 갈릴레오는 달랐다. 그의 책은 일반인들에게 무척 인기가 있었다. 그는 망원경으로 관찰한 달과 태양, 행성과 은하수의 움직임을 모두 직접 삽화로 그려 책에 넣었다. 복잡한 수학이 없으니 모든 사람이 이해하기 쉬웠고, 실제로 망원경을 사서 갈릴레오를 흉내 내는 사람들도 등장했다. 그간의 천문학자들과 달리 갈릴레오는 일반 대중에게까지 널리 지동설을 퍼뜨린 위험인물이 된 것이다.

교회는 이단적인 이론이 대중을 물들이는 것을 두고 볼 수 없었다. 결국 갈릴레오는 두 번의 종교재판을 통해 지동설을 철회하고 가택 연금되었다. 동시에 지동설은 공식적으로 금지되었으며, 코페르니쿠스와 갈릴레오의 책을 포함해 지동설을 지지하는 책은 모두 금서로 지정되었다.

하지만 여전히 교회는 달력 편찬을 위해 천문학자들이 필요했다. 금서로 지정되었던 코페르니쿠스의 책이 달력 계산에 필요하다고 판단되자, 교회는 책에서 지동설을 지지하는 부분만 편집해 재출간했다. 그래서 천문학자들은 여전히 지동설을 연구할 수 있었다. 다만 교회의 심기를 거스르지 않기 위해 "나는 코페르니쿠스의 지동설이 틀렸음을 안다. 내 연구는 단지 수학적인 가설일 뿐이다"라는 식의 태도를 취해야 했다. 그러면 교회도 그들의 연구를 묵인해주었다.

그렇게 천문학은 계속되었다. 세월이 지날수록 지동설에 유리한 증거가 쌓여갔다. 17세기 말에는 뉴턴이 중력 이론을 발견했다. 이제 지구와 모든 행성이 움직이는 근본 원리가 밝혀졌고, 케플러의 이론은 수학적으로 증명되었다. 18세기에는 모든 천문학자가 지동설을 지지했고, 프톨레마이오스의 천동설은 더 이상 대학에서도 가르치지 않게 되었다. 교회도 점차 지동설에 대한 금서 조치를 완화하기 시작했고, 마침내 19세기 초반에는 모든 금서가 사라졌다. 그렇게 천동설은 역사 속으로 사라졌다.

포로는
중세 시대의
재테크 수단이었다

《돈키호테》로 유명한 위대한 작가 미겔 데 세르반테스 Miguel de Cervantes는 무려 5년간이나 포로 생활을 했다. 그는 16세기 후반 유럽으로의 이슬람 진출을 막는 데 큰 공헌을 한 전투 '레판토 해전'에 참전한 군인이었다. 고향으로 돌아오던 중 세르반테스는 해적에게 습격을 받아 알제리로 끌려갔다. 그의 품에는 스페인 제독이 써준 관료 추천서가 있었다. 이 덕에 세르반테스는 목숨을 구할 수 있었다. 해적들이 세르반테스를 엄청난 몸값을 받을 수 있는 중요한 인물로 오해했기 때문이다. 하지만 사실 그는 하급 귀족 출신으로 집안이 무척 가난했다. 군인이 된 것도 순전히 먹고살기 위해서였다. 세르반테스는 한 수녀원의 도움으로 거액의 몸값을 지불하고 간신히 풀려나기는 했다. 하지만 이때의 빚 때문인지 세르반테스는《돈키호테》로 대단한 성공을 거두었음에도 평생을 생활고에 시달리며 살았다.

이렇듯 이 시대에 몸값은 무척 일반적인 관행이었다. 특히 전쟁 중 발생하기 마련인 포로들의 몸값으로 갑자기 큰 부자가 되는 사례가 속출하기도 했다. 때론 국가 차원의 시스템을 갖춘 사업으로까지 발전했으니 '포로와 몸값'은 중세 유럽의 꽤 중요한 특징 중 하나다.

고대에는 포로라는 개념 자체가 없었다. 전쟁에서 패배한 자는 죽거나 노예가 되는 것뿐이었다. 종교 전쟁이라면 말할 것도 없었다. 이교도는 오히려 죽여 없애는 게 미덕인 시대였다. 로마의 율리우스 카이사르가 간혹 포로를 풀어주고 로마의 자유민으로 인정한 사례들이 있긴 하지만 결코 일반적인 것은 아니었다. '포로'라는 단어가 생긴 것 자체가 15세기 초의 일이다.

지금이야 전쟁 포로를 함부로 죽일 수 없지만, 옛날에는 다수를 포로로 잡아 두는 게 결코 쉬운 일이 아니었다. 우선 이들을 수용하기 위한 큰 공간이 필요했고, 포로를 관리하고 감시하기 위한 별도의 군대도 있어야 했다. 무엇보다 이들을 먹여 살리기 위한 식량 마련이 가장 어려운 일이었다. 자신들의 먹거리도 늘 부족한 상황이니 아예 후환을 없애는 쪽을 선택하곤 했던 것이다.

하지만 중세 중후반이 되면서 유럽인들은 전쟁에 대한 새로운 가치에 눈을 뜨게 됐다. 전쟁에 참가한다는 것은 당연히 목숨을 잃을 수도 있는 위험한 일이었고, 경제적 부담도 큰 일이었다. 그럼에도 많은 봉건 영주들과 기사들이 기꺼이 전쟁에 참여한 것은 이를 상쇄하고도 남을 만한 이득이 있었기 때문이다. 우선 전쟁에서 큰 공을 세우면 작위와 더 많은 영지를 기대할 수 있었다. 특히 재산 상속을 받지 못하는 차남 이하의 기사들에게 전쟁은 곧 위기이자 기회였다. 하지만 이 정도로 인생 역전할 만한 큰 공을 세우는 건 어려운 일이었다. 가장 현실적인 이득은 전리품을 챙기는 것이다. 마을과 성을 함락한 다음 돈 되는 물건을 닥치는 대로 약탈하는 것이다. 하지만 약탈에도 한계가 있었다. 전쟁이라는 특성상, 자주 이동하기 때문에 아무리 탐나는 물건이 있어도 그걸 다 가지고 다닐 수는 없었다. 몸이 무거워지면 전투 중 목숨을 잃을 수도 있었다. 그래서 다음 마을에서 금을 약탈하면 이전의 은은 그 자리에 버리는 방식으로 전리품을 수시로 갈아 치웠다.

그런데 잦은 전쟁 끝에 약탈보다 더 안전하고, 더 많은 돈을 버는 방법을 알아냈다. 그건 바로 포로를 잡은 다음 몸값을 받아내는 것이다. 즉, 포로에게 자유를 판매하는 사업이다. 어떤 인물을 잡느냐에 따라 수익성은 하늘과 땅 차이였다. 만약 왕이나 공작 같은 최고위 귀족을 잡았다면 그건 로또 당첨이나 다름없었다. 역사상 가장 높은 몸값을 기록한 인물은 영국의 사자왕이라 불렸던 리처드 1세다. 십자군 원정을 마치고 영국으로 돌아가는 길에 배가 좌초

되는 바람에 사자왕은 신성로마제국의 포로가 되었다. 결국 15만 마르크의 몸값을 내고 석방되었는데 이는 당시 영국 왕실이 연간 벌어들이는 수입의 두 배가 넘는 엄청난 돈이었다.

당시 전쟁은 왕이 직접 출전하면서 간혹 포로로 잡히는 참사가 벌어졌다. 프랑스의 왕 장 2세는 백년전쟁에서 영국과 싸우다 잡혀 300만 크라운을 내야 했다. 이는 금 11톤에 달하는 금액으로 지금으로 치면 7,000억 원이 훨씬 넘는 돈이다. 영국에 잡힌 스코틀랜드 왕 데이비드 2세도 10만 마르크를 몸값으로 내야 했는데 결국 다 갚지 못했다. 한마디로 왕이나 공작 같은 대귀족들은 부르는 게 값이었다. 하지만 전투에서 가장 많은 포로가 발생하는 기사들과 그 밑의 계급들 사이에는 나름 여러 가지 규칙이 있었다. 이 불문율들은 대부분 14~15세기, 왕위 계승을 두고 벌어진 영국과 프랑스의 백년전쟁 기간 중 만들어졌다. 워낙 오래 싸우다 보니 비록 적이지만 기사들끼리 서로 친해지기도 했고, 귀족 간에는 서로를 존중하는 명예 의식도 꽤 있었다.

그 규칙은 우선 전투 중 포로가 되기 위해선 상대의 오른팔을 터치하며, 몸값을 물어봐야 한다. 이건 적에게 자신을 넘기겠다는 의사 표시다. 이런 항복의 표시가 없다면 적은 계속 싸우려는 것으로 간주해 마지막 칼날을 휘두른다. 그리고 몸값은 포로의 1년 치 수입이 관례였다. 이 협상이 무사히 끝나면 포로는 몸값이 다 지불될 때까지 구금되었다.

포로에 대한 대우는 전적으로 포로를 잡은 사람의 호의에 달려 있었다. 몸값이 만족스럽다면 포로는 매우 안락한 '가택 연금'을 즐길 수 있었다. 지위가 높은 포로는 자신이 항복한 사람의 가족이나 그 친구들과 교류하기도 했다. 협상이 마음에 들지 않는 귀족이나 하위 계급들은 대개 지하 감옥행이었다. 하지만 1년 치 수입을 갑자기 마련하는 것은 쉬운 일이 아니었다. 드물기는 하지만 지위가 높은 포로들은 몸값을 스스로 마련해오라며 가석방시켜주기도 했다. 이 상태에서 몸값을 떼어먹는 건 큰 불명예였다. 체면과 자부심이 아주 중요한 시대였기 때문에 어떻게 해서든 몸값을 완불하곤 했다.

백년전쟁 중 영국은 프랑스 포로들이 스스로 자기 몸값을 정하도록 했는데 프랑스 귀족들은 부와 지위를 과시하기 위해 자신의 몸값 이상을 제시하곤 했다. 그래서 이 몸값을 갚느라 프랑스 귀족들이 줄줄이 파산하기도 했다. 이 때문에 백년전쟁이 결국은 프랑스의 승리로 끝났지만 경제적인 부는 영국으로 이전됐다는 얘기도 있다. 평민 출신의 병사들도 가끔 큰돈을 벌 수 있었다. 백년전쟁 중 영국의 윌리엄 칼로라는 궁수는 포로를 잘 잡은 덕에 병사의 5년 치 연봉에 해당하는 100파운드를 벌 수 있었다.

백년전쟁이 장기화되면서 포로들의 몸값 문화는 점차

하급 계급은 물론 병사들에게까지 확대되었다. 병사들은 보통 연봉에 해당하는 금액이 몸값이었는데 석방되기까지 먹여주고, 재워주는 비용은 별도였다. 하지만 적을 포로로 잡아 몸값을 받는 것은 아무나 할 수 있는 예삿일이 아니었다. 포로를 관리하는 것은 전적으로 개인의 책임이었다. 우선 전투 현장에서 포로를 안전지대로 빼내오는 것부터가 쉽지 않았다. 이 단계에 성공하더라도 포로를 감시하는 것도 문제다. 전쟁터로 바로 복귀해야 하기 때문이다. 포로를 두고 자기 소유라는 다툼도 일상사라 증거로 잡은 칼이나 장갑, 갑옷도 잘 챙겨야 했다. 그래서 포로를 관리하는 일은 귀족들이 전쟁터에 데리고 다니던 시종들이 도맡았다. 전쟁이 끝나면 적국으로 들어가 포로의 가족에게 합의된 몸값을 통보하고 이를 받아와야 했다. 언제가될지 모르는 완불 시점까지 포로를 먹여 살려야 하니 투자금도 만만치 않았다. 그래서 포로 관리는 점차 시스템화되었다.

또 군인들 간의 다툼을 막기 위해 포로는 부대 단위로 공동 소유하거나 관리하기도 했다. 영국의 경우 포로를 잡은 사람의 권리를 왕실이 사들이기도 했다. 왕실은 국가 간에 몸값을 거래하는 데 훨씬 수월한 행정 능력이 있었고, 이 사업으로 상당한 돈을 벌 수 있었다. 또 포로는 재산이었기 때문에 아버지가 사망하면 그 아들이 포로에 대한 권리를 상속받기도 했다.

물론 그렇다고 모든 포로가 몸값을 지불하고 자유를 되찾을 수 있는 건 아니었다. 영국의 장미전쟁이나 백년전쟁의 하나인 아쟁쿠르Agincourt 전투에서는 포로로 잡은 귀족들을 사정없이 학살하기도 했다. 포위당한 성이 끝까지 저항하는 경우에도 자비는 없었다. 하지만 이 몸값 덕에 전쟁에서 전사자가 대폭 줄어든 것은 분명하다. 유럽에서 패배한 적을 노예로 삼는 것은 중세 시대에 일찌감치 사라졌지만, 포로에 대한 몸값 문화는 17세기까지 계속되었다.

18세기에는 계몽주의의 영향으로 인간의 존엄성에 대한 인식이 싹트기 시작했고, 19세기에는 미국에서 남북전쟁 때 처음으로 포로에 대한 학살 금지를 법으로 명시했다. 그리고 20세기가 되어서야 제네바 협약으로 포로에 대한 대우가 오늘날과 같게 되었다.

1퍼센트 부족했던
지적 허기를 채워줄

인물 뒤에 숨은 진짜 이야기

광장춤을 추는 따마,
그들은 누구인가

중국의 공원에서는 아침마다 희한한 풍경이 펼쳐진다. 저녁에도 마찬가지다. 중국에 가본 사람이라면 한 번쯤은 보았을 중년 여성들의 떼춤이다. 주로 광장에서 군무가 펼쳐진다고 해서 일명 '광장춤', 혹은 '광장무'라고 한다. 적게는 수십 명이, 많게는 수백 명의 중년 여성들이 리더의 안무에 맞춰 일제히 같은 춤을 추는 광경은 이제 중국을 대표하는 이미지가 되었다.

중국의 광장춤 애호가들은 1억 2,000만 명쯤 된다. 우리 인구의 두 배가 훨씬 넘는 사람들이 매일 아침저녁으로 일제히 광장에서 춤을 추고 있다는 얘기다. 말이 광장이지, 동네 공원 같은 아주 작은 공터만 있어도 춤판은 어김없이 벌어진다. 날이 추우면 아파트 지하 주차장을 점령하기도 한다. 새벽잠을 설친다고, 교통에 방해된다고 항의해봐야 아랑곳하지 않는다.

광장무를 추는 여성들의 나이는 대부분 50~70대. 중국에선 이들을 '따마大媽'라고 부른다. 우리말로 '아줌마'다. 따마는 중국에서 "쑥스러움이나 민망함 따위는 전혀 느끼지 못하는 억척스러운 여성"의 대명사다. 그럼 따마들은 왜 이렇게 광장춤에 열광할까? 여기에는 시대적인 비극이 있다.

따마들은 대개 1950~1960년대에 태어난 여성들이다. 이들이 광장춤에 빠져든 이유를 알려면 이 시기 중국에 어떤 일이 벌어졌는지를 간략하게나마 이해할 필요가 있다.

1959년 모택동은 소위 대약진운동大躍進運動을 벌였다. 중공업을 일으켜 7년 내로 영국을 추월하고, 15년 내로 미국을 따라잡겠다는 황당한 계획이었다. 중공업을 발달시키려면 무엇보다 철이 필요했다. 전국의 마을마다 쇠를 만들 작은 용광로가 세워졌다. 쇠를 녹이려면 막대한 화력이 필요했다. 그래서 무차별적인 벌목이 이루어졌다. 전국의 산에 나무가 사라지자 매년 홍수가 나기 시작했다. 게다가 인민의 곡식을 훔치는 나쁜 새라는 이유로 전국에 하달된 참새 소탕 명령이 사태를 최악으로 몰고 갔다. 참새가 사라지자 여름마다 병충해가 들끓었다. 참새가 해충을 잡아먹어 농사에 도움을 준다는 사실은 몰랐던 것이다.

3년에 걸친 대약진운동의 결과는 참담 그 자체였다. 무려 3,000만 명이 굶어 죽었고, 공산정권이 흔들릴 정도의 대실패였기 때문에 모택동은 2선으로 물러나야 했다. 하지만 모택동은 실권을 놓을 생각이 전혀 없었다. 직전에 소련에서 벌어진 스탈린 격하 운동도 그를 초조하게 만들었다. 그래서 모택동은 실권을 다시 회복하기 위해 1966년부터 이른바 '문화대혁명'을 일으켰다.

모택동은 대약진운동이 실패한 것은 "봉건 잔재들과 자본주의 추종자들이 청산되지 않았기 때문이다"라고 주장했다. 그래서 내세운 모토가 "옛것은 모조리 숙청하라. 심지어 너희들의 부모들까지"였다. 이것이 바로 문화대혁명이다.

문화대혁명의 전위대로 10대와 20대의 학생들을 내세웠다. 바로 홍위병紅衛兵들이다. 당시 모택동은 신적인 존재였다. 신의 후원을 업은 홍위병들은 그야말로 거칠 게 없었다. 이 광기의 시대에 중국의 수많은 사찰과 사당, 문화재와 서적 등 진귀한 역사적 유산들이 봉건의 잔재라 하여 파괴되었다. 그리고 지식인들과 심지어 모택동의 혁명 1세대 동지들도 자본주의 추종자라 하여 어린 홍위병들에게 평생 잊지 못할 치욕을 당했다. 10년간의 문화대혁명 동안 약 200만 명이 죽었다.

중국을 암흑으로 몰아넣었던 이 철부지 학생들, 그들이 바로 오늘날 광장에서 춤을 추는 따마다. 문화대혁명 때 이들은 대개 10대의 학생들이었다. 홍위병의 숫자는 대략 2,000만 명 정도였다. 당시 학교에 다니던 학생들 거의 대부분이 홍위병이었던 것이다. 더구나 중국 공산당이 내세운 남녀평등 사상으로 여학생의 참여도 남학생 못지않게 극렬했다.

홍위병의 세력이 걷잡을 수 없이 커지자 오히려 위기를 느끼게 된 모택동은 이들을 해체시켰다. 반발을 우려한 모택동은 영악하게도 이들을 대거 농촌으로 내려보냈다. 이른바 하방下放운동이다. 도시에서의 혁명이 끝났으니 이제 시골에 가서 농촌 혁명을 하라는 것이다. 순진한 학생들은 모택동에게 다시 이용당하는 줄도 모르고 우르르 농촌으로 몰려가면서 사실상 홍위병은 단박에 해체되었다.

이렇게 따마들은 대부분 초졸이나 중졸 정도의 학력으로 남았다. 미래를 살아갈 학교 교육 대신 공산 이념과 선전도구로서의 경험만 갖게 된 것이다. 문화대혁명이 진행되던 거의 10년간 아예 학교 문을 닫았기 때문에 더 이상의 교육을 받으려야 받을 수도 없었다. 이들은 모택동이 죽은 1976년 이후에야 점차 도시로 돌아올 수 있었다.

모택동에 이어 등소평이 정권을 잡은 후 중국은 조금씩 자본주의를 경험하게 되었다. 그리고 1990년대에 국영기업들이 대규모 구조조정을 하거나 민영기업이 되었고, 이는 주로 국영기업에서 일하던 따마들의 대량 실직으로 이어졌다. 민영기업에서는 초졸이나 중졸이 일할 자리가 없었던 것이다.

졸지에 할 일이 없어진 따마들은 점차 집 근처의 공원

이나 광장에 모이기 시작했다. 홍위병 시절 매일 모이던 매우 익숙한 공간이다. 그리고 무료함을 달래기 위해 자그마한 라디오 하나를 틀어 놓고 춤을 추었다. 이게 바로 광장춤의 시작이다.

중국 정부에서도 따마들은 매우 조심스럽게 다루어야 할 존재들이다. 이들이 언제 다시 불만을 터뜨릴지 모르기 때문이다. 중국 정부는 아주 적극적으로 따마들이 춤출 장소를 마련해주거나, 밤에도 춤출 수 있도록 조명도 설치해주었다. 여기에 신나는 음악과 누구나 따라 할 수 있는 쉬운 동작이 어우러져 광장춤은 중국 전역으로 빠르게 퍼져나갔다.

중국의 따마들은 한창 학교 교육을 받아야 할 때는 홍위병으로 내몰렸고, 20~30대에는 집단 노동이나 산업 발전의 역군 역할을 해야 했다. 그리고 40대에 실직해 오랜 세월 가정에서 아이를 키우고 노인을 모셔야 했다. 게다가 자녀와는 자라온 환경이 너무 달라 세대 간 격차는 도저히 메울 수 없는 지경이다.

평생을 시대에 쫓기며 살다 남은 것은 외로움뿐이라는 따마들에게 광장무는 일종의 구원이다. 이곳에서 쉽게 자신과 비슷한 사람을 만나 과거의 추억을 나눌 수 있기 때문이다. 어찌 보면 이들에게 홍위병은 일생 최고의 순간일지도 모른다. 지식인들과 권력자들을 자신의 발아래에 둔 두 번 다시 없는 경험이었으니 말이다. 그래서 중국의 사회학자들은 "광장춤은 홍위병이라는 집단주의에 대한 향수다. 춤을 추면서 철저하게 앞뒤 줄 간격을 맞추는 것이 그 증거다"라고 말한다.

지금 따마들은 중국 젊은이들에게 '무대뽀 아줌마'로 통한다. 광장춤 역시 젊은 세대들의 눈에는 구시대의 잔재이자 노인들의 시끄러운 오락일 뿐이다. 그래서 따마들은 더욱 외롭다. 아무도 자신들이 겪은 시대적인 아픔을 알아주지 않기 때문이다. 그럴수록 따마들의 광장무는 계속될 것이다. 광장에서 춤출 때만이 서로에 대한 위안이요, 존재감 확인이요, 정신적인 공허함에 대한 치유이기 때문이다.

러시아 사람들은
왜
푸틴을 지지하는 걸까?

푸틴은 독재자다. 루소포비아Russophobia, 러시아 혐오증가 있는 서구 세계 대부분이 그렇게 생각한다. 우리는 말할 것도 없다. 당사자인 러시아 사람들도 마찬가지다. 그럼에도 2020년 개헌 투표에서 러시아 사람들은 푸틴에게 사실상 평생 집권의 길을 열어 주었다. 그것도 78퍼센트라는 압도적인 지지였다.

이를 두고 많은 사람은 부정선거를 의심한다. 그리고 의심할 여지도 분명 있다. 하지만 푸틴의 승리를 뒤집을 정도는 아니다. 이 점은 푸틴의 정적들도 인정하는 바다. 푸틴이 처음 대통령이 된 2000년의 지지율은 53퍼센트였다. 하지만 이후 2004년 71퍼센트, 2012년 64퍼센트, 2018년 77퍼센트로 그야말로 압도적인 승리다. 경쟁자들과의 표 격차가 너무나도 크다.

부정선거도 아니라면 러시아 사람들이 독재가 뭔지도 모르는 바보들일까? 이것 역시 흔히 나오는 지적이다. 국민이 무지하기 때문에 무비판적으로 독재자를 지지한다는 것이다. 물론 어느 정도는 사실이다. 러시아의 40대 이상이 충분한 교육을 받지 못한 세대인 건 맞다. 이들은 한창 공부해야 할 나이에 공산주의에서 자본주의로 전환되는 체제변혁과 연방이 해체되는 대혼란을 한꺼번에 겪었다. 이들이 푸틴의 콘크리트 지지층이다. 하지만 이는 러시아만의 현상이 아니다. 세계 거의 모든 나라에서 저학력층이 극우보수를 지지하는 성향이 있다.

더구나 푸틴의 통합러시아당은 러시아에서는 극우 근처에도 가지 않는 정당이다. 무엇보다 교육을 충분히 받은 20~30대의 젊은층조차 푸틴을 훨씬 많이 지지한다. 조사마다 다르긴 하지만 젊은층의 푸틴 지지가 80퍼센트를 넘는 경우도 있다.

부정선거도 아니고, 바보도 아니라면 러시아 사람들은 그냥 독재를 좋아하는 걸까? 독재를 좋아하는 건 아니더라도 러시아 사람들이 독재에 익숙한 건 사실이다. 러시아는 13세기부터 거의 300년간 몽골의 혹독한 지배를 받았다. 이후 공산혁명 전까지 유럽에서 가장 오랜 기간 전제군주의 통치를 겪었다. 그리고 이후에도 공산당 독재 국가였으니 독재에는 이골이 난 사람들이라고 할 수 있다. 하지만 자신을 박해하는 독재를 좋아할 사람은 없다. 러시아만 해도 이 독재에서 벗어나기 위해 여러 번 혁명을 일으켰던 사람들이다.

그럼 부정선거도 아니고, 바보도 아니고, 독재를 좋아해서도 아니라면 대체 푸틴을 왜 지지하는 걸까? 사실 답은 간단하다. 서방세계가 어떻게 생각하든 그들에게 푸틴은 훌륭한 지도자이기 때문이다. 러시아 사람들의 푸틴에 대한 인식을 가장 단순하게 말하자면 '옐친이 망가뜨린 나라를 다시 일으켜 세운 영웅'이다.

1990년대의 러시아는 극단적인 혼란의 시대였다. 급진 개혁파인 보리스 옐친이 이끈 이 시기를 러시아 사람들은 주저 없이 '잃어버린 10년'이라고 한다. 옐친은 1991년 러시아의 초대 대통령에 오른 후 최대한 빠른 시일 내에 시장 경제를 도입하려 했다. 그 핵심이 가격 및 생산 자유화 정책이었다. 이 정책은 자본주의에 대한 아무런 준비도 되어 있지 않던 러시아의 경제를 완전히 쑥대밭으로 만들었다.

가격 및 생산 자유화 정책이 시행되자 모든 물가가 미친 듯이 뛰었다. 초인플레이션으로 러시아인들의 예금은 휴지 조각이 되어버렸다. 시장 경제에 적응 못한 국영 기업들이 잇따라 도산하면서 실업률도 치솟았다. 그나마 돈이 되는 에너지 산업은 '올리가르히'라는 신흥재벌들 손에 넘어갔다. 이들은 옐친의 측근들과 결탁하면서 극심한 부정부패를 가져왔다. 국영 기업을 마구잡이로 민영화하는 과정에서 알짜배기 기업들이 속속 서구로 넘어갔다. 지금 러시아의 반서방 정서가 이때 기인한 것이다.

급기야 1998년 외환위기로 인한 모라토리엄(채무지급유예)을 선언하면서 대부분의 러시아인이 막다른 길에 몰렸다. 이 10년 동안 러시아 경제가 얼마나 망가졌느냐 하면, 옐친이 취임하기 바로 전 해인 1990년의 1인당 GDP 5,300달러가 1998년에는 1,600달러가 되었다. 한 통계에 의하면 이 시기 러시아의 빈곤층이 무려 90퍼센트에 달했다고 한다.

경제가 어려워지면서 치안도 극도로 불안해졌다. 살인 범죄가 끝도 없이 일어났다. 영화를 보는 것도, 식당에서 밥을 먹는 것도, 버스를 타는 것도, 거리를 걷는 것도, 모두 죽음을 각오해야 하는 일이었다. 마피아들이 지하 경제를 장악하면서 이들과 결탁하지 않고서는 장사하는 것도 쉽지 않았다.

이 와중에 구소련 연방의 해체는 가속화되어 갔다. 특히 독립을 원하는 체첸공화국과의 전쟁에서 패하면서 옐친의 인기는 완전히 땅에 떨어져 버렸다. 러시아의 인구는 미국의 거의 절반 수준으로 하락했다. 경제는 말할 것도 없이 미국 GDP의 10퍼센트 수준에 불과했다.

한때 미국과 양강을 이루며 냉전 시대를 이끈 러시아의 위엄은 완전히 사라지고 말았다. 이렇게 망한 러시아를 다시 일으켜 세운 게 푸틴이다. 그리고 이 악몽 같던 1990년대를 기억하는 모든 세대가 지금 푸틴의 열렬한 지지자들이다.

러시아의 혼란이 정점에 이르던 1999년 말 옐친의 갑작스러운 사임으로 당시 총리였던 푸틴이 대통령 대행을 맡게 되었다. 사실 푸틴은 이때까지만 해도 서방 세계에 거의 알려지지 않은 무명씨였다. 미국이 옐친의 후계자가 될 500명을 예측했는데 그중에도 포함되지 않을 정도였다. 러시아 내에서도 푸틴은 KGB(구소련 국가보안위원회) 출신의 평범한 관료 정도로 여겨졌다.

하지만 대통령 푸틴은 완전히 다른 인물이었다. 그는 권력을 손에 넣자마자 부정부패의 온상이었던 신흥재벌 올리가르히들을 탈세, 사기, 횡령 등의 혐의로 잡아들였다. 러시아 사람들의 일상을 극도로 불안하게 만들었던 마피아들을 대거 체포하면서 질서도 빠르게 잡아갔다. 그리고 국부 유출을 막기 위해 더 이상의 민영화를 금하고, 러시아 최대 산업인 석유·가스를 다시 국유화했다. 이게 신의 한 수였다. 마침 석유 가격이 폭등하기 시작했다. 대통령 취임 첫해인 2000년에는 석유 가격이 다섯 배나 뛰면서 러시아 경제가 갑자기 7퍼센트나 성장한 것이다. 당연히 푸틴의 인기는 들끓기 시작했다.

국유화한 석유·가스 기업 덕에 폭등한 석유 가격만큼 국가 재정이 튼실해져 갔다. 이를 바탕으로 체첸과의 2차 전쟁에서 드디어 승리를 가져왔다. 더 이상의 연방 해체를 막을 수 있게 된 것이다. 그러자 푸틴의 인기는 더 폭발하기 시작했다. 지지율이 80퍼센트를 넘게 된 것이다. 여기에 더해 2014년에는 크림반도를 병합했다. 강한 러시아가 돌아온 것이다. 푸틴은 이를 계기로 러시아 사람들에게 '강력한 러시아를 만드는 강력한 지도자'로 각인되었다.

사실 푸틴은 주로 '상남자' 이미지로 언론에 노출된다. 직접 전투기를 몰고 군부대에 나타나는가 하면, 웃통을 벗고 호랑이나 곰사냥을 하기도 하고, 70세 가까운 나이에 얼음을 깨고 들어가 한겨울 수영을 즐기기도 한다. 여기에 외국 정상과의 회담마다 일부러 지각해 상대를 곤혹스럽게 만드는 것으로도 악명 높다. 하지만 이 모든 게 러시아인들에게는 '강한 러시아'의 상징물로 여겨질 뿐이다. 이를 잘 아는 푸틴 역시 '마초 이미지'를 적절히 연출해가며 즐기는 것이다. 이런 이미지 말고도 실제 다양한 지표들이 푸틴의 집권 동안 러시아가 얼마나 좋아졌는지를 증명하고 있다.

우선 푸틴이 대통령이 된 2000년도부터 2008년까지 러시아 경제는 연평균 7퍼센트대의 초고속 성장을 이어갔다. 절대빈곤층이 30퍼센트에서 14퍼센트로 줄어들었고, 평균 임금은 두 배 상승했다. 대학 다니는 사람은 50퍼센트 늘었고, 청년 실업률은 4분의 1로 줄어들었다. 복지가 늘면서 출산율과 평균수명이 대폭 높아지고, 대신 범죄율과 자살률은 대폭 감소했다. 그리고 거리에는 카페가 들어서기 시작했고, 백화점에서 마음대로 물건도 살 수 있게 됐으며, 마침내 원하면 해외여행도 가능해졌다. 이 모든 게 이전의 러시아에서는 없던 일이다.

반면 러시아에 푸틴을 대체할 만한 정치 세력은 아주 미미하다. 푸틴이 미리 싹을 잘라버렸기 때문이기도 하지만 푸틴이 속한 통합러시아당이 전체 의석의 75퍼센트 정도를 차지하고 나머지 당은 군소정당이나 다름없다. 제1야당인 공산당은 구소련을 그리워하는 사람들의 모임 수준 정도다. 제2, 제3 야당들은 네오나치즘에 가까운 극우 정당이라 집권 가능성이 거의 없다.

러시아 사람들도 서구 세계만큼 자신들이 자유를 누리지 못하고 있다는 점을 잘 알고 있다. 하지만 자유에 대한 인식이 서구와는 조금 다르다. 유감스럽게도 러시아의 민주화 경험은 옐친 때 10년뿐이다. 곧 민주화나 자유는 '극심한 혼란'일 수도 있다는 게 러시아인들에게 트라우마처럼 남아 있는 정서다.

반면 러시아인들은 푸틴이 이끄는 지금을 러시아 역사상 가장 살기 좋은 시대라고 말한다. 역대 가장 많은 자유를 누리고 있고, 해외여행도 갈 수 있으며, 원하는 어떤 일도 도전해볼 수 있다는 것이다. 푸틴을 지나치게 비판만 하지 않으면 말이다. 그러니 서방에서는 이상하게 생각할지 몰라도 러시아인들 입장에서는 푸틴을 지지하지 않을 이유가 별로 없다. 언제 다시 올지 모를 혼란에 대한 두려

움과 현재의 만족감, 이 두 가지가 푸틴에 대한 절대 지지
를 유지하게 하는 것이다.

피타고라스는
종교 집단의
수장이었다?

아무리 수학을 싫어해도 피타고라스는 누구나 알고 있다. 워낙 유명한 피타고라스 정리 때문이다. 하나의 직각 삼각형에서 빗변의 제곱은 다른 두 변의 제곱의 합과 같다는 바로 그 정리다. 그래서 많은 사람에게 피타고라스는 수학자를 대표하는 이름이기도 하다. 그런데 피타고라스 정리는 엄밀히 얘기하면 피타고라스 학파의 업적이다. 기원전 4~5세기경 고대 그리스에서 활동한 피타고라스 학파는 수많은 수학 정리를 발견했지만 언제나 스승 피타고라스의 이름만을 사용했고, 진짜 발견자의 이름은 전혀 알려지지 않았다.

피타고라스가 수학자로 유명하니 '피타고라스 학파'라는 이름을 들으면 대부분 수학 학회의 모습을 먼저 떠올릴 것이다. 하지만 이들은 오히려 종교 집단에 가까웠다.

피타고라스부터가 당대에는 수학보다는 종교적인 사상가로서 유명했다. 피타고라스는 사람의 영혼은 불멸하고, 죽은 뒤에는 영혼이 다른 몸으로 옮겨간다고 믿었고, 자기 자신이 전생에 트로이 전쟁에서 싸웠던 것을 기억한다고 말하기도 했다.

피타고라스의 영혼 불멸설은 후대의 철학자 플라톤에게 깊은 영향을 주었다. 플라톤 역시 인간의 영혼은 불멸한다고 믿었으며, 살아온 방식에 따라 내세의 운명이 달라진다고 믿었다. 피타고라스 학파가 플라톤과 같은 생각을 했는지는 확실하지 않지만, 적어도 그들은 수행을 통해 영혼을 정화해야만 한다고 생각했다.

피타고라스 학파는 이런 피타고라스의 삶의 방식을 따르는 수도적이고 종교적인 집단이었다. 그들은 영혼을 정화하기 위해 금욕적인 삶을 살았고, 엄격한 교리를 따랐다. 이 중에는 콩을 먹지 말 것, 빵을 통째로 먹지 말 것, 흰 수탉을 만지지 말 것 등 정체불명의 교리도 있었다. 하지만 가장 유명한 교리는 육식을 금지한 것이었다. 피타고라스는 인간의 영혼이 동물로도 옮겨갈 수 있다고 믿었고, 따라서 동물들에게 불필요한 고통을 주면 안 된다고 생각했다. 이런 엄격한 교리로 피타고라스는 채식주의를 대표하는 인물이 되었다. 그래서 19세기에 지금의 채식주의자를 뜻하는 'Vegetarian(베지테리언)'이라는 단어가 만들어지기 전에는 'Pythagorean(피타고리언)'이 채식주의자를 뜻하는 단어였다.

피타고라스 학파는 비밀결사단의 성격도 있었다. 그들은 공동체 생활을 하며 재산을 공유했고, 대부분의 가르침은 글 대신 말로만 전해졌다. 그리고 이를 외부로 발설하는 것이 엄격하게 금지되었다. 이를 어긴 사람은 학파에서 추방했다. 학파에서는 이 사람을 마치 죽은 사람처럼 여겨 묘비를 세우고, 길에서 만나도 모르는 척했다. 새로운 신도를 받는 데에도 까다로워서, 무려 5년간의 수습 기간을 거쳐야만 피타고라스를 만날 수 있었다.

물론 피타고라스 학파를 이야기할 때 수학을 빼놓을 수 없다. 그들에게 수학이란 단순히 논리적인 학문을 넘어서 종교적인 신념에 가까웠다. 고대 그리스 철학에서는 세상 만물의 근본인 '아르케Arche'가 무엇인지를 찾는 것이 중요한 문제였다. 피타고라스의 스승으로도 알려진 탈레스는 만물의 근본은 '물'이라고 주장했다. 그러나 피타고라스 학파의 아르케는 '수'였다. 즉, 만물은 수로 이뤄져 있으며, 세상 모든 곳에서 숫자의 비율을 찾을 수 있다는 것이다.

이러한 피타고라스 사상이 가장 빛난 것은 음악에서였다. 피타고라스는 모노코드Monochord라는 실험용 현악기를 발명했다. 모노코드는 현이 하나뿐이고, 브리지를 움직여서 현의 길이를 조절할 수 있는 악기다. 피타고라스는 현의 길이에 따라 소리의 높낮이가 어떻게 변하는지를 관찰했고, 현의 길이가 특정한 비율을 이룰 때 아름다운 소리가 난다는 것을 발견했다. 현의 길이를 절반으로 줄이면 소리는 한 옥타브 올라가고, 현의 길이의 비율이 2:3일 때에는 두 음이 잘 어울리는 소리를 내는데, 오늘날에는 이를 '완전 5도'라고 부른다. 비율이 3:4일 때에도 아름다운 소리가 나는데, 이것은 '완전 4도'라고 부른다. 이러한 발견은 지금까지도 쓰이는 음정 이론의 토대가 되었다.

음악의 아름다움을 수의 비율로 표현할 수 있다는 발견은 피타고라스 학파의 수에 대한 믿음을 더욱 굳건하게 만들었다. 음악은 그런 믿음이 이뤄낸 최고의 성취였고, 피타고라스 학파 내에서 중요한 위치를 차지했다. 약이 몸을 치유하듯 음악이 영혼을 치유한다고 믿었던 피타고라스 학파는 음악 듣는 시간을 소중하게 여겼다. 심지어는 그들의 우주관에서도 수와 음악이 한데 뒤섞여 있었다. 그들은 별과 행성이 어떤 수학 공식에 따라 움직이며 인간이 들을 수 없는 조화로운 음악을 만들어낸다고 믿었다.

피타고라스 학파는 특히 기하학에서 수많은 수적 관계를 발견했다. 삼각형 내각의 합이 180도라는 것을 발견했고, 5개의 정다면체 중 정사면체, 정육면체, 정십이면체를 알아냈다. 물론 피타고라스의 정리도 그들의 대표적인 발견 중 하나다. 하지만 역설적으로 피타고라스 정리는 그들의 수에 대한 믿음에 처음으로 균열을 만들었다. 단위 정사각형의 대각선 길이를 묻는 문제에서 그들은 피타고라스 정리를 사용해서 정답을 구하려고 했고, 오늘날 √2라고 부르는 수를 발견하게 되었다. 그들은 √2를 자연수의 비율로 나타낼 수 없다는 사실을 깨달았다. 오늘날에는 이를 무리수라고 부르지만, 고대 그리스 세계에서 '수'는 자연수, 혹은 자연수의 비율로 쓰이는 분수뿐이었다. 자연수의 비율로 쓰일 수 없는 대상은 아예 숫자가 아니었던 것이다.

기하학의 길이 개념이 수의 비율로 쓰일 수 없다는 사실은 '만물이 수'라는 그들의 중심 교리를 뒤흔드는 것이었다. 일설에 따르면 이 사실을 처음 발견한 히파소스 Hippasus는 학파의 비밀주의를 어기고 외부에 이 사실을 알렸다. 그래서 격분한 학파 동료들이 히파소스를 바다에 던져 죽였다.

지금까지 살펴본 것처럼 피타고라스 학파는 종교, 철학, 음악, 수학, 과학 등 모든 학문을 아우르는 방대한 업적을 남겼다. 그만큼 후대에 미친 영향력의 범위도 엄청나게 넓었다. 플라톤은 영혼 불멸설과 수학적인 세계관을 계승해 이데아의 철학으로 발전시켰다. 피타고라스 학파의 음정 이론은 각 음 사이의 비율이 유리수가 되도록 하는 순정률 이론의 토대가 되어 17세기까지 서양 음악 이론을 지배했다. 이 이론을 넘어서기 위해 작곡된 곡이 바로 바흐의 대표작인《평균율 클라비어곡집》이다. 그런가 하면 별과 행성이 수학 공식에 따라 움직인다는 수학적인 우주관은 코페르니쿠스에게 영감을 주었고, 이는 지동설의 발견으로 이어졌다. 피타고라스 학파 중에서 수학과 과학의 연구에 몰두했던 파벌을 마테마티코이Mathematikoi라고 불렀는데, 이는 수학을 뜻하는 라틴어 마테마티카Mathematica와 영어 매스매틱스Mathematics의 어원이 되었다. 그야말로 서양의 모든 학문이 피타고라스의 영향 아래 있었던 것이다.

소말리아, 그들은 왜 해적이 되었는가

해적을 옹호할 생각은 없다. 하지만 '나라면 어땠을까?'라는 생각을 가끔 해보게 된다. 그리고 '친구들은 어떤 결정을 내렸을까?'도 생각해보았다. 결론은 친구들과 함께 해적선에 오를 수밖에 없다는 것이다. 그만큼 이 나라 사정이 참 기가 막힌다. 바로 소말리아 이야기다.

아프리카 지도를 보면 동쪽으로 땅이 툭 튀어나와 '아프리카의 뿔'이라고 불리는 나라가 있다. 여기가 소말리아다. 위성지도에서 보듯 대부분의 땅이 사막과 황무지라 농사는 불가능하다. 그나마 ㄱ자로 꺾인 3,000킬로미터의 긴 해안이 있어서 어업이 그들의 유일한 생계 수단이다. 소말리아인들은 이 바다에서 물고기를 잡아 대부분 유럽으로 수출해서 먹고살았다. 그래봐야 1인당 국민소득이 600달러밖에 되지 않는 최빈국이다. 인구의 90퍼센트가 하루 2달러로 먹고살아야 했다. 그나마도 1991년이 되어서 이 보잘것없는 평화도 깨져버렸다. 20년간 이어지던 독재정권이 무너지면서 군벌 사이에 정권을 놓고 전쟁이 벌어진 것이다. 내전이 장기화되면서 소말리아는 무법천지가 되어갔고, 국민은 더 가난해졌다. 이 당시 우리나라에서도 자주 뼈만 앙상하게 남은 소말리아 아이들의 모습이 TV에 소개돼 보는 이들을 가슴 아프게 했다. 하지만 비극은 이제 겨우 시작이었다.

먼저 인근 국가인 예멘의 어선이 소말리아 해역에 나타났다. 그리고 얼마 지나지 않아 유럽과 아시아 각국의 원양 어선들이 소말리아 앞 바다로 몰려들어 불법 조업에 나섰다. 이 중에는 유감스럽게도 우리나라의 참치잡이 원양어선들도 있었다. 이들이 참치와 새우, 가재를 싹쓸이하면서 소말리아 사람들의 유일한 생계 수단인 물고기의 씨를 말려 버렸다.

하지만 소말리아에 국민을 위한 정부는 없었다. 자국의 해역을 침범한 불법 어선들을 국가가 나서서 단속해야 하지만 소말리아에는 그럴 정부가 아예 없었다. 오히려 군벌들은 단속은커녕 전쟁 비용을 마련하기 위해 정말 해서는 안 될 짓을 벌였다. 유럽 및 아랍 산유국들의 돈을 받고 온갖 산업 쓰레기들을 소말리아 인근 바다에 버리도록 허용한 것이다.

스위스, 이탈리아, 프랑스, 아랍에미리트, 이집트, 카타르의 배들이 수시로 와서 소말리아 앞바다에 정체불명의 둥근 통들을 마구 쏟아부었다. 유럽에서는 이런 폐기물을 처리하는 데 1톤당 1,000달러의 비용이 들었지만, 소말리아에서는 1톤당 3달러만 군벌에 쥐어주면 되었다. 이후 해안가에 살던 소말리아인들은 이유를 알 수 없는 병을 앓기 시작했다. 처음엔 구역질과 피부병, 입과 복부 출혈이 나타나더니 나중엔 기형아 출산이 급격하게 높아졌다. 이 둥근 통의 정체는 2004년 말에야 밝혀졌다. 인도네시아 수마트라섬에서 발생한 9.1의 강진이 메가 쓰나미를 만들었고, 파손된 둥근 통에서 쏟아진 쓰레기들이 소말리아 해안가로 밀려왔다. 그것들은 주로 유럽의 병원과 공장에서 버린 납과 카드뮴, 수은 등의 화학 폐기물이었다.

그뿐이 아니었다. 그 쓰레기에는 다량의 핵폐기물도 있었다. 소말리아인들이 갑자기 겪게 된 출혈이나 암, 기형아 출생들이 모두 방사능 때문이었던 것이다. 유일한 생존의 터전이었던 소말리아 해안가는 죽음의 바다가 되었다. 이제 소말리아인들은 어떻게 살아야 할까?

소말리아인들이 처음부터 해적질에 나선 것은 아니다. 소말리아 어부들은 자신들의 바다와 생명을 스스로 지키기 위해 우선 자치 해안경비대를 만들었다. 이들은 군벌에게 총을 빌려 무장한 뒤 물고기를 잡던 작은 목선을 타고 바다로 나가 예멘의 어선을 쫓아냈다. 그러다 큰 원양 어선을 만나면 마치 환경단체인 그린피스가 그러듯이 배의 진로를 막아 불법 어획을 방해했다.

그러던 어느 날 소말리아 전역에 소문이 돌기 시작했다. 누군가 예멘 어선을 풀어주고, 1만 달러를 벌었다는 것이다. 어부가 1년 꼬박 일해도 벌기 어려운 거금이었다. 소말리아인들은 어선 납치가 돈이 된다는 것을 이때 처음 알게 되었다.

돈을 벌 수 있다는 희망이 생기자 여기저기에 해적지원자가 생겨났다. 얼마나 많던지 우리나라의 인력시장에서 기술자를 뽑듯, 바닷가로 몰려든 수많은 젊은이 중 유능해 보이는 인재를 선발해 작은 배를 타고 바다로 나갔다. 오랜 내전으로 총을 쏠 줄 아는 사람은 부지기수였다. 놀고 있는 배와 배를 몰 수 있는 사람도 넘쳐 났다. 초반에는 불법 어획이나 폐기물을 버리는 선박을 대상으로 벌금을 받아내는 수준이었다. 하지만 액수가 점점 커지자 군벌과 사업가들이 여기에 끼어들었다. 생계형 해적에서 기업형 해적으로 바뀐 것이다.

인질 산업이 번창하면서 소말리아 해적들은 위성통신과 위성항법장치 등을 갖춘 모선을 바다에 띄우고 신식무기로 무장한 3~4척의 쾌속선을 이용해 대형 선박 납치에 나섰다. 수에즈운하와 홍해, 아덴만으로 이어지는 소말리아 앞바다에는 한 해 평균 3만 척 이상의 배가 지나다녔기 때문에 먹잇감은 얼마든지 있었다. 이들은 선박의 높이가 낮은 상선들이 좁은 홍해로 들어가기 위해 속도를 늦추는 그때를 주로 노렸다.

2009년과 2010년은 소말리아 해적의 전성기였다. 이들은 한 해에 200~300척의 배를 납치해 매년 1억 달러(약 1,200억 원) 정도의 몸값을 벌어들였다. 점차 소말리아 경제에 활기가 돌면서 일반인들이 해적업에 투자하는 증시도 만들어졌다. 그리고 인질들을 관리하거나 인질들을 위한 식량과 필수품을 전문적으로 조달하는 업체도 생겨났다. UN이 파악한 바로는 소말리아에 해적 관련 기업이 100개가 넘는다고 한다. 그야말로 해적이 국가 산업이 된 것이다.

이렇게 되자 소말리아에서 해적은 어린이들 사이에 선망의 직업이 되었고, 일등 신랑감이 되었다. 그러나 피해가 점점 커지자 세계 각국은 아덴만에 군함을 파견하기 시작했다. '아덴만의 여명 작전'으로 유명한 우리나라의 청해부대도 그 일원이다. 소말리아 해역을 지나는 상선들도 방어용 무기를 갖추거나 유사시 해적과 싸울 용병들을 고용했다.

얼마 지나지 않아 해적들은 사라졌다. 2019년 이후 소말리아 해적이 납치한 배는 한 척도 없다. 그러나 지금도 소말리아 앞바다에서의 산업폐기물 투기는 계속되고 있다. 이전과 달라진 점이 있다면 군함의 호위를 받고 있다는 것이다. 불법 어획도 계속되고 있다. 이것 역시 군함의 호위를 받고 있다. 전성기 시절 소말리아가 인질로 벌어들이는 돈이 한 해 1억 달러였다. 반면 외국 어선의 불법 어획은 매년 3~4억 달러어치에 달한다. 이쯤 되면 과연 누가 해적일까?

세계 각국이 아덴만에서 군함을 유지하거나 상선을 무장하는 데 드는 비용은 매년 70억 달러 정도다. 이 비용의 10분의 1만 소말리아에 지원해도 해적들이 다시 예전의 어부로 돌아갈 것이라는 게 전문가들의 판단이다. 하지만 세상일은 결코 그렇게 작동되지 않을 것이다.

해적질도 할 수 없게 된 소말리아인들이 지금 어떻게 사는지는 거의 알려지지 않고 있다. 해적 국가로 낙인찍힌 데다 워낙 치안이 불안해 언론도, 국제적인 비영리 단체들도 소말리아에 들어가지 않기 때문이다. 하지만 "사흘 굶어 담 넘지 않는 사람 없다"라는 말이 있다. 이들은 분명 머지않아 다시 해적질에 나설 것이다. 굶어 죽거나 총 맞아 죽거나 죽는 건 매한가지이기 때문이다. 분명한 건 그들의 단 하나뿐인 생계 수단을 망가뜨린 사람들이 소말리아 어부들을 해적으로 만들었다는 것이다. 그리고 여전히 그들을 죽음으로 몰고 가고 있다는 것이다.

아즈텍을
무너뜨린 여인,
말린체 이야기

1519년 4월, 스페인의 정복자 코르테스가 멕시코만에 도착했다. 이것이 얼마나 역사적인 일인지 그 자신조차 몰랐다. 수백 명의 백인이 배에서 내리는 모습을 두려움에 떨며 바라보던 원주민들도 이게 무얼 뜻하는 것인지 조금도 알지 못했다. 인근 마을에서 종일 빨래와 요리를 하던 여성 노예 말린체도 이 순간이 자신의 인생을 어떻게 바꾸어 놓을지 짐작조차 할 수 없었다.

코르테스가 도착한 멕시코에는 아즈텍 제국이 자리하고 있었다. 하지만 무슨 제국이 자리하든 그건 코르테스의 관심사가 아니었다. 중요한 건 그들이 금을 많이 가지고 있다는 소문이었다. 당시 스페인 탐험대는 금이 있는 곳이라면 지옥이라도 찾아갈 사람들이었다. 하지만 아무리 금에 눈이 뒤집혔다고 하더라도 인구 500만 명의 아즈텍을 상대하기엔 병력도 무장도 너무 형편없는 수준이었다. 자료마다 차이가 있기는 하지만 배에서 내린 스페인군 병사는 최대 600명 정도였고, 일을 도와주는 원주민이 300명이었다. 그나마 조금 내세울 만한 무기가 말 16필, 대포 14문, 소총 13자루, 석궁 33대가 고작이었다. 이 정도 병력에 중남미 최강 아즈텍 제국이 무너졌다는 건 누가 봐도 비상식적이다. 그래서 유독 아즈텍 제국의 몰락 원인으로 꼽는 몇 가지 가설에는 판타지적 냄새가 물씬 난다.

첫 번째 이유는 코르테스를 신으로 착각했다는 것이다. 아즈텍에는 오래전부터 농경의 신 케찰코아틀Quetzalcoatl이 언젠가 다시 돌아와 제국을 지배하게 될 것이라는 전설이 있었다. 그런데 하필이면 케찰코아틀의 모습이 큰 키에 수염을 기른 백인이었고, 그 모습이 코르테스와 딱 들어맞았던 것이다. 그래서 아즈텍의 목테수마 2세Moctezuma II 황제가 코르테스 일행을 오늘날의 멕시코시티인 수도 테노치티틀란Tenochtitlan으로 쉽게 들인 것이 멸망의 원인이란 것이다.

하지만 처음엔 착각했는지 몰라도 이들이 신이 아니란 것을 아즈텍인들은 금방 알아챘다. 바보가 아니라면 신이 오직 금만을 탐할 리가 없다는 걸 모를 리 없다. 실제로 아즈텍인들은 자신들의 수도로 들어온 코르테스 일행을 공격해 거의 죽음 직전까지 몰고 가기도 했다. 이건 아마도 아즈텍을 어리석은 집단으로 몰고 가 유럽의 지배를 정당화하려는 승자들의 흔한 역사 해석일 것이다. 아즈텍은 중남미에서 최초의 문자를 가진 문명이었다. 그뿐 아니라 세계 역사상 최초로 전 국민 의무교육을 시행한 나라이기도 했다. 인신 공양과 식인 습성 때문에 야만의 대표격으로 비하되지만 이들의 교육 수준을 봤을 때 신과 인간을 구분 못할 정도로 어리석지는 않았을 것이다.

두 번째 이유는 스페인의 압도적인 무기다. 사실 누구든 화승총이나 대포를 처음 보면 신기하기도 하고, 놀랍기도 할 것이다. 또 말과 비슷한 크기의 가축조차 없던 시절이었으니 순식간에 달려드는 말의 속도감도 당연히 공포의 대상이었을 것이다. 어쨌든 유럽의 이 신식무기들이 아즈텍인들을 놀라게 한 것도, 전투에서 압도적인 우위를 가져온 것도 모두 사실이지만 그 효용성은 분명 과장되어 있다. 당시 화승총의 수준은 물론이거니와 대포 역시 명중률은 화승총보다도 못했다. 아즈텍인들은 점차 말에도 적응해 단 일격에 군마의 목을 베었다는 기록도 있다.

세 번째 이유는 천연두다. 스페인 원정대는 온몸이 세균덩어리였다. 유럽보다 위생적인 환경 속에 살았던 원주민들에겐 아예 면역체계가 없었다. 이 때문에 수많은 원주민이 천연두나 홍역 같은 전염병으로 사망했다. 하지만 시기를 따져보면 아즈텍도 큰 피해를 보긴 했으나 멸망의 결정적 원인으로 보기엔 역시 무리가 있다. 코르테스가 처음 온 건 1519년 4월이고, 천연두가 아즈텍에 창궐하기 시

작한 건 그다음 해인 1520년 9월부터다. 그리고 아즈텍의
멸망은 1521년 5월이다. 역사학자들은 천연두의 발병이
아즈텍의 전투의지를 꺾은 건 사실이지만 그렇다고 치명
적인 원인은 아니었을 것이라고 보고 있다.

그렇다면 아즈텍을 멸망시킨 결정적인 요인은 무엇일
까? 그건 아즈텍을 제외한 나머지 부족이 스페인의 코르
테스에게 적극 협력했기 때문이다. 그리고 이 아이디어에
대한 영감을 주고, 사방을 뛰어다니며 스페인 연합군을 만
든 일등공신이 바로 여성 노예 말린체다.

말린체는 대략 1500년에 멕시코만에 있는 한 작은 마을
에서 귀족의 딸로 태어났다. 그녀는 귀족 자녀가 다니는
학교인 칼메칵Calmecac에서 다섯 살 때부터 수학, 역사, 지
리, 종교, 법, 예술 등 엘리트 교육을 받았다. 하지만 아버지
가 갑자기 세상을 떠난 뒤 그때부터 그녀의 파란만장한 삶
이 시작된다. 재혼한 어머니가 아들을 낳은 게 화근이었다.
아즈텍은 여성에게도 유산 상속이 되는 나라였다. 하지만
말린체의 어머니는 아들에게만 유산을 주고 싶은 마음에
말린체를 노예로 팔았다. 그녀가 아홉 살 때의 일이다.

엘리트 교육을 받던 귀족의 딸에서 말린체는 졸지에 종
일 요리하고, 청소하고, 빨래하는 고된 노예의 삶을 살아
야 했다. 이곳저곳으로 팔려 다닌 말린체는 그 덕에 각 지
역의 문화와 풍습, 사고방식, 종교적 전통 등을 익힐 수 있
었다. 무엇보다 언어적 재능이 뛰어났던 말린체는 마야어

와 아즈텍어를 모두 유창하게 쓸 수 있었는데 바로 이 언어적 재능이 그녀의 인생을 바꾸었다.

코르테스가 멕시코에 도착했을 당시 말린체는 타바스코라는 지역 귀족의 노예였다. 타바스코 부족은 코르테스와의 전투에서 패하자 정복자들의 시중을 들어줄 여자 노예 20명을 선물로 진상했다. 말린체가 그중 한 명이었다. 코르테스의 아즈텍 원정을 기록했던 베르날 디아스Bernal Díaz는 말린체에 대한 첫인상을 "예쁘고, 지적이며, 말을 자신 있게 잘하는 여성"이라고 묘사했다. 그리고 말린체의 언어 구사 능력을 알게 된 코르테스는 그녀를 곧 노예가 아닌 통역관으로 배치했다. 당시 코르테스 원정대는 오랜 세월 마야의 포로로 생활했던 스페인 출신의 아길라르Aguilar라는 인물이 통역을 담당하고 있었다. 그래서 코르테스가 스페인어로 말하면 아길라르가 마야어로, 그리고 말린체가 이를 다시 아즈텍어로 통역했다. 그런데 말린체의 언어 습득 능력이 얼마나 뛰어났던지 몇 달 만에 스페인어에도 능통해져 모든 통역을 혼자 맡게 되었다. 이후부터 코르테스가 가는 길에는 그 어디든 늘 말린체가 한 몸처럼 동행했다. 무엇보다 말린체는 통역뿐 아니라 아즈텍 정복에 필요한 모든 정보를 코르테스에게 제공했다. 그중 가장 결정적인 건 아즈텍의 심각한 내부 분열에 관한 정보였다. 말린체는 "대다수 부족이 아즈텍 황제의 지배에 불만이 많기 때문에 이를 뒤엎을 강력한 세력이 나타나길

기다리고 있다"고 코르테스에게 얘기해주었다.

당시 아즈텍은 유별난 인신 공양과 식인으로 악명이 높았다. 아즈텍은 멕시코 전역에 마야, 타바스코, 틀락스칼라 등 30여 개의 속국을 두고 있었는데 마음만 먹으면 강력한 군사력으로 이들을 모두 지배할 수 있었다. 하지만 일부러 공물을 받는 속국으로 놔두었다. 인신 공양에 쓸 인간 사냥을 위해서다. 아즈텍은 제물이 필요할 때면 이들 속국에 전쟁을 선포하고, 전쟁 날짜를 통보했다. 그리고 최고의 전사들을 보내 원하는 숫자만큼의 전쟁 포로를 잡아 왔다. 일종의 약속 대련 같은 것이다. 그리고 무기는 칼과 창이 아닌 흑요석이 박힌 나무 몽둥이를 주로 사용했다. 왜 그랬을까? 식인 시 신선도를 유지하기 위해 죽여서는 안 되었기 때문이다. 그래서 이 당시의 이런 제물 사냥용 전쟁을 '꽃 전쟁'이라 불렀다.

아즈텍이 인신 공양을 한 이유는 크게 세 가지다. 첫째, 자신들이 믿는 태양신이 계속 정상 작동하기 위해서는 인간의 에너지가 필요하다는 믿음 때문이다. 둘째, 단백질이 필요해서다. 당시 중남미에는 돼지나 소 같은 큰 가축이 없었기 때문이다. 셋째, 제국 유지를 위해 늘 속국 부족들에게 공포심을 심어줘야 했기 때문이다.

어찌 됐든 아즈텍은 '꽃 전쟁'에 응하지 않는 속국에게는 전 병력을 보내 아예 말살시켜버렸다. 아즈텍의 속국들은 사실상 아즈텍의 제물들을 길러내는 인간사육장이나 다름없었기에 그들의 불만이 극에 달했던 것은 당연한 일이었다. 그러던 차에 만난 스페인군은 아즈텍보다 훨씬 더 합리적이고, 포용적인 사람들로 보일 수밖에 없었다. 말린체는 코르테스와 함께 이들을 적극 설득했다. 그리고 인신공양 폐지도 약속했다. 게다가 여러 차례 아즈텍과의 전투를 통해 스페인군의 압도적인 힘도 확인시켜주었다.

이렇게 되자 수많은 부족이 스페인 정복자들의 편에 합세하기 시작했다. 그간 쌓인 불만을 코르테스를 통해 한꺼번에 폭발시킨 것이다. 이 덕에 코르테스는 전력의 열세를 만회할 수 있었고, 식량이나 무기 같은 보급 문제까지 해결하게 되면서 결국에는 아즈텍을 무너뜨리게 되었다. 코르테스가 어느 편지에서 "내가 성공할 수 있었던 건 하느님 다음으로 말린체의 공이 크다"라고 할 정도로 말린체는 코르테스가 아즈텍을 정복하는 데 결정적인 역할을 했다.

하지만 아즈텍이 무너지자 말린체가 할 일은 더 이상 없었다. 그리고 이듬해인 1522년 둘 사이에는 마르틴이라는 아들이 태어났다. 유럽인과 아메리칸 인디언 사이에서 태어난 사람을 가리키는, 역사상 최초의 공식적인 메스티소Mestizo다. 그래서 말린체는 '메스티소의 어머니'라고 불리게 되었다. 본토에 부인이 있던 코르테스는 이후 말린체에게 많은 땅을 준 다음 부하 장교와 결혼시켰다. 스페인 귀족 부인으로 만들어준 것이다.

멕시코 총독에 오른 코르테스는 원주민들과의 약속을

지키기 위해 인신 공양과 식인을 엄금한 것은 물론 이런 악습이 재발하지 않도록 유럽에서 돼지와 소 등의 가축을 들여왔다. 그리고 1528년 본국으로 귀환할 때 아들 마르틴을 데리고 가 정식 기사로 키웠고, 나중에는 유산도 상속해주었다. 이 때문에 오늘날 코르테스는 모든 '메스티소의 아버지'라고 불리게 되었다.

한편 멕시코 원주민들은 아즈텍이라는 지옥을 끝냈지만 코르테스가 총독에서 물러난 후 스페인이라는 새로운 지옥을 맞이해야 했다. 혹독한 수탈은 물론, 무엇보다 스페인이 가져온 천연두로 인구의 90퍼센트 가까이가 사망한 것이다. 그중에는 말린체도 있었다. 코르테스가 스페인으로 돌아간 다음 해 말린체도 천연두에 걸려 죽고 말았다. 겨우 스물아홉 살, 꽃다운 나이였다.

지식 혁명을 일으킨 구텐베르크, 인쇄기로 돈 번 사람은 따로 있다?

'정보통신 혁명'을 이야기하면 많은 사람이 빌 게이츠나 스티브 잡스 같은 인물을 떠올릴 것이다. 하지만 더 먼 과거로 돌아가 보면 원조는 따로 있다. 바로 요하네스 구텐베르크Johannes Gutenberg다. 세계 4대 발명품 중 하나인 인쇄기를 만든 사람, 〈타임지〉가 선정한 '지난 1,000년의 인물'이라는 오늘날의 유명세와 달리 구텐베르크는 평생 참안 풀리는 인생을 산 사람이었다. 살아생전 초상화 하나 없을 정도로 인정받지 못했고, 심지어 언제 태어났는지조차 분명치 않다.

구텐베르크는 1400년경 독일 마인츠에서 태어났다. 아버지가 대주교 산하의 조폐국에서 일하던 하급 관리였던 덕에 자연스럽게 구텐베르크도 금속 세공 기술을 배울 수 있었다. 이것이 나중에 금속 활판 인쇄기를 만드는 발판이 된다.

그는 30대 중반 무렵에는 지금의 프랑스 스트라스부르에서 약 10년간 살았고, 이곳에서 돈을 빌려 첫 사업을 시작했다. 금속 거울을 만들어 순례자들에게 판 것이다. 당시 북쪽의 작은 도시 아헨 대성당의 성물聖物을 보러 가는 순례자들이 많았는데 거울을 통해서만 '거룩한 빛'을 볼 수 있다고 알려져 있었다. 하지만 흑사병이 다시 심해지고, 큰 홍수까지 겹치면서 순례는 중단되었고 그의 사업은 당연히 쫄딱 망하고 말았다. 그리고 얼마 되지 않은 유산도 바닥이 났다. 하지만 구텐베르크는 이 와중에도 남몰래 인쇄기를 연구하고 있었다. 보안 유지를 위해 오로지 혼자 연구에 임했다. 마침내 인쇄기가 완성되고 구텐베르크는 1448년 다시 고향인 마인츠로 돌아와 인쇄소를 차렸다.

그리고 1450년경 드디어 첫 출판물이 나왔다. 역사의 거대한 변화를 가져온 구텐베르크 인쇄기치고 첫 책은 소박하게도 《도나투스》라는 아주 간단한 라틴어 문법책이었다. 당시 대학의 모든 강의는 라틴어로 이루어져 있었기 때문에 라틴어 문법책은 특히 학생들에게는 꼭 필요한 책이었다. 필사본에 비해 파격적으로 싼 가격이었기 때문에 당연히 큰 성공을 거두었다.

두 번째 출판물은 더 많은 돈을 안겨주었다. 그건 '면죄부'였다. 면죄부는 교회가 돈을 받고 파는 증서이기 때문에 무엇보다 고급스러워 보일 필요가 있었다. 이 점에서 구텐베르크가 찍어낸 면죄부의 품질에 성직자들은 대만족했다. 면죄부는 한 번 산다고 해서 죄를 평생 용서받는 게 아니었다. 3개월 권, 6개월 권, 1년 권 등 유효기간이 다양했기 때문에 면죄부 인쇄 수요는 늘 무궁무진했다. 교회 입장에서도 구텐베르크가 면죄부를 빨리 찍어낼수록 자신들의 수입도 늘었기 때문에 서로 윈윈인 셈이었다.

면죄부 판매로 더욱 자신감을 얻게 되자 이번에는 성경 출판에 도전했다. 그간 얇은 책자를 통해 인쇄 기술을 계속 시험해왔던 구텐베르크는 이제 두꺼운 책을 찍어도 충분하다고 판단한 것이다. 이 성경은 오늘날 구텐베르크의 명성을 가져오는 데 결정적인 역할을 한 걸작품이었다. 나중에 교황이 되는 비오 2세가 다른 추기경들에게 구텐베르크의 성경을 추천하면서 "활자가 너무나 깔끔해서 안경 없이도 읽을 수 있다"라고 극찬할 정도였다. 이제 부자가 되는 일만 남은 듯했지만, 공교롭게도 구텐베르크는 이 성경 때문에 망하고 말았다. 스트라스부르에서 거울을 파는 것보다 더 철저하게 망해 말년까지 비참한 삶을 살게 되었다.

그 이유를 살펴보기 전에 우선 왜 구텐베르크가 인쇄기 개발에 몰두했는지부터 알아보도록 하자. 사실 구텐베르크 말고도 인쇄기를 만들고 싶은 사람은 많았다. 인쇄기가 큰돈이 될 거라는 걸 누구나 알고 있었기 때문이다.

구텐베르크가 활동하던 1400년대는 중세가 끝나고 세계 곳곳에서 대학들이 속속 들어서던 때였다. 하지만 책은 너무 비싸고 귀했다. 1209년에 설립된 영국의 케임브리지 대학 도서관에는 설립된 지 200년이 지난 1400년대 초에도 책이 고작 다 합쳐봐야 122권뿐이었다. 그래서 절대 훔쳐 가지 못하도록 책을 쇠사슬로 묶어 두었다. 그럴 만도 한 것이 책 한 권을 필사하려면 너무나 오랜 시간이 걸렸기 때문이다. 펜으로 양피지에 글을 옮겨 적는 데 물리적으로 하루에 단어 3,000개가 한계라고 하니 제아무리 책이 얇아도 한 달, 웬만한 두께면 꼬박 다섯 달은 잡아야 했다. 그래서 책 한 권은 곧 집 한 채 값이나 다름없었다. 이러니 책은 만들기만 하면 팔 수 있는, 그리고 얼마든지 비싸게 팔 수 있는 고부가가치 사업이었다.

게다가 성경은 더더욱이나 비쌌다. 성경 전권을 필사하려면 1~3년이 걸렸다. 그 가격은 무려 집 열 채 값이었다. 그러니 성경은 교회나 수도원에서만 가질 수 있었고, 개인이 성경을 갖는다는 것은 상상도 하기 힘든 시절이었다. 그래서 구텐베르크가 면죄부로 인쇄 연습을 한 다음 곧바로 성경 출판을 시작한 것이다.

구텐베르크는 180권의 성경을 만들어 단 30길더guilder에 팔았다. 30길더는 당시 일반 사제들의 3년 치 봉급과 맞먹는 금액이었다. 지금 생각하면 이것도 엄청난 가격이지만 집 열 채 값에 비하면 당시로선 파격적인 헐값이었다. 그래서 당시 귀족들도 자신의 부와 신앙을 과시하기 위한 소장품으로 '구텐베르크 성경'을 사기 위해 줄을 섰다. 이런 인기에도 불구하고 구텐베르크는 왜 망했던 걸까? 바로 과도한 빚 때문이다.

스트라스부르에서 모든 재산을 날리고 마인츠로 돌아온 구텐베르크는 인쇄소를 차리기 위해 요한 푸스트라는 대부업자에게 800길더를 빌렸다. 이는 사제의 80년 치 월급에 달하는 돈으로, 넓디넓은 농장을 살 수 있을 정도의 큰돈이었다. 그리고 성경 인쇄를 시작하면서 구텐베르크는 다시 800길더를 더 빌렸다. 푸스트는 두 번째 대출을 해주면서 자신을 동업자로 인정할 것과 5년 내에 대출금을 모두 갚을 것을 조건으로 내걸었다. 성경 인쇄가 거의 마무리가 되어 가던 그때, 푸스트는 별안간 구텐베르크가 횡령을 했다며 즉각 전액 상환할 것을 요구했다. 재판에서 진 구텐베르크는 인쇄기와 인쇄소를 모두 푸스트에게 빼앗겼다. 특허도, 저작권도 없던 시기이니 그저 속수무책이었다.

60세 정도의 나이에 인쇄소에서 쫓겨난 구텐베르크는 얼마 후 실명까지 와서 더 이상 재기하지 못했다. 그나마 마인츠 대주교의 도움으로 근근이 살다가 1468년 쓸쓸히 생을 마쳤다. 그가 세상을 떠난 뒤에도 그의 운은 별로 달라지지 않았다. 그가 묻힌 마인츠의 프란체스코 교회가 2차대전 때 공습으로 완전히 파괴되었고, 구텐베르크의 묘도 사라졌다.

그럼 푸스트는 이 황금알을 낳는 거위를 갖게 되었으니 큰돈을 벌었을까? 그렇지 않다. 그도 그리 오래지 않아 흑사병으로 죽었다. 최후의 승자는 바로 구텐베르크의 견습공 출신인 피터 쉐퍼Peter Schöffer다. 인쇄소 최고의 기술자이기도 했던 그는 재판에서 구텐베르크에게 불리한 증언을 하고, 나중에는 푸스트의 사업 파트너가 되었다. 그리고 푸스트의 딸과 결혼하면서 인쇄소를 독차지했다. 구텐베르크가 응당 가져가야 할 부와 명예가 모두 그의 차지가 된 것이다. 나중에는 그의 자식들도 모두 다른 도시에서 인쇄소를 차려 최초의 영어 성경을 이 집안에서 펴내기도 했다.

쓸쓸하게도 역사는 그러거나 말거나 구텐베르크라는 인물이 아닌, 구텐베르크가 만든 인쇄기가 필요했던 모양이다. 얼마 후 구텐베르크가 키워낸 기술자들이 유럽 각국으로 흩어져 인쇄소를 차렸다. 구텐베르크가 성경을 인쇄한 지 50년도 채 되지 않아 유럽의 200개 이상의 도시와 마을에 1,000개가 넘는 인쇄소가 생겨났다. 그리고 이들은 미친 듯이 책을 찍어내 이 기간 동안 무려 900만 권의 책을 출판했다. 구텐베르크 이전까지 유럽에 있는 책을 모두 합쳐봐야 3만 권 정도가 고작이었으니 실로 엄청난 양이었다. 시간이 흐를수록 그 숫자는 점점 더 늘어나 16세기에는 2억 권, 17세기에는 5억 권, 18세기에는 10억 권 이상이 출판되었다. 그야말로 지식과 정보의 대폭발이 유럽 전역에서 일어난 것이다. 구텐베르크의 인쇄기는 이처럼 짧게는 문맹 퇴치와 종교개혁을, 장기적으로는 이후의 모든 지식 혁명을 일으키는 데 결정적인 영향을 끼쳤다.

또 구텐베르크 인쇄기의 지대한 공헌 중 하나가 바로 과학 발전이다. 이곳저곳에 흩어져 살던 유럽의 과학자들은 인쇄술 덕분에 비로소 다른 과학자들이 연구로 밝혀낸 원본 데이터를 공유할 수 있게 되었다. 책에 정확하게 인쇄된 도표와 그래프, 공식 덕분에 과학자들은 번거로운 기초 계산을 다시 할 필요가 없게 된 것이다. 이 덕에 과학자들은 보다 더 진전된 연구를 할 수 있게 되었다. 오늘날의 빌 게이츠와 스티브 잡스도 구텐베르크에게 빚을 지고 있다고도 볼 수 있다.

우리는 흔히 '구텐베르크' 하면 금속활자만을 상상하기 쉽다. 하지만 그뿐 아니라 잉크와 종이, 인쇄면에 힘을 고르게 가하는 압축기Press 등 종합패키지다. 오늘날 언론을 프레스라고 하는데 이게 바로 구텐베르크의 압축기에서 나온 용어다.

마지막으로 사족을 붙이자면, 1987년 뉴욕의 크리스티 경매에 구텐베르크 성경이 나왔다. 낙찰가는 540만 달러(약 60억 원)였다. 그리고 전문가들은 지금 다시 경매에 나온다면 무려 3,500만 달러(약 400억 원) 이상이 될 거라고 예상한다. 부질없지만 평생 빚에 쫓기며 살던 구텐베르크가 이 액수를 듣는다면 과연 어떤 기분일까?

조선시대 언어 천재
신숙주의
7개 국어 학습법

요즘은 외국어를 배울 수 있는 통로가 너무나 많다. 집에서 유튜브만 접속해도 쉽게 외국어를 학습할 수 있다. 부족하다 싶으면 여행이든, 유학이든 외국에 직접 가서 배울 수도 있다. 하지만 이 모든 게 불가능했던 조선시대에 외국어를 배우려면 어떻게 해야 했을까? 그게 가능하기나 했을까? 아니, 그 전에 외국어를 정말 배우기는 했을까?

놀랍게도 조선시대의 외국어 열기는 지금 못지않았다. 배워야 할 외국어도 꽤 많았다. 외국어 공부의 필수인 교재도 제법 많았다. 심지어 원어민 선생님도 있었다. 그리고 조선을 통틀어 최고의 외국어 천재는 바로 신숙주였다. 단종 대신 세조(수양대군)를 택한 탓에 변절자의 아이콘이 된 신숙주. 그는 무려 7개 국어를 할 줄 알았다.

이 얘기를 들으면 "14세기 조선에서 할 수 있는 외국어가 저렇게 많았다고?"라는 궁금증과 "신숙주가 도대체 저 많은 외국어를 어떻게 배울 수 있었을까?"라는 궁금증이 생길 것이다. 대원군의 쇄국 정책 때문에 조선은 폐쇄적인 나라라고 생각하기 쉽지만 조선 중반기까지만 해도 전혀 그렇지 않았다. 신숙주가 어떤 외국어를 했는지를 보면 당시 조선의 활동 반경이 상상 외로 넓었다는 것을 알 수 있다. 우선 신숙주가 구사한 외국어는 중국어, 몽골어, 일본어, 여진어, 위구르어, 아랍어, 유구어, 이렇게 7개 국어다. 당시 기록을 보면 중국어와 일본어에 특히 능통했다고 한다.

조선이 건국된 해는 1392년이다. 중국에 명나라가 들어선 지 불과 24년 뒤다. 그전에는 중국 최초의 이민족 왕조인 원나라, 바로 칭기즈칸이 세운 나라다. 원나라를 무너뜨린 명나라는 전통 한족들이 세운 국가다. 유교를 지배이념 삼아 건국된 조선으로서는 엄청난 의미가 있었다. 오랑캐가 쫓겨나고 비로소 세계의 질서가 바로 서게 된 것이다. 이 때문에 조선 초에는 중국어 배우기 열풍이 매우 거세게 일었다. 세종대왕도 "중국말을 배우려고 하는 것은 진실로 아름다운 일이다"라며 중국어 학습을 적극 권했다. 세종대왕부터가 중국어 능력자이기도 했다.

당시 신숙주는 세종의 총애를 받던 집현전 학자였다. 이런 분위기 속에서 신숙주가 그 누구보다 중국어를 열심히 공부했을 거라는 건 쉽게 짐작할 수 있다. 신숙주는 원래부터 집현전의 책을 읽기 위해 남의 숙직까지 도맡아 했을 정도로 독서광으로도 유명했다. 밤새 책을 보다 깜빡 잠이 든 신숙주에게 세종이 어의御衣를 덮어 주었다는 유명한 일화도 있고, "책을 함께 묻어 달라"는 유언을 남길 정도로 책을 좋아했다.

나중에 세조가 되는 수양대군과 함께 1452년 사절단으로 북경을 다녀오는 등 신숙주는 무려 13차례나 중국을 여행했다. 뛰어난 중국어 실력 덕분이다. 중국에서 온 사신의 맞상대도 늘 신숙주였다. 성삼문과 함께《직해동자습》이라는 중국어 학습서까지 펴냈으니 그의 실력을 의심할 여지가 없다.

사실 조선 초만 해도 중국어를 할 줄 아는 양반들이 꽤 많았다. 그럴 만도 한 것이 조선 때는 반쯤은 바이링구얼Bilingual, 즉 이중언어 환경 속에서 살았기 때문이다. 사극을 보면 왕의 모든 말을 사관이 동시통역하듯 바로 한자로 옮겨적는 장면이 나온다. 조선의 양반들은 워낙 어려서부터 한자 공부를 해왔기 때문에 상대적으로 중국어를 익히기가 어렵지 않았을 것이다.

'오리대감'이란 별명으로 잘 알려진 이원익은 명나라에 갔을 때 유창한 중국어로 일을 처리해 명나라 조정의 찬사를 받았다. 좌의정까지 지낸 이정구는 명나라 사신에게 대학大學을 강론하여 극찬을 받기도 했다. 그러니 신숙주

정도 되는 천재가 중국어를 잘하는 것은 조금도 이상한 일이 아니다.

이에 더해 신숙주는 일본어에도 능숙했는데 세조 때에는 신숙주를 통역 삼아 일본의 사신과 말을 나눴다는 기록이 있다. 그는 일본에 통신사로 직접 다녀온 뒤 1471년에 최초의 일본 안내서인 《해동제국기海東諸國記》를 혼자 펴내기도 했다.

여기서 한 가지 흥미로운 점이 있다. 지금과 달리 조선 사람들은 중국어보다는 일본어가 배우기에 훨씬 어렵다고 여겼다. 한자는 익숙했던 데 반해 일본의 가나 문자는 낯설었기 때문일 것이다. 조선시대 한 양반의 일기에 의하면 "일본어는 괴이하고 발음이 깍깍거린다"라고 표현했다.

그런가 하면 신숙주는 몽골어와 여진어 같은 북방언어들도 사용할 줄 알았다. 지금 기준으로는 몽골어 자체가 낯설게 느껴지겠지만 당시는 몽골의 원나라가 망한 지 그리 오래되지 않았던 시기였다. 원나라 시절만 해도 몽골어는 지금의 영어와 같은 사실상 세계어였다. 그리고 몽골이 언제 다시 재기할지도 알 수 없는 일이었다.

여진어는 몽골어보다 더 생소하게 들릴 것이다. 지금은 완전히 사라진 언어이기 때문이다. 하지만 당시에는 조선의 북쪽 넓은 땅이 여진족 천지였기 때문에 여진족은 조선의 중요한 외교 대상이었다. 장사 때문이라도 여진어는 꼭 필요했다. 그래서 여진어는 중국어, 일본어, 몽골어와 함께 조선의 역관 교육에서 중시한 4대 언어였다.

　조선 최고의 문장가 중 한 명인 강희맹姜希孟이 쓴 신숙주 행장에는 "공公은 몽골어, 여진어 등에 모두 통하여 때로는 역관譯官에 의지하지 않고서도 뜻을 통할 수 있었다"라고 되어 있다. 이를 보아 신숙주는 중국어와 일본어 수준은 아니어도 몽골어와 여진어로 기본적인 소통을 할 정도의 능력은 있었던 것 같다.

　개인적으로 가장 흥미로운 부분은 위구르어와 아랍어, 유구어를 할 수 있었다는 기록이다. 위구르는 지금의 중국 신강 자치구다. 실크로드로 유명한 지역이라 분명 위구르 상인들이 조선을 드나들었을 것이다. 아랍인들도 마찬가지로 무역상들이었을 것이다. 유구는 일본 오키나와에 있던 왕국으로 조선에 조공을 바치며 여러 차례 사신을 보내온 바 있다. 당시 신숙주는 외교를 관장하는 예조를 맡고 있었기 때문에 이들 언어를 접할 기회가 자주 있었을 것이다. 학자들은 신숙주가 유창하게 말하지는 못했을지라도 위구르어와 아랍어, 유구어는 독해가 가능한 수준이었을 것이라 추정하고 있다. 하지만 이 정도만 해도 당시 조선에 알려진 모든 나라의 말을 할 줄 알았던 셈이다. 그럼 신숙주는 저 많은 외국어들을 도대체 어떻게 배웠을까?

　사실 외국어를 배우는 가장 좋은 방법은 그 나라에 가서 사는 것이다. 신라 때는 최치원이 당나라로 조기 유학을 한 적이 있다. 고려 때도 많은 사람이 원나라에서 과거 급제를 했다. 조선의 왕들도 명나라에 유학생을 보내려 했지만, 명나라 황제한테 거절당했다. 《세종실록》에 보면 명나라 황제가 "지금까지 역관들이 그럭저럭 통역을 잘 해왔으니 꼭 중국으로 유학 와야 할 이유가 없다"라고 말했다는 기록이 있다.

당시만 해도 명나라가 개국한 지 얼마 안 된지라 무척 예민한 상태였다. 조선의 유학생들을 통해 국가 기밀이 유출될까 걱정한 것이다. 중국 유학이 불가능해지면서 조선은 자체적으로 언어 문제를 해결해야 했다. 우선 외국어 교재부터 만들었다. 《세종실록》에 보면 가장 중요한 언어였던 중국어는 21종, 몽골어와 일본어는 각각 11종의 책이 있었다. 인쇄술이 발달하지 못했던 시기임을 감안하면 꽤 많은 외국어 교재가 있었던 것이다.

중국어 교재의 베스트셀러는 《노걸대》와 《박통사》라는 책이었다. 《노걸대》는 3명의 상인이 중국에 다녀오면서 생길 수 있는 모든 상황별로 대화를 구성했다. 《박통사》는 《노걸대》의 심화편으로 일상 회화를 다루었다. 오늘날의 회화책과 별 다를 바 없는 구성이다. 이 책으로 조선인들은 오랫동안 정말 죽어라 공부해야 했다. 신숙주와 함께 중국을 방문한 성삼문은 "10년의 한학 공부 어디에 쓰려나. 이제야 겨우 두세 마디 얻은 것을"이라는 시를 남기도 했다. 아마 성삼문도 10년 이상 열심히 중국어 공부를 했던 모양이다.

외국어 교재는 그런대로 마련할 수 있었지만 더 큰 어려움은 정확한 발음을 구사하는 것이다. 이를 해결하기 위해 조선에서는 귀화인을 활용했다. 중국, 일본, 여진 등에서 온 귀화인이나 그 후손을 향화인向化人이라고 했는데 조선에서는 이들에게 집을 마련해주고 세금을 면제해주는 특급 대우를 해주며 통역관 교육을 맡겼다.

또 사역원이라는 전문 통역사 양성 기관도 있었다. 지금의 세종문화회관 뒤편에 있던 사역원은 오늘날로 치면 종합 외국어 대학이었다. 이 사역원의 기틀을 마련한 첫 번째 책임자도 설장수(1341~1399)라는 위구르 귀화인이었다.

사역원에 관해 가장 흥미로운 부분은 오늘날의 영어마을과 같은 우어청偶語廳이라는 곳이다. 우어청 건물에 들어서면 밥을 먹든, 잠을 자든, 업무를 논하든 무조건 중국어만 써야 한다. 교수나 직급이 높은 담당 관리가 이를 어기면 하인이 대신 처벌을 받았고, 5범 이상이 되면 벼슬을 떼고 아예 하옥을 시켰다. 만약 교육생이 이를 어기면 가차 없이 매질이 가해졌다. 정말 혹독한 교육이었다. 마땅한 외국어 선생님을 만나기 어려웠던 조선 양반들은 외국어를 좀 한다는 사람이 있으면 먼 길도 마다하지 않고 찾아 나서는 열성을 보이기도 했다.

영조 때의 실학자인 홍대용도 오랜 시간 열성을 다해 중국어를 공부했다. 그리고 1765년 드디어 청나라에 갈

기회를 잡았다. 하지만 중국 국경에서부터 홍대용은 낙담에 빠지고 만다. 막상 진짜 중국인을 만나니 한마디도 알아들을 수 없었던 것이다. 하지만 그는 포기하지 않았다. 길을 걸을 때는 중국 수레꾼과 얘기를 나눴고, 식당에서는 체통이고 뭐고, 중국 주모와 시정잡배 같은 말을 나누기도 했다. 숙소로 돌아와서도 밤늦게까지 주인장을 앉혀 놓고, 되든 안 되든 중국어로만 이야기를 했다. 당시 중국 사신단은 보통 북경까지 가는 데 두 달이 걸리고, 북경에서 체류하는 데 또 두세 달이 걸렸다. 이렇게 4~5개월간 중국어로만 말하자 결국에는 일상 대화가 가능해졌다고, 자신의 중국 여행기인 《을병연행록乙丙燕行錄》에 직접 기록을 남겼다.

조선초의 중국어 열공 분위기에는 훈민정음이 큰 역할을 하기도 했다. 이는 한글 창제가 가져온 여러 이점 중 지금까지 잘 알려져 있지 않은 부분이다. 한글의 가장 큰 장점은 소리 나는 대로 적을 수 있다는 것이다. 이 이점을 살려 한글은 한자의 발음기호 역할을 했다. 외국어 발음을 중시했던 세종대왕은 신숙주와 성삼문을 수시로 중국으로 보내 정확한 발음을 알아오게 했다. 그런 다음 중국어뿐 아니라 모든 외국어 교재에 한글로 발음을 달았다. 'I am a boy'를 한글로 '아이 엠 어 보이'라고 적는 식이다. 당시로서는 정말 혁명적인 방법이었고, 이 덕에 조선의 양반들은 혼자서도 중국어 발음 공부를 할 수 있었다.

그러나 17세기 초에 청나라가 들어서면서 조선의 외국어 공부 열기는 한풀 꺾이게 되었다. 병자호란으로 삼전도의 치욕을 겪은 조선의 지식인들이 반청 감정을 갖게 되면서 결국 중국어를 회피하게 된 것이다. 그리고 일제시대가 되면서 조선 왕조가 마감한 것과 동시에 우리의 오랜 전통이었던 회화 위주의 외국어 교육도 끝이 났다. 일본식의 문법과 독해 중심의 외국어 교육이 시작된 것이다. 이는 두고두고 우리의 외국어 교육에 악영향을 끼치고 있다.

253전 253승,
아프리카 최정예 각뉴 부대와
한국 전쟁

"한국은 걱정하지 마세요. 한국은 걱정하지 마세요. 여기 영웅들이 모인 군대가 지금 가고 있답니다."

1951년 5월, 한 무리의 군인들을 싣고 인도양을 지나던 한 군함에서 노래 소리가 수시로 들려 왔다. 배에 탄 군인들은 외국이 처음이었다. 내륙국에 사는지라 바다도 처음이었다. 당연히 배 멀미가 극심했고, 전쟁에 대한 공포심도 수시로 밀려왔다. 그럴 때마다 그들은 마치 주문처럼 "한국은 걱정하지 마세요. 한국은 걱정하지 마세요. 여기 영웅들이 모인 군대가 지금 가고 있답니다"라는 노래를 불렀다. 그들은 한국 전쟁에 파병된 에티오피아 군인들이다. 바로 우리 모두가 가슴으로 기억해야 할, 모든 면에서 특별했던 에티오피아의 각뉴 부대 이야기다. 사실 에티오피아는 한국 전쟁 전까지는 우리와 아무런 관계도, 인연도 없던 나라였다. 이런 에티오피아가 무슨 이유로 그 먼 한국까지 전투 부대를 보내게 되었는지 우선 그 이유부터 알아보자.

에티오피아가 한국으로 군인을 파병한 것은 단지 한국의 자유를 수호하기 위해서만은 아니다. 국제 사회는 이런 교과서에나 나올 법한 선의로만 움직이지 않는다. 포장된 명분 뒤에는 자국의 이익이 감춰져 있는 게 냉혹한 현실이다. 에티오피아도 물론 마찬가지였다. 정확한 상황을 알려면 당시 에티오피아에 대한 이해가 우선해야 한다.

1935년 무솔리니의 이탈리아가 에티오피아를 침공해왔다. 에티오피아군은 용감히 맞서 싸웠으나 이탈리아의 신식무기를 당해낼 수 없었다. 겨자 독가스 등으로 27만 명이나 죽었다. 에티오피아의 하일레 셀라시에Haile Selassie 황제는 1차대전 후 결성된 국제연맹에 이 부당성을 호소했다. 세계 전쟁의 재발을 막기 위해 국제연맹이 가장 앞세웠던 게 '집단 안보'였기 때문이다. 이 결성 목적에 걸맞게 전 세계가 무솔리니에 집단으로 맞서줄 것을 간곡히 요청했지만, 불행히도 귀 기울여 주는 나라는 어디에도 없었다. 결국 셀라시에 황제는 영국으로 망명해야 했다.

나라 없는 설움을 5년이나 견딘 끝에 황제는 1941년에야 이탈리아를 몰아내고 자리에 복귀할 수 있었다. 끈질긴 독립운동과 영국의 도움 덕이었다. 그리고 9년이 지난 1950년 한국 전쟁이 터졌다. 국제연맹이 해체되고, 2차대전 후 새로 결성된 국제연합UN은 미국의 주도로 즉각 UN 최초의 연합군을 한국에 투입하기로 결정했다. 그리고 이를 처음부터 적극 지지하고 나선 게 셀라시에 황제다. 그동안 일관적으로 표명했던 국제적인 집단 안보 체제를 한국에서 실현해야 한다는 것이다. 그리고 곧바로 실행에 나서 전투 부대 파견을 결정했다.

그런데 사실 에티오피아는 한국에 군대를 보낼 정도로 국내 사정이 여유롭지는 않았다. 독립한 지 얼마 안 된지라 부족 간의 갈등도 여전히 심했고, 변변한 군대조차 없었다. 군대라곤 사실상 스웨덴군이 훈련시킨 황실 근위대뿐이었다. 아프리카에서는 제법 영향력 있는 나라였지만, 국제적으로 봤을 때 경제적으로도 명백한 빈곤국 중 하나였다.

그럼에도 황제는 한국으로의 파병을 밀어붙였다. 믿었던 국제연맹으로부터 배신당하고, 그 결과 나라를 빼앗긴 뼈아픈 경험을 황제는 가슴 깊이 간직하고 있었다. 이를 통해 그는 국가 안보에는 무엇보다 국제 협력이 중요하다는 것을 깨달았기에 한국 파병으로 에티오피아의 국제적인 위상을 높이고자 했다. 그렇게 국제 사회에서 영향력을 확보해놓으면 국가 안전을 지키는 데도 큰 도움이 된다고 판단했던 것이다.

또한 황제는 한국 전쟁이 에티오피아를 지킬 강한 군대를 양성할 절호의 기회라고 보았다. 파병은 국가 위상도 높이고, 군대가 전투 경험도 쌓을 수 있는 일석이조의 기회라고 생각한 것이다. 이를 위해 에티오피아군은 실제로 1년마다 파병 부대를 교체해 두루두루 실전을 경험하게 했다. 게다가 미국이 지급해줄 최신형 무기로 군대를 무장할 수 있다는 점도 큰 매력이었다. 나중에 에티오피아군은 전투에서 사용하던 대부분의 무기를 가지고 귀국했다. 그리고 이 무기값으로 단 4만 2,000달러만 지불했다. 거의 거저 얻은 셈이다.

셀라시에는 굉장히 영민했던 황제인 모양이다. 그는 한국 파병을 통해 또 다른 큰 그림을 그리고 있었다. 이탈리아의 지배에서 함께 벗어난 에리트레아를 합병하고자 했던 것이다. 에리트레아는 에티오피아와 국경을 맞대고 있는 이웃 나라로 홍해를 긴 해안선으로 두고 있다. 그래서 내륙국인 에티오피아가 이전부터 군침을 삼키던 곳이었다. 황제는 이 문제에 대해서는 세계 최강대국으로 떠오른 미국의 지지가 가장 중요하다는 점을 간파하고, 한국 전쟁에 대한 미국의 입장을 적극 지지하고 나선 것이다.

하지만 에티오피아는 이 대목에서 여타 연합군과는 명백히 다른 점이 하나 있었다. 유럽은 나토NATO 확장을, 아시아 국가들은 경제 원조를 미국으로부터 약속받았다. 반면 에티오피아는 참전이 가져올 여러 효과를 예측하거나 희망했을 뿐 그 어떤 확약도 없이 파병을 결정했다는 것이다.

황제는 파병에 정말 진심이었다. 8월부터 파병 준비에 나서 우선 자신의 근위병 중에서 최정예로 1,200여 명을 선발했다. 그리고 한국에 산이 많다는 점을 파악하고, 이 정예병들을 에티오피아의 고지로 보냈다. 이곳에서 무려 여덟 달이나 영국군 교관으로부터 매복, 순찰, 산악 전투 훈련을 받게 했다. 이렇게 준비를 마친 다음 마침내 수도 아디스아바바의 황제 궁전 앞에서 출정식을 가졌다. 황제는 "이길 때까지 싸워라. 그게 불가능하다면 죽을 때까지 싸워라"라고 명령한 후 '각뉴 부대'라는 이름을 하사했다. 에티오피아어로 "혼돈에서 질서를"이라는 뜻이다.

마침내 각뉴 부대는 기차를 타고 지부티로 이동한 다음 그곳 항구에 대기 중인 미군함에 몸을 실었다. 그리고 3주 간의 긴 항해 끝에 1951년 5월 6일 부산에 도착했다. 이렇게 쉽지 않은 과정을 거쳐 한국에 온 에티오피아 장병들은 첫날부터 여러모로 색달랐다. 우선 미국은 이들에게 새로운 군복과 최신식 무기를 지급했다. 문제는 자신들이 다루던 구식 무기와는 너무 달라 그 사용법부터 다시 배워야 했다는 것이다. 그래서 각뉴 부대는 대구의 UN 캠프에서 다시 8주 동안 무기 사용법을 따로 익혀야 했다. 이러니 이들의 전투력에 의구심이 드는 게 당연했다. 더구나 미군 전술에 대한 이해도도 알 수 없었고, 언어도 문제였다. 그래서 연합군 사령부는 에티오피아군에게 후방의 치안과 보급을 맡기려 했다. 하지만 각뉴 부대는 이를 단호히 거절했다. 자신들은 싸우러 온 것이지, 후방에서 쉬려고 온 게 아니라는 것이다. 미군과 함께 최전선에서 싸우겠다는 이들의 고집에 연합군 사령부는 할 수 없이 전투가 가장 치열한 강원도의 철원 화천 양구의 중동부 전선으로 이들을 보냈다.

열악한 환경 속에서 어렵게 군대를 꾸리느라 다른 연합군에 비해 1년 늦게 합류한 각뉴 부대는 첫 전투부터 눈부신 활약을 보였다. 전체 전황은 소강상태였지만 강원도 일대에선 치열한 고지전으로 수많은 사상자를 낼 때였다. 각뉴 부대는 8월 12일 철원과 화천 경계의 적근산 일대를 정찰하라는 첫 임무를 맡았다. 도중 중공군과 맞닥뜨렸는데 무려 15대 300의 수적 열세에도 불구하고 4시간을 교전한 끝에 30명 이상을 사살하는 전과를 올렸다.

4명이 전사하고, 대다수가 부상당한 이 치열한 전투 하나로 에티오피아 병사들을 은근히 무시하던 연합군의 의식은 단박에 바뀌었다. 이후 각뉴 부대는 모든 전투에서 전설을 써 내려갔다. 각뉴 부대는 총 6,037명의 병력이 총 253회의 전투를 치렀다. 그 결과, 수비든 공격이든 모든 전투에서 승리를 거두었다. 253전 253승. 국방부가 발간한《한국 전쟁사》의 전례 없는 공식기록이다. 이런 탁월한 성과로 각뉴 부대는 매년 교체된 3개의 전투 부대 모두가 미국 대통령 부대 표창을 받는 진기록을 세우기도 했다. 더 놀라운 것은 단 1명의 포로는커녕 단 1구의 전사자도 전쟁터에 남기지 않았다는 점이다. 전후 포로 교환식에서 16개 전체 전투 부대 파견국 중 유일하게 대상자가 없는 나라가 에티오피아였다. 각뉴 부대는 포로로 잡힐 바엔 스스로 목숨을 끊는다는 각오를 매일 다지면서 전투에 참가했다. 그리고 전사자가 생겼을 경우 이를 회수하기 위해 어떤 희생도 마다하지 않았다.

이 때문에 각뉴 부대는 북한군과 중공군에게 그야말로 공포의 대상이었다. 심지어 이들이 귀신이거나 식인종이라는 소문까지 퍼졌다. 중공군은 생포는 물론 시신 확보에까지 진급과 포상금을 내걸었지만 아무 소용이 없었다. 특히 에티오피아군은 야간 이동과 야간 정찰, 그리고 백병전에서 정말 탁월한 실력을 발휘했다. 그래서 매복에 걸리더라도 손쉽게 그 위기를 벗어났다. 이 때문에 이들이 소속된 미 7사단의 정찰 임무는 각뉴 부대가 단골로 맡았고, 그 덕에 미 7사단도 많은 전투에서 승리할 수 있었다.

하지만 이 막강 전투 부대도 견디기 힘든 게 딱 하나 있었으니 바로 한국의 추위였다. 에티오피아 참전용사들은 인터뷰에서 한결같이 "전투보다 힘든 건 영하 30도가 넘는 추위"라며 "한국보다 눈이 많이 내리는 나라는 결코 없을 것"이라고 말하곤 했다. 에티오피아군에 대한 전쟁 기록을 보면 비전투 손실이 76명이라고 되어 있는데 이 숫자는 대부분 추위와 관계있을 것으로 추정하고 있다.

에티오피아군은 싸움만 잘하는 게 아니라 마음도 따뜻

한 사람들이었다. 이들은 부대 안에 '보화원'이라는 이름의 고아원을 두고 전쟁고아들을 보살폈다. 식량 사정이 좋지 않던 시기라 각뉴 부대원들은 자신들의 식사량을 줄여 아이들과 음식을 나눴다. 그래도 수십 명의 아이를 먹이는 게 쉽지 않자 에티오피아 병사들은 월급을 조금씩 모으기도 하는 등 보화원은 이들이 본국으로 철수할 때까지 계속 유지되었다.

각뉴 부대는 휴전 후 평화유지 활동까지 한 후 1956년 3월 모든 임무를 마치고 본국으로 귀환했다. 536명이 부상 당했고, 121명의 고귀한 목숨이 한국의 자유를 지키는 데 바쳐졌다. 에티오피아로 돌아간 병사들은 대대적인 환영을 받았다. 셀라시에 황제는 수도인 아디스아바바 인근에 '한국촌Korea Village'이라는 이름의 마을과 학교를 지어 그곳에서 살도록 했고, 연금도 지급했다. 그리고 황제는 1968년 5월에 직접 한국을 방문했다. 춘천의 공지천에 마련된 에티오피아 참전 기념비 제막식에 참석하기 위해서였다. 그리고 황제가 머물던 자리에는 에티오피아를 알리는 문화관과 카페가 들어섰다. 이에 황제는 에티오피아집(벳)이라고 쓴 친필 휘호를 보내왔다. 그리고 외교행낭으로 커피 원두도 보내왔는데, 그것을 계기로 한국 최초의 원두 커피집이 춘천에 생기게 되었다.

하지만 이들에게 불행이 찾아왔다. 7년간의 극심한 가뭄으로 경제가 피폐해졌고, 그 결과 1974년에는 공산 정권이 들어서고 말았다. 살라시에 황제는 피살되었다. 파병 군인들은 공산주의에 대항해 싸웠다는 이유로 몇 명은 목숨을 잃었다. 연금과 재산도 빼앗겼다. 참전용사들은 훈장을 헐값에 내다 팔아야 할 정도로 아주 궁핍하게 살아야 했다. 이후 다시 정권이 교체된 1991년이 되어서야 한국 정부는 이들에 대한 지원에 나설 수 있었다.

이제 참전용사들은 대부분 90대의 나이가 되었고, 아직 100여 명이 생존해 있다. 한국 정부와 민간에서는 연금도 지급하고, 병원을 지어 무료로 치료도 해주고, 그 후손들에게 직업 교육과 한국 유학도 후원하고 있다. 하지만 그 어떤 보상도 그들의 숭고한 희생을 갈음하진 못할 것이다.

사실 그들의 국명은 우리의 외국어 표기법에 따라 '에티오피아'라 발음하지만, 현지 발음은 '이디오피아'에 가깝다고 한다. 대사관에서도 현지 발음으로 불러주길 바란다고 하니, 마지막으로 그들이 원하는 국명으로 한번 불러보고 싶다.

"감사합니다. 이디오피아!"

핼리가 없었다면
뉴턴도 없었다

어떤 분야든 역대 최고를 뽑는 일은 언제나 논란거리일 수밖에 없다. 하지만 최고의 물리학자와 물리학 책을 선정하는 데에는 별 이견이 없다. 바로 아이작 뉴턴과 그의 책 《프린키피아》다. 1687년에 출판된 이 책에는 그 유명한 'F=ma'를 포함한 뉴턴의 운동 법칙과 질량이 있는 물체는 서로를 끌어당긴다는 '만유인력의 법칙'이 담겨 있다. 뉴턴은 이 법칙을 사용해서 행성의 타원 궤도와 속도를 예측하는 '케플러의 법칙'을 증명해냈다. 그리고 이 과정에서 오늘날 '미적분학'으로 불리는 새로운 종류의 수학을 발견했다.

《프린키피아》는 뉴턴이 쓴 책이긴 하지만 이 책의 출판에는 뉴턴만큼 중요한 역할을 한 사람이 있었다. 바로 '핼리 혜성'으로 유명한 에드먼드 핼리Edmond Halley다. 아마 핼리가 없었다면 뉴턴도 없었을지 모른다.

핼리는 17세기 말에 활동한 천문학자로, 핼리 혜성 이야기는 다들 한 번쯤 들어봤을 것이다. 오랜 세월 재앙의 징조로만 여겨진 혜성을 과학적으로 연구해서 다음 혜성이 오는 시기를 정확히 예언했지만, 끝내 예언이 실현되는 것을 보지 못하고 죽은 불운한 과학자. 이것이 핼리에 대한 세간의 인식이다. 핼리는 혜성을 예언하기 전부터도 유명한 천문학자였다. 17세에 옥스퍼드 대학에 입학하고, 20세에 왕실과 동인도 회사의 지원을 받아 남대서양의 외딴섬인 세인트헬레나로 별을 관찰하러 떠날 정도였다. 나폴레옹이 유배됐던 바로 그 섬이다. 이미 어릴 적부터 천재 천문학자로 인정받았던 것이다. 여기서 핼리는 남반구에서 관측되는 341개의 별을 낱낱이 조사해서 천문지도를 만들었고, 그 공로로 22세의 어린 나이에 영국 왕립 학회의 회원이 되었다.

런던으로 돌아오고 몇 년 뒤인 1684년, 28세의 핼리는 행성의 궤도를 결정짓는 법칙에 대해 연구하고 있었다. 이 시기에는 코페르니쿠스, 갈릴레이, 케플러 등 선대 천문학자들에 의해 이미 지동설이 널리 받아들여지고 있었다. 특히나 케플러는 방대한 천문 자료를 조사해서 행성의 궤도와 속도에 대한 이론을 발표했는데, 오늘날 고등학교에서 배우는 '케플러의 법칙'이 그것이다. 이 법칙에 따르면 행성은 태양 주위를 타원 궤도로 돌고, 그 행성의 속도도 젤 수 있다.

케플러의 이론은 당대의 그 어떤 이론보다도 행성의 궤도를 정확하게 예측했고, 핼리를 비롯한 많은 천문학자가 케플러의 이론을 믿었다. 하지만 아직 이 이론은 '법칙'으로 불리지는 못했다. 여러 가지 이유가 있었지만, 무엇보다도 '행성의 궤도가 왜 하필 타원이어야만 하는지'에 대한 이유를 제시하지 못했기 때문이다.

핼리는 반대로 행성이 태양 주위를 타원형으로 돌려면 어떤 일이 일어나야 하는지를 연구했다. 행성이 타원 궤도를 유지하기 위해서는 태양이 행성을 끌어당기는 힘이 지속적으로 작용해야 했다. 핼리는 이 힘의 크기가 태양과의 거리의 제곱에 반비례해야 한다는 '역제곱 법칙'도 발견했다. 오늘날 중력이라 불리는 힘을 발견한 것이다. 핼리는 이 힘이 행성의 궤도를 결정하는 근본적인 원인이라고 추측했다. 즉, 중력이 행성의 타원 궤도를 만든다는 것이다.

하지만 이 문제는 핼리의 생각보다 훨씬 어려웠다. 왕립 학회에서 이 문제 해결에 상금을 걸기도 했지만, 좀처럼 문제는 풀리지 않았다. 그러던 어느 날 핼리는 케임브리지 대학에서 아이작 뉴턴을 만났다. 핼리는 수학 교수인 뉴턴에게 조언이라도 얻을 생각으로 고민하던 문제를 물어보았다.

"역제곱 법칙을 따르는 힘이 행성에 지속적으로 주어질 때, 행성이 어떤 궤도로 움직여야 할까?"

놀랍게도 뉴턴은 질문을 받자마자 "타원"이라고 대답했다. 더 놀라운 것은 뉴턴이 이 문제를 이미 오래전에 풀었다는 것이다.

뉴턴은 당시 41세의 나이로 케임브리지 대학의 교수였지만 그때까지 뉴턴은 지금처럼 인정받는 학자가 아니었다. 또 핼리와는 수년 전에 한 번 만났을 뿐 특별한 친분도 없었다. 핼리가 왜 하필 뉴턴을 찾아갔는지는 알려지지 않았지만, 결과적으로 이는 엄청난 행운이었다. 뉴턴은 이미 미적분학을 정립하고, 만유인력의 법칙을 발견했으며, 이 둘을 합쳐서 핼리가 염원하던 케플러 법칙의 증명에 성공한 상황이었기 때문이다. 그런데 어째서 뉴턴은 이런 어마어마한 업적을 이루고도 인정받지 못하고 있었던 걸까? 그건 뉴턴이 이 연구 결과에 대해 그 어떤 것도 발표하지 않았기 때문이다.

그 이유는 뉴턴의 소심하면서도 괴팍한 성격 때문이었다. 뉴턴은 극도로 자기방어적인 성격을 가진 사람이었다. 그래서 과학자답지 않게 남의 비판을 전혀 받아들이지 못했다. 1670년대에 뉴턴은 교수에 임용되면서 한 광학 연구를 발표했다. 이는 왕립 학회에서 인정받을 정도로 훌륭한 연구였지만, 과학 연구라면 으레 있는 비판 하나하나에 뉴턴은 큰 스트레스를 받았다. 특히나 왕립 학회의 선배이자 용수철의 원리를 밝혀낸 것으로 유명한 영국의 물리 및 천문학자인 로버트 훅Robert Hooke은 뉴턴을 여러 차례 비판했고, 뉴턴이 자기 아이디어를 도용했다는 의혹을 제기하기도 했다. 여기에 시달린 뉴턴은 신경 쇠약을 앓더니, 급기야 학계와의 연을 끊고 잠적해 버렸다. 더 이상 스트레스를 받기 싫었던 뉴턴은 그 어떤 연구 결과도 발표하지 않았고, 그래서 뉴턴의 모든 위대한 연구는 핼리가 찾아오기 전까지는 그저 뉴턴의 방 안에 잠들어 있었다.

뉴턴의 대답에 충격을 받은 핼리는 뉴턴에게 그 연구를 보여달라고 했고, 뉴턴은 자신의 연구를 정리해서 9쪽의 논문으로 만들어 핼리에게 보냈다. 핼리는 논문을 읽고 다시 한 번 충격을 받았다. 그가 고민하던 케플러의 법칙이 정말 완벽하게 수학적으로 증명되어 있었던 것이다.

핼리는 이 연구가 천문학의 역사를 바꿔 놓으리라는 걸 깨달았고 뉴턴에게 책으로 출간할 것을 부탁했다. 마침 핼리가 왕립 학회의 서기로 일하게 되면서 책의 편집을 맡게 되었다. 뉴턴은 이후 몇 년간 먹고 자는 것을 잊어가면서 집필에 몰두했다. 역사상 가장 위대한 물리학 책인《프린키피아》가 만들어지는 순간이었다. 하지만 그 과정은 순탄치 않았다. 1권이 완성된 후 이전에 뉴턴을 학계에서 잠적하게 만들었던 로버트 훅이 또 한 번 뉴턴에게 딴지를 건 것이다. '행성을 끌어당기는 역제곱의 힘', 즉 중력이라는 아이디어는 본인이 원조인데, 뉴턴이 이를 도용했다는 것이다. 훅이 이전에 비슷한 연구를 하기는 했지만, 표절 시비를 걸기에는 사실 무리한 수준이었다. 다시 신경 쇠약에 걸린 뉴턴은 결국《프린키피아》의 집필을 중단하겠다고 선언했다. 핼리가 또 나서야 했다. 핼리는 뉴턴과 끊임없이 편지를 주고받으면서 뉴턴을 다독였다. 결국 책의 일부분에 훅의 이름을 언급하는 선에서 둘 사이의 타협점을 찾았다.

책이 완성된 다음에도 큰 문제가 있었다. 당시 왕립 학회는《프린키피아》이전에《물고기의 역사De Historia Piscium》라는 책의 출판을 지원하고 있었다. 엄청난 양의 삽화 때문에 학회는 큰돈을 썼지만 책은 거의 팔리지 않았고, 심각한 재정 위기에 놓이게 되었다.《프린키피아》출판에 지원하기로 한 돈을 댈 수 없을 정도였다. 이 비용을 부담한 사람 또한 핼리였다. 핼리는《프린키피아》출판을 위해 왕립 학회의 연봉을 포기했다. 학회는 그 대가로 핼리에게 안 팔리고 남은《물고기의 역사》책을 주었다.

우여곡절 끝에 탄생한《프린키피아》는 출판되자마자 엄청난 센세이션을 일으켰다. 뉴턴은《프린키피아》에서 중력을 우주 만물에 적용되는 보편적인 힘으로 확장시켰고, 자신의 중력 이론을 달, 혜성과 같은 다른 천체의 분석에도 적용했다. 당대의 뛰어난 천문학자들도 혜성의 움직임에 대해서는 거의 이해하지 못하는 상황이었다. 케플러조차 혜성은 그저 단순히 직진하면서 태양에 부딪혀 사라지거나 영영 멀어지는 존재일 뿐이라고 생각할 정도였다. 하지만 뉴턴은 혜성도 행성과 같은 중력의 법칙에 따라 움직이고, 특정 조건에서는 행성처럼 타원을 그리며 움직일 수도 있다는 것을 밝혀냈다.

이 아이디어를 완성시킨 사람이 바로 핼리다. 핼리는 사실 이전부터 혜성에 관심이 많았고, 뉴턴을 만나기 2년 전인 1682년에 혜성을 직접 발견하기도 했다. 《프린키피아》 이후 핼리는 혜성 연구에 더욱 매진했다. 그리고 뉴턴의 이론을 적용해 혜성이 지구를 주기적으로 지나간다는 점을 알아냈다. 또한 디테일한 계산을 통해 이 주기가 대략 76년이며, 따라서 다음 혜성은 1758~1759년 사이에 지구를 지나가리라고 예측했다.

당대에는 혜성이 지구를 주기적으로 지나친다는 것조차 급진적인 주장이었다. 그래서 핼리의 연구에 미심쩍은 시선을 보내는 사람들이 많았다. 핼리도 혜성이 돌아오는 것을 보지 못하고 1742년에 눈을 감았다. 하지만 시간이 지나면서 뉴턴 이론이 모두에게 받아들여지게 되자 핼리의 주장에도 신빙성이 더해 갔다. 시간이 흘러 핼리가 예측했던 1758년이 되자 많은 사람이 혜성을 기다렸고, 마침내 그해 크리스마스에 혜성이 관측되면서 핼리의 예언은 현실이 되었다.

핼리의 예언 실현은 단순히 핼리의 승리가 아니라 뉴턴 이론 전체의 승리였다. 핼리 혜성의 예측은 순전히 뉴턴의 중력 이론 위에서만 가능한 것이었고, 따라서 이 발견은 뉴턴 이론의 완벽한 검증을 뜻했다. 뉴턴의 발굴자이자

《프린키피아》의 편집자, 투자자, 중재자이기까지 했던 핼리가 마침내는《프린키피아》와 뉴턴 중력 이론의 완성자가 된 셈이다.

핼리가 없었더라면 뉴턴의 성격으로 보아 그의 연구 결과가 영원히 사장되었을지도 모를 일이다. 그랬더라면 인류의 발전은 결코 오늘날의 수준에 이르지 못했을 것이다.

삶이 허기질 때 나는 교양을 읽는다

초판 1쇄 발행 2022년 6월 7일
초판 12쇄 발행 2024년 8월 30일

지은이 지식 브런치
펴낸이 정지은

펴낸곳 ㈜서스테인
출판등록 2021년 11월 4일 제2021-000166호
전화 070-7510-8668
팩스 0504-402-8532
이메일 sustain@sustain.kr

ISBN 979-11-978259-0-3 03030